LE COMTE

DE

MONTE-CHRISTO

QUATRIÈME PARTIE

PARIS. — IMPRIMERIE DE ÉDOUARD BLOT, RUE SAINT-LOUIS, 46, AU MARAIS
(Ancienne maison Dondey-Dupré.)

LE COMTE

DE

MONTE-CHRISTO

PAR

ALEXANDRE DUMAS

ILLUSTRÉ PAR G. STAAL, J. A BEAUCÉ, ETC.

QUATRIÈME PARTIE

G. STAAL — HILDIBRAND

PARIS

LECRIVAIN ET TOUBON, ÉDITEURS

5, RUE DU PONT-DE-LODI, 5

1861

LE COMTE DE MONTE-CHRISTO

QUATRIÈME PARTIE

CHAPITRE PREMIER

LE TÉLÉGRAPHE.

onsieur et madame de Villefort apprirent en rentrant chez eux que M. le comte de Monte-Christo, qui était venu pour leur faire visite, avait été introduit dans le salon, où il les attendait; madame de Villefort, trop émotionnée pour entrer ainsi tout à coup, passa par sa chambre à coucher, tandis que le procureur du roi, plus sûr de lui-même, s'avança directement vers le salon.

Mais, si maître qu'il fût de ses sensations, si bien qu'il sût composer son visage, M. de Villefort ne put si bien écarter le nuage de son front que le comte, dont le sourire brillait radieux, ne remarquât cet air sombre et rêveur.

— Oh! mon Dieu! dit Monte-Christo après les

premiers compliments, qu'avez-vous donc, monsieur de Villefort? et suis-je arrivé au moment où vous dressiez quelque accusation un peu trop capitale.

Villefort essaya de sourire.

— Non, monsieur le comte, dit-il, il n'y a d'autre victime ici que moi. C'est moi qui perds mon procès, et c'est le hasard, l'entêtement, la folie, qui a lancé le réquisitoire.

— Que voulez-vous dire? demanda Monte-Christo avec un intérêt parfaitement joué. Vous est-il, en réalité, arrivé quelque malheur grave?

— Oh! monsieur le comte, dit Villefort avec un calme plein d'amertume, cela ne vaut pas la peine d'en parler; presque rien, une simple perte d'argent.

— En effet, répondit Monte-Christo, une perte d'argent est peu de chose avec une fortune comme celle que vous possédez et avec un esprit philosophique et élevé comme l'est le vôtre.

— Aussi, répondit Villefort, n'est-ce point la question d'argent qui me préoccupe, quoique, après tout, neuf cent mille francs vaillent bien un regret, ou tout au moins un mouvement de dépit. Mais je me blesse surtout de cette disposition du sort, du hasard, de la fatalité, je ne sais comment nommer la puissance qui dirige le coup qui me frappe et qui renverse mes espérances de fortune et détruit peut-être l'avenir de ma fille, par le caprice d'un vieillard tombé en enfance.

— Eh! mon Dieu! qu'est-ce donc? s'écria le comte. Neuf cent mille francs, avez-vous dit? Mais, en vérité, comme vous le dites, la somme mérite d'être regrettée, même par un philosophe. Et qui vous donne ce chagrin?

— Mon père, dont je vous ai parlé.

— M. Noirtier, vraiment! Mais vous m'aviez dit, ce me semble, qu'il était en paralysie complète, et que toutes ses facultés étaient anéanties?

— Oui, ses facultés physiques, car il ne peut pas remuer, il ne peut point parler, et avec tout cela cependant il pense, il veut, il agit comme vous voyez. Je le quitte il y a cinq minutes, et dans ce moment il est occupé à dicter un testament à deux notaires.

— Mais alors il a parlé?

— Il a fait mieux, il s'est fait comprendre.

— Comment cela?

— A l'aide du regard; ses yeux ont continué de vivre, et vous voyez, ils tuent.

— Mon ami, dit madame de Villefort, qui venait d'entrer à son tour, peut-être vous exagérez-vous la situation.

— Madame... dit le comte en s'inclinant.

Madame de Villefort salua avec son plus gracieux sourire.

— Mais que me dit donc là M. de Villefort? demanda Monte-Christo; et quelle disgrâce incompréhensible?...

— Incompréhensible, c'est le mot! reprit le procureur du roi en haussant les épaules, un caprice de vieillard!

— Et il n'y a pas moyen de le faire revenir sur cette décision?

— Si fait, dit madame de Villefort; et il dépend même de mon mari que ce testament, au lieu d'être fait au détriment de Valentine, soit fait au contraire en sa faveur.

Le comte, voyant que les deux époux commençaient à parler par paraboles, prit l'air distrait, et regarda avec l'attention la plus profonde et l'approbation la plus marquée Édouard, qui versait de l'encre dans l'abreuvoir des oiseaux.

— Ma chère, dit Villefort, répondant à sa femme, vous savez que j'aime peu me poser chez moi en patriarche, et que je n'ai jamais cru que le sort de l'univers dépendît d'un signe de ma tête. Cependant il importe que mes décisions soient respectées dans ma famille, et que la folie d'un vieillard et le caprice d'un enfant ne renversent pas un projet arrêté dans mon esprit depuis longues années. Le baron d'Épinay était mon ami, vous le savez, et une alliance avec son fils était des plus convenables.

— Vous croyez, dit madame de Villefort, que Valentine est d'accord avec lui?... En effet... elle a toujours été opposée à ce mariage, et je ne serais pas étonnée que tout ce que nous venons de voir et d'entendre ne soit que l'exécution d'un plan concerté entre eux.

— Madame, dit Villefort, on ne renonce pas ainsi, croyez-moi, à une fortune de neuf cent mille francs.

— Elle renonçait au monde, monsieur, puisqu'il y a un an elle voulait entrer dans un couvent.

— N'importe, reprit de Villefort, je dis que ce mariage doit se faire, madame!

— Malgré la volonté de votre père? dit madame de Villefort, attaquant une autre corde, c'est bien grave!

Monte-Christo faisait semblant de ne point écouter, et ne perdait point un mot de ce qui se disait.

— Madame, reprit Villefort, je puis dire que j'ai toujours respecté mon père, parce qu'au sentiment naturel de la descendance se joignait chez moi la conscience de sa supériorité morale; parce qu'enfin un père est sacré à deux titres, sacré comme notre créateur, sacré comme notre maître; mais aujourd'hui je dois renoncer à reconnaître une intelligence dans le vieillard qui, sur un simple souvenir de haine pour le père, poursuit ainsi le fils; il serait donc ridicule à moi de conformer ma conduite à ses caprices. Je continuerai d'avoir le plus grand respect pour M. Noirtier. Je subirai sans me plaindre la punition pécuniaire qu'il m'inflige; mais je resterai immuable dans ma volonté, et le monde appréciera de quel côté était la saine raison. En conséquence, je marierai ma fille au baron Franz d'Épinay, parce que ce mariage est à mon sens bon et honorable, et qu'en définitive je veux marier ma fille à qui me plaît.

— Eh quoi ! dit le comte, dont le procureur du roi avait constamment sollicité l'approbation du regard; eh quoi! M. Noirtier déshérite, dites-vous, mademoiselle Valentine parce qu'elle va épouser M. le baron Franz d'Épinay?

— Eh! mon Dieu! oui, monsieur; voilà la raison, dit Villefort en haussant les épaules.

— La raison visible du moins, ajouta madame de Villefort.

— La raison réelle, madame. Croyez-moi, je connais mon père.

— Conçoit-on cela? répondit la jeune femme; en quoi, je vous le demande, M. d'Épinay déplaît-il plus qu'un autre à M. Noirtier?

— En effet, dit le comte, j'ai connu M. Franz d'Épinay, le fils du général de Quesnel, n'est-ce pas, qui a été fait baron d'Épinay par le roi Charles X?

— Justement! reprit Villefort.

— Eh bien! mais c'est un jeune homme charmant, ce me semble!

— Aussi n'est-ce qu'un prétexte, j'en suis certaine, dit madame de Villefort; les vieillards sont tyrans de leurs affections; M. Noirtier ne veut pas que sa petite-fille se marie.

— Mais, dit Monte-Christo, ne connaissez-vous pas une cause à cette haine?

— Eh! mon Dieu ! qui peut savoir?

— Quelque antipathie politique, peut-être?

— En effet, mon père et le père de M. d'Épinay ont vécu dans les temps orageux dont je n'ai vu que les derniers jours, dit Villefort.

— Votre père n'était-il pas bonapartiste? demanda Monte-Christo. Je crois me rappeler que vous m'avez dit quelque chose comme cela.

— Mon père a été jacobin avant toutes choses, reprit Villefort emporté par son émotion hors des bornes de la prudence, et la robe de sénateur que Napoléon lui avait jetée sur les épaules ne faisait que déguiser le vieil homme, mais sans l'avoir changé. Quand mon père conspirait, ce n'était pas pour l'empereur, c'était contre les Bourbons; car mon père avait cela de terrible en lui qu'il n'a jamais combattu pour les utopies irréalisables, mais pour les choses possibles, et qu'il a appliqué à la réussite de ces choses possibles ces terribles théories de la Montagne qui ne reculaient devant aucun moyen.

— Eh bien! dit Monte-Christo, voyez-vous, c'est cela. M. Noirtier et M. d'Épinay se seront rencontrés sur le sol de la politique. M. le général d'Épinay, quoique ayant servi sous Napoléon, n'avait-il pas au fond du cœur gardé des sentiments royalistes, et n'est-ce pas le même qui fut assassiné un soir sortant d'un club napoléonien, où on l'avait attiré dans l'espérance de trouver en lui un frère?

Villefort regarda le comte presque avec terreur.

— Est-ce que je me trompe? dit Monte-Christo.

— Non pas, monsieur, dit madame de Villefort, et c'est bien cela au contraire; c'est justement à cause de ce que vous venez de dire que, pour voir s'éteindre de vieilles haines, M. de Villefort avait eu l'idée de faire aimer deux enfants dont les pères s'étaient haïs.

— Idée sublime! dit Monte-Christo, idée pleine de charité et à laquelle le monde devait applaudir. En effet, c'était beau de voir mademoiselle Noirtier de Villefort s'appeler madame Franz d'Épinay!

Villefort tressaillit et regarda Monte-Christo comme s'il eût voulu lire au fond de son cœur l'intention qui avait dicté les paroles qu'il venait de prononcer.

Mais le comte garda le bienveillant sourire stéréotypé sur ses lèvres, et, cette fois encore, malgré la profondeur de son regard, le procureur du roi ne vit pas au delà de l'épiderme.

— Aussi, reprit Villefort, quoique ce soit un grand malheur pour Valentine que de perdre la fortune de son grand-père, je ne crois pas cependant que M. d'Épinay recule devant cet échec pécuniaire; il verra que je vaux peut-être mieux que la somme, moi qui la sacrifie au désir de lui tenir ma parole; il calculera que Valentine, d'ailleurs, est riche du bien de sa mère, administré par M. et madame de Saint-Méran, ses aïeuls maternels, qui la chérissent tous deux tendrement.

— Et qui valent bien qu'on les aime et qu'on les soigne comme Valentine a fait pour M. Noirtier, dit madame de Villefort; d'ailleurs ils vont venir à Paris dans un mois au plus, et Valentine, après un tel affront, sera dispensée de s'enterrer comme elle l'a fait jusqu'ici auprès de M. Noirtier.

Le comte écoutait avec complaisance la voix discordante de ces amours-propres blessés et de ces intérêts meurtris.

— Mais il me semble, dit Monte-Christo après un instant de silence, et je vous demande pardon d'avance de ce que je vais dire, il me semble que si M. Noirtier déshérite mademoiselle de Villefort, coupable de se vouloir marier avec un jeune homme dont il a détesté le père, il n'a pas le même tort à reprocher à ce cher Édouard.

— N'est-ce pas, monsieur? s'écria madame de Villefort avec une intonation impossible à décrire; n'est-ce pas que c'est injuste, odieusement injuste? Ce pauvre Édouard, il est aussi bien le petit-fils de M. Noirtier que Valentine, et cependant, si Valentine n'avait pas dû épouser M. Franz, M. Noirtier lui laissait tout son bien; et, de plus, enfin, Édouard porte le nom de la famille, ce qui n'empêche pas que, même en supposant que Valentine soit effectivement déshéritée par son grand-père, elle sera encore trois fois plus riche que lui.

Ce coup porté, le comte écouta et ne parla plus.

— Tenez, reprit Villefort, tenez, monsieur le comte, cessons, je vous prie, de nous entretenir de ces misères de famille; oui, c'est vrai, ma fortune va grossir le revenu des pauvres, qui sont aujourd'hui les véritables riches. Oui, mon père m'aura frustré d'un espoir légitime, et cela sans raison, mais moi j'aurai agi comme un homme de sens, comme un homme de cœur. M. d'Épinay, à qui j'avais promis le revenu de cette somme, le recevra, dussé-je m'imposer les plus cruelles privations.

— Cependant, reprit madame de Villefort, revenant à la seule idée qui murmurât sans cesse au fond de son cœur, peut-être vaudrait-il mieux que l'on confiât cette mésaventure à M. d'Épinay, et qu'il rendît lui-même sa parole.

— Oh! ce serait un grand malheur! s'écria Villefort.

— Un grand malheur? répéta Monte-Christo.

— Sans doute, reprit Villefort en se radoucissant; un mariage manqué, même pour des raisons d'argent, jette de la défaveur sur une jeune fille; puis d'anciens bruits que je voulais éteindre reprendraient de la consistance. Mais non, il n'en sera rien. M. d'Épinay, s'il est honnête homme, se verra encore plus engagé par l'exhérédation de Valentine qu'auparavant, autrement il agirait donc dans un simple but d'avarice : non, c'est impossible.

— Je pense comme M. de Villefort, dit Monte-Christo en fixant son regard sur madame de Villefort; et, si j'étais assez de ses amis pour me permettre de lui donner un conseil, je l'inviterais, puisque M. d'Épinay va revenir, à ce que l'on m'a dit du moins, à nouer cette affaire si fortement, qu'elle ne se pût dénouer; j'engagerais enfin une partie dont l'issue doit être si honorable pour M. de Villefort.

Ce dernier se leva, transporté d'une joie visible, tandis que sa femme pâlissait légèrement.

— Bien! dit-il, voilà tout ce que je demandais, et je me prévaudrai de l'opinion d'un conseiller tel que vous, dit-il en tendant la main à Monte-Christo. Ainsi donc, que tout le monde ici considère ce qui est arrivé aujourd'hui comme non avenu; il n'y a rien de changé à nos projets.

— Monsieur, dit le comte, le monde, tout injuste qu'il est, vous saura, je vous en réponds, gré de votre résolution; vos amis en seront fiers, et M. d'Épinay, dût-il prendre mademoiselle de Villefort sans dot, ce qui ne saurait être, sera charmé d'entrer dans une famille où l'on sait s'élever à la hauteur de tels sacrifices pour tenir sa parole et remplir son devoir.

En disant ces mots, le comte s'était levé et s'apprêtait à partir.

— Vous nous quittez, monsieur le comte? dit madame de Villefort.

— J'y suis forcé, madame, je venais seulement vous rappeler votre promesse pour samedi.

— Craignez-vous que nous l'oubliassions?

— Vous êtes trop bonne, madame; mais M. de Villefort a de si graves et parfois de si urgentes occupations...

— Mon mari a donné sa parole, monsieur, dit madame de Villefort; vous venez de voir qu'il la tient quand il a tout à perdre, à plus forte raison quand il a tout à gagner.

— Et, demanda Villefort, est-ce à votre maison des Champs-Élysées que la réunion a lieu?

— Non pas, dit Monte-Christo, et c'est ce qui rend encore votre dévouement plus méritoire : c'est à la campagne.

— A la campagne?

— Oui.

— Et où cela? près de Paris, n'est-ce pas?

— Aux portes, à une demi-lieue de la barrière, à Auteuil.

— A Auteuil! s'écria Villefort. Ah! c'est vrai, madame m'a dit que vous demeuriez à Auteuil, puisque c'est chez vous qu'elle a été transportée. Et à quel endroit d'Auteuil?

— Rue de la Fontaine!

— Rue de la Fontaine! reprit Villefort d'une voix étranglée, et à quel numéro?

— Au numéro 28.

— Mais! s'écria Villefort, c'est donc à vous que l'on a vendu la maison de M de Saint-Méran?

— De M. de Saint-Méran? demanda Monte-Christo. Cette maison appartient-elle donc à M. de Saint-Méran?

— Oui, reprit madame de Villefort, et croyez-vous une chose, monsieur le comte?

— Laquelle?

— Vous trouvez cette maison jolie, n'est-ce pas?

— Charmante.

— Eh bien! mon mari n'a jamais voulu l'habiter.

— Oh! reprit Monte-Christo, en vérité, monsieur, c'est une prévention dont je ne me rends pas compte.

— Je n'aime pas Auteuil, monsieur, répondit le procureur du roi en faisant un effort sur lui-même.

— Mais je ne serai pas assez malheureux, je l'espère, dit avec inquiétude Monte-Christo, pour que cette antipathie me prive du bonheur de vous recevoir?

— Non, monsieur le comte... j'espère bien... croyez que je ferai tout ce que je pourrai, balbutia Villefort.

Le comte regarda avec l'approbation la plus marquée Édouard, qui versait de l'encre dans l'abreuvoir des oiseaux.
PAGE 2.

— Oh! répondit Monte-Christo, je n'admets pas d'excuse. Samedi, à six heures, je vous attends, et, si vous ne veniez pas, je croirais, que sais-je, moi? qu'il y a sur cette maison inhabitée depuis vingt ans quelque lugubre tradition, quelque sanglante légende.

— J'irai, monsieur le comte, j'irai, dit vivement Villefort.

— Merci, dit Monte-Christo. Maintenant il faut que vous me permettiez de prendre congé de vous.

— En effet, vous avez dit que vous étiez forcé de nous quitter, monsieur le comte, dit madame de Villefort, et vous alliez même, je crois, nous dire pour quoi faire quand vous vous êtes interrompu pour passer à une autre idée.

— En vérité, madame, dit Monte-Christo, je ne sais si j'oserais vous dire où je vais.

— Bah! dites toujours.

— Je vais, en véritable badaud que je suis, visiter une chose qui m'a bien souvent fait rêver des heures entières.

— Laquelle?

— Un télégraphe. Ma foi! tant pis, voilà le mot lâché.

— Un télégraphe! répéta madame de Villefort.

— Eh! mon Dieu, oui, un télégraphe. J'ai vu parfois au bout d'un chemin, sur un tertre, par un beau soleil, se lever ces bras noirs et pliants pareils aux pattes d'un immense coléoptère, et jamais ce ne fut sans émotion, je vous jure, car je pensais que ces signes bizarres, fendant l'air avec précision, et portant à trois cents lieues la volonté inconnue d'un homme assis devant une table à un autre homme assis à l'extrémité de la ligne devant une autre table, se dessinaient sur le gris du nuage ou sur l'azur du ciel par la seule force du vouloir de ce chef tout-puissant : je croyais alors aux génies, aux sylphes, aux gnomes, aux pouvoirs occultes enfin, et je riais. Or, jamais l'envie ne m'était venue de voir de près ces gros insectes au ventre blanc, aux pattes noires et maigres, car je craignais de trouver sous leurs ailes de pierre le petit génie humain, bien gourmé, bien pédant, bien bourré de science, de cabale ou de sorcellerie. Mais voilà qu'un beau matin j'ai appris que le moteur de chaque télégraphe était un pauvre diable d'employé à douze cents francs par an, occupé tout le jour à regarder non pas le ciel comme l'astronome, non pas l'eau comme le pêcheur, non pas le paysage comme un cerveau vide, mais bien l'insecte au ventre blanc, aux pattes noires, son correspondant, placé à quelque quatre ou cinq lieues de lui. Alors je me suis senti pris d'un désir curieux de voir de près cette chrysalide vivante et d'assister à la comédie que du fond de sa coque elle donne à cette autre chrysalide en tirant les uns après les autres quelques bouts de ficelle.

— Et vous allez là?

— J'y vais.

— A quel télégraphe? A celui du ministère de l'intérieur ou de l'Observatoire?

— Oh! non pas, je trouverais là des gens qui voudraient me forcer de comprendre des choses que je veux ignorer et qui m'expliqueraient, malgré moi, un mystère qu'ils ne connaissent pas. Peste! je veux garder les illusions que j'ai encore sur les insectes; c'est bien assez d'avoir déjà perdu celles que j'avais sur les hommes. Je n'irai donc ni au télégraphe du ministère de l'intérieur, ni au télégraphe de l'Observatoire. Ce qu'il me faut, c'est le télégraphe en plein champ, pour y trouver le pur bonhomme pétrifié dans sa tour.

— Vous êtes un singulier grand seigneur, dit Villefort.

— Quelle ligne me conseillez-vous d'étudier?

— Mais la plus occupée à cette heure.

— Bon! celle d'Espagne, alors?

— Justement. Voulez-vous une lettre du ministre pour qu'on vous explique...

— Mais non, dit Monte-Christo, puisque je vous dis, au contraire, que je n'y veux rien comprendre. Du moment où j'y comprendrai quelque chose, il n'y aura plus de télégraphe, il n'y aura plus qu'un signe de M. Duchâtel ou de M. de Montalivet transmis au préfet de Bayonne et travesti en deux mots grecs : — τῆλε γράφειν. — C'est la bête aux pattes noires et le mot effrayant que je veux conserver dans toute sa pureté et dans toute ma vénération.

— Allez donc, car dans deux heures il fera nuit, et vous ne verrez plus rien.

— Diable! vous m'effrayez! Quel est le plus proche?

— Sur la route de Bayonne?

— Oui, va pour la route de Bayonne.

— C'est celui de Châtillon.

— Et après celui de Châtillon?

— Celui de la tour de Montlhéry, je crois

— Merci, au revoir! Samedi, je vous raconterai mes impressions.

A la porte, le comte se trouva avec les deux notaires qui venaient de déshériter Valentine, et qui se retiraient enchantés d'avoir fait un acte qui ne pouvait manquer de leur faire grand honneur.

CHAPITRE II.

LE MOYEN DE DÉLIVRER UN JARDINIER DES LOIRS QUI MANGENT SES PÊCHES.

on pas le même soir, comme il l'avait dit, mais le lendemain matin, le comte de Monte-Christo sortit par la barrière d'Enfer, prit la route d'Orléans, dépassa le village de Linas sans s'arrêter au télégraphe, qui, justement au moment où le comte passait, faisait mouvoir ses longs bras décharnés, et gagna la tour de Montlhéry, située, comme chacun sait, sur le point le plus élevé de la plaine de ce nom.

Au pied de la colline, le comte mit pied à terre, et, par un petit sentier circulaire, large de dix-huit pouces, commença de gravir la montagne.

Arrivé au sommet, il se trouva arrêté par une haie sur laquelle les fruits verts avaient succédé aux fleurs roses et blanches.

Monte-Christo chercha la porte du petit enclos, et ne tarda point à la trouver.

C'était une petite herse en bois, roulant sur des gonds d'osier et se fermant avec un clou et une ficelle.

En un instant, le comte fut au courant du mécanisme et la porte s'ouvrit.

Le comte se trouva alors dans un petit jardin de vingt pieds de long sur douze de large, borné d'un côté par la partie de la haie dans laquelle était encadrée l'ingénieuse machine que nous avons décrite sous le nom de porte, et de l'autre par la vieille tour ceinte de lierre, toute parsemée de ravenelles et de giroflées.

On n'eût pas dit, à la voir ainsi ridée et fleurie comme une aïeule à qui ses petits-enfants viennent de souhaiter la fête, qu'elle pourrait raconter bien des drames terribles si elle joignait une voix aux oreilles menaçantes qu'un vieux proverbe donne aux murailles.

On parcourait ce jardin en suivant une allée sablée de sable rouge, sur lequel mordait, avec des tons qui eussent réjoui l'œil de Delacroix, notre Rubens moderne, une bordure de gros buis, vieille de plusieurs années.

Cette allée avait la forme d'un 8, et tournait en s'élançant, de manière à faire dans un jardin de vingt pieds une promenade de soixante.

Jamais Flore, la riante et fraîche déesse des bons jardiniers latins, n'avait été honorée d'un culte aussi minutieux et aussi pur que l'était celui qu'on lui rendait dans ce petit enclos.

En effet, de vingt rosiers qui composaient le parterre, pas une feuille ne portait la trace de la mouche, pas un filet la petite grappe de pucerons verts qui désolent et rongent les plantes grandissant sur un terrain humide.

Ce n'était cependant point l'humidité qui manquait à ce jardin : la terre noire comme de la suie, l'opaque feuillage des arbres, le disaient assez; d'ailleurs l'humidité factice eût promptement suppléé à l'humidité naturelle, grâce au tonneau plein d'eau croupissante qui creusait un des angles du jardin, et dans lequel stationnaient, sur une nappe verte, une grenouille et un crapaud qui, par incompatibilité d'humeur, sans doute, se tenaient toujours, en se tournant le dos, aux deux points opposés du cercle.

D'ailleurs, pas une herbe dans les allées, pas un rejeton parasite dans les plates-bandes.

Une petite maîtresse polit et émonde avec moins de soin les géraniums, les cactus et les rhododendrons de sa jardinière de porcelaine que ne le faisait le maître jusqu'alors invisible du petit enclos.

Monte-Christo s'arrêta après avoir refermé la porte en agrafant la ficelle à son clou, et embrassa d'un regard toute la propriété.

— Il paraît, dit-il, que l'homme du télégraphe a des jardiniers à l'année, ou se livre passionnément à l'agriculture.

Tout à coup il se heurta à quelque chose, tapi derrière une brouette chargée de feuillage.

Ce quelque chose se redressa en laissant échapper une exclamation qui peignait son étonnement, et Monte-Christo se trouva en face d'un bonhomme d'une cinquantaine d'années qui ramassait des fraises qu'il plaçait sur des feuilles de vigne.

Il y avait douze feuilles de vigne et presque autant de fraises.

Le bonhomme, en se relevant, faillit laisser choir fraises, feuilles et assiette.

— Vous faites votre récolte, monsieur? dit Monte-Christo en souriant.

Le bonhomme, en se relevant, faillit laisser choir fraises, feuilles et assiettes. — PAGE 7.

— Pardon, monsieur, répondit le bonhomme en portant la main à sa casquette, je ne suis pas là-haut, c'est vrai, mais je viens d'en descendre à l'instant même.

— Que je ne vous gêne en rien, mon ami, dit le comte, cueillez vos fraises, si toutefois il vous en reste encore

— J'en ai encore dix, dit l'homme, car en voici onze, et j'en avais vingt et une, cinq de plus que l'année dernière. Mais ce n'est pas étonnant, le printemps a été chaud cette année, et ce qu'il faut aux fraises, voyez-vous, monsieur, c'est la chaleur. Voilà pourquoi, au lieu de seize que j'ai eues l'année passée, j'en ai cette année, voyez-vous, onze déjà cueillies, douze, treize, quatorze, quinze, seize, dix-sept, dix-huit. Oh! mon Dieu! il m'en manque deux, elles y étaient encore hier, monsieur, elles y étaient, j'en suis sûr, je les ai comptées. Il faut que ce soit le fils de la mère Simon qui me les ait soufflées; je l'ai vu rôder par ici ce matin. Ah! le petit drôle, voler dans un enclos! il ne sait donc pas où cela peut le mener?

Monte-Christo tira de sa poche un papier sur lequel il y avait trois signes tout tracés. — PAGE 12.

— En effet, dit Monte-Christo, c'est grave, mais vous ferez la part de la jeunesse du délinquant et de sa gourmandise

— Certainement, dit le jardinier ; cependant ce n'en est pas moins fort désagréable. Mais, encore une fois, pardon, monsieur : c'est peut-être un chef que je fais attendre ainsi?

Et il interrogeait d'un regard craintif le comte et son habit bleu.

— Rassurez-vous, mon ami, dit le comte avec ce sourire qu'il faisait à sa volonté si terrible et si bienveillant, et qui, cette fois, n'exprimait que la bienveillance, je ne suis point un chef qui vient pour vous inspecter, mais un simple voyageur conduit par la curiosité et qui commence même à se reprocher sa visite en voyant qu'il vous fait perdre votre temps.

— Oh! mon temps n'est pas cher, répliqua le bonhomme avec un sourire mélancolique. Cependant c'est le temps du gouvernement, et je ne devrais pas le perdre ; mais j'avais reçu le signal qui m'annonçait que je pouvais me reposer une heure (il jeta les yeux sur un cadran solaire, car il y avait de tout dans l'enclos de la tour de Montlhéry, même un cadran solaire), et, vous le voyez, j'avais encore dix minutes devant moi, puis mes fraises étaient mûres, et un jour de plus... D'ailleurs, croiriez-vous, monsieur, que les loirs me les mangent?

— Ma foi, non, je ne l'aurais pas cru, répondit gravement Monte-Christo; c'est un mauvais voisinage, monsieur, que celui des loirs, pour nous qui ne les mangeons pas confits dans du miel comme faisaient les Romains.

— Ah! les Romains les mangeaient? fit le jardinier, ils mangeaient les loirs?

— J'ai lu cela dans Pétrone, dit le comte.

— Vraiment? Ça ne doit pas être bon, quoiqu'on dise : — Gras comme un loir. Et ce n'est pas étonnant, monsieur, que les loirs soient gras, attendu qu'ils dorment toute la sainte journée, et qu'ils ne se réveillent que pour ronger toute la nuit. Tenez, l'an dernier, j'avais quatre abricots; ils m'en ont entamé un. J'avais un brugnon, un seul, il est vrai que c'est un fruit rare; eh bien! monsieur, ils me l'ont à moitié dévoré du côté de la muraille; un brugnon superbe et qui était excellent. Je n'en ai jamais mangé de meilleur.

— Vous l'avez mangé? demanda Monte-Christo.

— C'est-à-dire la moitié qui restait, vous comprenez bien. C'était exquis, monsieur. Ah! dame, ces messieurs-là ne choisissent pas les pires morceaux. C'est comme le fils de la mère Simon, il n'a pas choisi les plus mauvaises fraises, allez! Mais cette année, continua l'horticulteur, soyez tranquille, cela ne m'arrivera pas, dussé-je, quand les fruits seront près de mûrir, passer la nuit pour les garder.

Monte-Christo en avait assez vu.

Chaque homme a sa passion qui le mord au fond du cœur, comme chaque fruit son ver; celle de l'homme au télégraphe, c'était l'horticulture.

Il se mit à cueillir les feuilles de vigne qui cachaient les grappes au soleil, et se conquit par là le cœur du jardinier.

— Monsieur était venu pour voir le télégraphe? dit-il.

— Oui, monsieur, si toutefois cela n'est pas défendu par les règlements.

— Oh! pas défendu le moins du monde, dit le jardinier, attendu qu'il n'y a rien de dangereux, vu que personne ne sait ni ne peut savoir ce que nous disons.

— On m'a dit, en effet, reprit le comte, que vous répétiez des signaux que vous ne compreniez pas vous-même.

— Certainement, monsieur, et j'aime bien mieux cela, dit en riant l'homme du télégraphe.

— Pourquoi aimez-vous mieux cela?

— Parce que, de cette façon, je n'ai pas de responsabilité. Je suis une machine, moi, et pas autre chose, et, pourvu que je fonctionne, on ne m'en demande pas davantage.

— Diable! fit Monte-Christo en lui-même, est-ce que par hasard je serais tombé sur un homme qui n'aurait pas d'ambition? Morbleu! ce serait jouer de malheur.

— Monsieur, dit le jardinier en jetant un coup d'œil sur son cadran solaire, les dix minutes vont expirer, je retourne à mon poste. Vous plaît-il de monter avec moi?

— Je vous suis.

Monte-Christo entra, en effet, dans la tour divisée en trois étages; celui du bas contenait quelques instruments aratoires, tels que bêches, râteaux, arrosoirs, dressés contre la muraille; c'était tout l'ameublement.

Le second était l'habitation ordinaire ou plutôt nocturne de l'employé.

Il contenait quelques pauvres ustensiles de ménage, un lit, une table, deux chaises, une fontaine de grès, plus quelques herbes sèches pendues au plafond, et que le comte reconnut pour des pois de senteur et des haricots d'Espagne dont le bonhomme conservait la graine dans sa coque.

Il avait étiqueté tout cela avec le soin d'un maître botaniste du Jardin des Plantes.

— Faut-il passer beaucoup de temps à étudier la télégraphie, monsieur? demanda Monte-Christo.

— Ce n'est pas l'étude qui est longue, c'est le surnumérariat.

— Et combien reçoit-on d'appointements?

— Mille francs, monsieur.

— Ce n'est guère.

— Non; mais on est logé, comme vous voyez.

Monte-Christo regarda la chambre.

— Pourvu qu'il n'aille pas tenir à son logement! murmura-t-il.

On passa au troisième étage.

C'était la chambre du télégraphe.

Monte-Christo regarda tour à tour les deux poignées de fer à l'aide desquelles l'employé faisait jouer la machine.

— C'est fort intéressant, dit-il, mais à la longue c'est une vie qui doit vous paraître un peu insipide?

— Oui, dans le commencement cela donne le torticolis à force de regarder, mais au bout d'un an ou deux on s'y fait; puis nous avons nos heures de récréation et nos jours de congé.

— Vos jours de congé?

— Oui.

— Lesquels?

— Ceux où il fait du brouillard.

— Ah! c'est juste.

— Ce sont mes jours de fête à moi; je descends dans le jardin ces jours-là, et je plante, je taille, je rogne, j'échenille; en somme, le temps passe.

— Depuis combien de temps êtes-vous ici?

— Depuis dix ans, et cinq ans de surnumérariat, quinze.

— Vous avez...

— Cinquante-cinq ans.

— Combien de temps de service vous faut-il pour avoir la pension?

— Oh! monsieur, vingt-cinq ans.

— Et de combien est cette pension?

— De cent écus.

— Pauvre humanité! murmura Monte-Christo.

— Vous dites, monsieur... demanda l'employé.

— Je dis que c'est fort intéressant.

— Quoi?

— Tout ce que vous me montrez... Et vous ne comprenez rien absolument à vos signes?

— Rien absolument.

— Vous n'avez jamais essayé de comprendre?

— Jamais; pour quoi faire?

— Cependant, il y a des signaux qui s'adressent à vous directement.

— Sans doute.

— Et ceux-là vous les comprenez?

— Ce sont toujours les mêmes.

— Et ils disent?...

— *Rien de nouveau... vous avez une heure... ou à demain.*

— Voilà qui est parfaitement innocent, dit le comte, mais regardez donc, ne voilà-t-il pas votre correspondant qui se met en mouvement?

— Ah! c'est vrai; merci, monsieur.

— Et que vous dit-il? est-ce quelque chose que vous comprenez?

— Oui; il me demande si je suis prêt.

— Et vous lui répondez?

— Par un signe qui apprend en même temps à mon correspondant de droite que je suis prêt, tandis qu'il invite mon correspondant de gauche à se préparer à son tour.

— C'est très-ingénieux, dit le comte.

— Vous allez voir, reprit avec orgueil le bonhomme, dans cinq minutes il va parler.

— J'ai cinq minutes alors, dit Monte-Christo, c'est plus de temps qu'il ne m'en faut. Mon cher monsieur, dit-il, permettez-moi de vous faire une question.

— Faites.

— Vous aimez le jardinage?

— Avec passion.

— Et vous seriez heureux, au lieu d'avoir une terrasse de vingt pieds, d'avoir un enclos de deux arpents?

— Monsieur, j'en ferais un paradis terrestre.

— Avec vos mille francs vous vivez mal?

— Assez mal; mais enfin je vis

— Oui; mais vous n'avez qu'un jardin misérable.

— Ah! c'est vrai, le jardin n'est pas grand.

— Et encore, tel qu'il est, il est peuplé de loirs qui dévorent tout.

— Ça, c'est mon fléau.

— Dites-moi, si vous aviez le malheur de tourner la tête quand le correspondant de droite va marcher?

— Je ne le verrais pas.

— Alors, qu'arriverait-il?

— Que je ne pourrais pas répéter ses signaux.

— Et après?

— Il arriverait que, ne les ayant pas répétés par négligence, je serais mis à l'amende.

— De combien?

— De cent francs.

— Le dixième de votre revenu; c'est joli!

— Ah! fit l'employé.

— Cela vous est arrivé? dit Monte-Christo.

— Une fois, monsieur, une fois que je greffais un rosier noisette.

— Bien. Maintenant, si vous vous avisiez de changer quelque chose au signal ou d'en transmettre un autre?

— Alors, c'est différent, je serais renvoyé et je perdrais ma pension.

— Trois cents francs?

— Cent écus, oui, monsieur; aussi, vous comprenez que jamais je ne ferai rien de tout cela.

— Pas même pour quinze ans de vos appointements? Voyons, ceci mérite réflexion, hein?

— Pour quinze mille francs?

— Oui.

— Monsieur, vous m'effrayez.

— Bah!

— Monsieur, vous voulez me tenter?

— Justement! Quinze mille francs, comprenez-vous?

— Monsieur, laissez-moi regarder mon correspondant de droite!

— Au contraire, ne le regardez pas et regardez ceci.

— Qu'est-ce que c'est?

— Comment! vous ne connaissez pas ces petits papiers-là?

— Des billets de banque!

— Carrés; il y en a quinze.

— Et à qui sont-ils?

— A vous, si vous voulez.

— A moi! s'écria l'employé suffoqué.

— Oh! mon Dieu, oui! à vous, en toute propriété.

— Monsieur, voilà mon correspondant de droite qui marche.

— Laissez-le marcher.

— Monsieur, vous m'avez distrait, et je vais être à l'amende.

— Cela vous coûtera cent francs; vous voyez bien que vous avez tout intérêt à prendre mes quinze billets de banque.

— Monsieur, le correspondant de droite s'impatiente, il redouble ses signaux.

— Laissez-le faire, et prenez.

Le comte mit le paquet dans la main de l'employé.

— Maintenant, dit-il, ce n'est pas tout : avec vos quinze mille francs vous ne vivrez pas.

— J'aurai toujours ma place.

— Non, vous la perdrez; car vous allez faire un autre signe que celui de votre correspondant.

— Oh! monsieur, que me proposez-vous là?

— Un enfantillage.

— Monsieur, à moins que d'y être forcé...

— Je compte bien vous forcer effectivement.

Et Monte-Christo tira de sa poche un autre paquet.

— Voici dix autres mille francs, dit-il; avec les quinze qui sont dans votre poche, cela fera vingt-cinq mille. Avec cinq mille francs vous achèterez une jolie petite maison et deux arpents de terre; avec les vingt mille autres vous vous ferez mille francs de rente.

— Un jardin de deux arpents?

— Et mille francs de rente.

— Mon Dieu! mon Dieu!

— Mais prenez donc!

Et Monte-Christo mit de force les dix mille francs dans la main de l'employé

— Que dois-je faire?

— Rien de bien difficile.

— Mais enfin?

— Répéter les signes que voici.

Monte-Christo tira de sa poche un papier sur lequel il y avait trois signes tout tracés, des numéros indiquant l'ordre dans lequel ils devaient être faits.

— Ce ne sera pas long, comme vous voyez.

— Oui, mais...

— C'est pour le coup que vous aurez des brugnons, et de reste.

Le coup porta.

Rouge de fièvre et suant à grosses gouttes, le bonhomme exécuta les uns après les autres les trois signes donnés par le comte, malgré les effrayantes dislocations du correspondant de droite, qui, ne comprenant rien à ce changement, commençait à croire que l'homme aux brugnons était devenu fou.

Quant au correspondant de gauche, il répéta consciencieusement les mêmes signaux, qui furent recueillis définitivement au ministère de l'intérieur.

— Maintenant, vous voilà riche, dit Monte-Christo.

— Oui, répondit l'employé, mais à quel prix!

— Écoutez, mon ami, dit Monte-Christo, je ne veux pas que vous ayez des remords; croyez-moi donc, car, je vous jure, vous n'avez fait de tort à personne, et vous avez servi les projets de Dieu.

L'employé regardait les billets de banque, les palpait, les comptait.

Il était pâle, il était rouge.

Enfin, il se précipita vers sa chambre pour boire un verre d'eau.

Mais il n'eut pas le temps d'arriver jusqu'à la fontaine, et il s'évanouit au milieu de ses haricots secs.

Cinq minutes après que la nouvelle télégraphique fut arrivée au ministère, Debray fit mettre les chevaux à son coupé, et courut chez Danglars.

— Votre mari a des coupons de l'emprunt espagnol? dit-il à la baronne.

— Je crois bien! il en a pour six millions.

— Qu'il les vende à quelque prix que ce soit.

— Pourquoi cela?

— Parce que don Carlos s'est sauvé de Bourges et est rentré en Espagne.

— Comment savez-vous cela?

— Parbleu, dit Debray en haussant les épaules, comme je sais les nouvelles.

La baronne ne se le fit pas répéter deux fois.

Elle courut chez son mari, lequel courut à son tour chez son agent de change, et lui ordonna de vendre à tout prix.

Quand on vit que M. Danglars vendait, les fonds espagnols baissèrent aussitôt.

Danglars y perdit cinq cent mille francs, mais il se débarrassa de tous ses coupons.

Le soir, on lut dans le *Messager :*

Dépêche télégraphique.

« Le roi don Carlos a échappé à la surveillance qu'on exerçait sur lui à Bourges, et est rentré en Espagne par la frontière de Catalogne.

« Barcelonne s'est soulevée en sa faveur. »

Pendant toute la soirée, il ne fut bruit que de la prévoyance de Danglars, qui avait vendu ses coupons, et du bonheur de l'agioteur, qui ne perdait que cinq cent mille francs sur un pareil coup.

Ceux qui avaient conservé leurs coupons ou acheté ceux de Danglars se regardèrent comme ruinés et passèrent une fort mauvaise nuit.

Le lendemain, on lut dans le *Moniteur :*

« C'est sans aucun fondement que le *Messager* a annoncé hier la fuite de don Carlos et la révolte de Barcelonne.

« Le roi don Carlos n'a pas quitté Bourges, et la Péninsule jouit de la plus profonde tranquillité.

« Un signe télégraphique mal interprété à cause du brouillard a donné lieu à cette erreur. »

Les fonds remontèrent d'un chiffre double de celui où ils étaient descendus.

Cela fit, en perte et en manque à gagner, un million de différence pour Danglars.

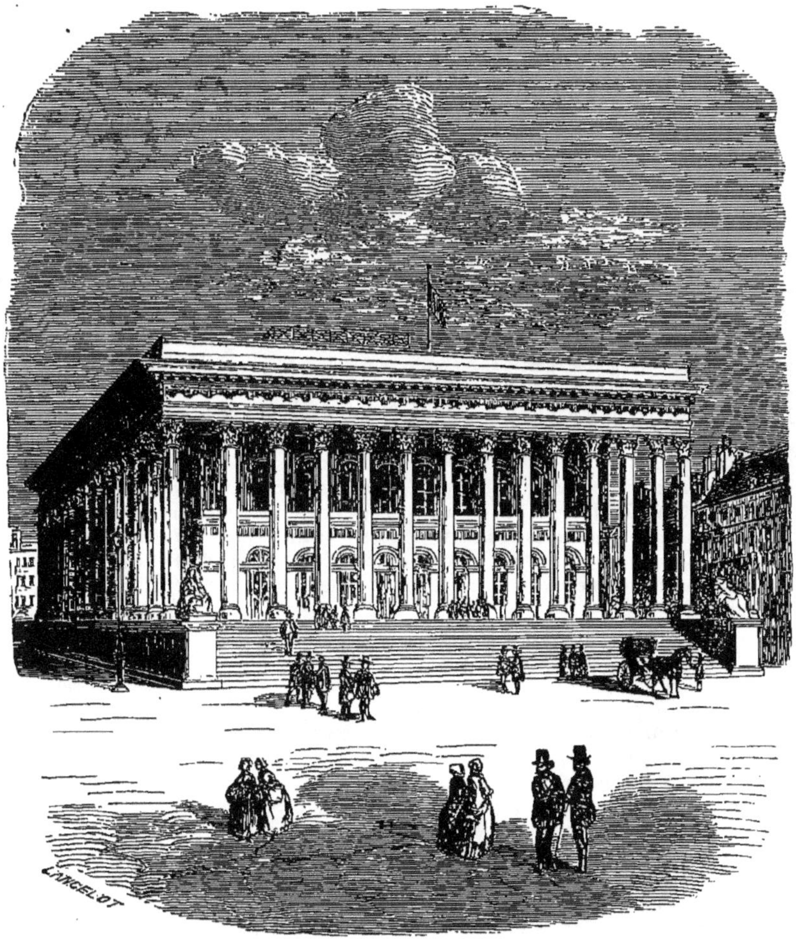

Le palais de la Bourse.

— Bon! dit Monte-Christo à Morrel, qui se trouvait chez lui au moment où on annonçait l'étrange revirement de Bourse dont Danglars avait été victime; je viens de faire pour vingt-cinq mille francs une découverte que j'eusse payée cent mille.

— Que venez-vous donc de découvrir? demanda Maximilien.

— Je viens de découvrir le moyen de délivrer un jardinier des loirs qui lui mangeaient ses pêches.

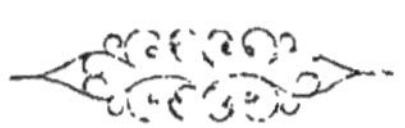

CHAPITRE III.

LES FANTOMES.

A la première vue, et examinée du dehors, la maison d'Auteuil n'avait rien de splendide, rien de ce qu'on pouvait attendre d'une habitation destinée au magnifique comte de Monte-Christo; mais cette simplicité tenait à la volonté du maître, qui avait positivement ordonné que rien ne fût changé à l'extérieur, il n'était besoin pour s'en convaincre que de considérer l'intérieur.

En effet, à peine la porte était-elle ouverte que le spectacle changeait.

M. Bertuccio s'était surpassé lui-même pour le goût des ameublements et la rapidité de l'exécution.

Comme autrefois le duc d'Antin avait fait abattre en une nuit une allée d'arbres qui gênait le regard de Louis XIV, de même en trois jours M. Bertuccio avait fait planter une cour entièrement nue, et de beaux peupliers, des sycomores venus avec leurs blocs énormes de racines, ombrageaient la façade principale de la maison, devant laquelle, au lieu de pavés à moitié cachés par l'herbe, s'étendait une pelouse de gazon, dont les plaques avaient été posées le matin même, et qui formait un vaste tapis où perlait encore l'eau dont on l'avait arrosé.

Au reste, les ordres venaient du comte; lui-même avait remis à Bertuccio un plan où étaient indiqués le nombre et la place des arbres qui devaient être plantés, la forme et l'espace de la pelouse qui devait succéder aux pavés.

Vue ainsi, la maison était devenue méconnaissable; et Bertuccio lui-même protestait qu'il ne la reconnaissait plus, emboîtée qu'elle était dans son cadre de verdure.

L'intendant n'eût pas été fâché, tandis qu'il y était, de faire subir quelques transformations au jardin, mais le comte avait positivement défendu qu'on y touchât en rien.

Bertuccio s'en dédommagea en encombrant de fleurs les antichambres, les escaliers et les cheminées.

Ce qui annonçait l'extrême habileté de l'intendant et la profonde science du maître, l'un pour servir, l'autre pour se faire servir, c'est que cette maison, déserte depuis vingt années, si sombre et si triste encore la veille, tout imprégnée qu'elle était de cette fade odeur qu'on pourrait appeler l'odeur du temps, avait pris en un jour, avec l'aspect de la vie, les parfums que préférait le maître, et jusqu'au degré de son jour favori; c'est que le comte, en arrivant, avait là sous sa main ses livres et ses armes; sous ses yeux ses tableaux préférés; dans les antichambres les chiens dont il aimait les caresses, les oiseaux dont il aimait le chant; c'est que toute cette maison, réveillée de son long sommeil comme le palais de la Belle au bois dormant, vivait, chantait, s'épanouissait, pareille à ces maisons que nous avons depuis longtemps chéries, et dans lesquelles, lorsque par malheur nous les quittons, nous laissons involontairement une partie de notre âme.

Des domestiques allaient et venaient joyeux dans cette belle cour.

Les uns possesseurs des cuisines, et glissant, comme s'ils eussent toujours habité cette maison, dans des escaliers restaurés de la veille, les autres peuplant les remises, où les équipages, numérotés et casés, semblaient installés depuis cinquante ans; et les écuries où les chevaux au râtelier répondaient en hennissant aux palefreniers qui leur parlaient avec infiniment plus de respect que beaucoup de domestiques ne parlent à leurs maîtres.

La bibliothèque était disposée sur deux corps, aux deux côtés de la muraille, et contenait deux mille volumes à peu près.

Tout un compartiment était destiné aux romans modernes, et celui qui avait paru la veille était déjà rangé à sa place, se pavanant dans sa reliure rouge et or.

De l'autre côté de la maison, faisant pendant à la bibliothèque, il y avait la serre, garnie de plantes rares et s'épanouissant dans de larges potiches japonaises, et au milieu de la serre, merveille à la fois des yeux et de l'odorat, un billard que l'on eût dit abandonné depuis une heure au plus par les joueurs, qui avaient laissé mourir les billes sur le tapis.

Une seule chambre avait été respectée par le magnifique Bertuccio.

Devant cette chambre, située à l'angle gauche du premier étage, à laquelle on pouvait monter par le grand escalier, et dont on pouvait sortir par l'escalier dérobé, les domestiques passaient avec curiosité et Bertuccio avec terreur.

A cinq heures précises, le comte arriva, suivi d'Ali, devant la maison d'Auteuil.

Bertuccio attendait cette arrivée avec une impatience mêlée d'inquiétude; il espérait quelques compliments, tout en redoutant un froncement de sourcils.

Monte-Christo descendit dans la cour, parcourut toute la maison et fit le tour du jardin, silencieux et sans donner le moindre signe d'approbation ni de mécontentement.

Seulement, en entrant dans sa chambre à coucher, située du côté opposé à la chambre fermée, il étendit la main vers le tiroir d'un petit meuble en bois de rose, qu'il avait déjà distingué à son premier voyage.

— Cela ne peut servir qu'à mettre des gants, dit-il.

— En effet, Excellence, répondit Bertuccio ravi, ouvrez, et vous y trouverez des gants.

Dans les autres meubles, le comte trouva encore ce qu'il comptait y trouver : flacons, cigares, bijoux.

— Bien ! dit-il encore.

Et M. Bertuccio se retira l'âme ravie, tant était grande, puissante et réelle, l'influence de cet homme sur tout ce qui l'entourait.

A six heures précises, on entendit piétiner un cheval devant la porte d'entrée.

C'était notre capitaine des spahis qui arrivait sur *Médéah*.

Monte-Christo l'attendait sur le perron, le sourire aux lèvres.

— Me voilà le premier, j'en suis bien sûr, lui cria Morrel; je l'ai fait exprès pour vous avoir un instant à moi seul avant tout le monde. Julie et Emmanuel vous disent des millions de choses. Ah ! mais savez-vous que c'est magnifique ici? Dites-moi, comte, est-ce que vos gens auront bien soin de mon cheval ?

— Soyez tranquille, mon cher Maximilien, ils s'y connaissent.

— C'est qu'il a besoin d'être bouchonné. Si vous saviez de quel train il a été ! Une véritable trombe.

— Peste ! je le crois bien, un cheval de cinq mille francs ! dit Monte-Christo du ton qu'un père mettrait à parler à son fils.

— Vous les regrettez ? dit Morrel avec son franc sourire.

— Moi ! Dieu m'en préserve ! répondit le comte. Non. Je regretterais seulement que le cheval ne fût pas bon.

— Il est si bon, mon cher comte, que M. de Château-Renaud, l'homme le plus connaisseur de France, et M. Debray qui monte les arabes du ministère, courent après moi en ce moment, et sont un peu distancés comme vous voyez, et encore sont-ils talonnés par les chevaux de la baronne Danglars, qui vont d'un trot à faire tout bonnement leurs six lieues à l'heure.

— Alors, ils vous suivent ? demanda Monte-Christo.

— Tenez, les voilà.

En effet, au moment même, un coupé à l'attelage tout fumant et deux chevaux de selle hors d'haleine arrivèrent devant la grille de la maison, qui s'ouvrit devant eux.

Aussitôt le coupé décrivit son cercle et vint s'arrêter au perron, suivi de deux cavaliers.

En un instant, Debray eut mis pied à terre, et se trouva à la portière. Il offrit sa main à la baronne, qui lui fit en descendant un geste imperceptible pour tout autre que pour Monte-Christo.

Mais le comte ne perdait rien, et dans ce geste il vit reluire un petit billet blanc aussi imperceptible que le geste, et qui passa avec une aisance qui indiquait l'habitude de cette manœuvre de la main de madame Danglars dans celle du secrétaire du ministre.

Derrière sa femme, descendit le banquier, pâle comme s'il fût sorti du sépulcre au lieu de sortir de son coupé.

Madame Danglars jeta autour d'elle un regard rapide et investigateur que Monte-Christo seul put comprendre, et dans lequel elle embrassa la cour, le péristyle, la façade de la maison; puis, réprimant une légère émotion qui se fût certes traduite sur son visage s'il eût été permis à son visage de pâlir, elle monta le perron tout en disant à Morrel :

— Monsieur, si vous étiez de mes amis, je vous demanderais si votre cheval est à vendre.

Morrel fit un sourire qui ressemblait fort à une grimace, et se retourna vers Monte-Christo, comme pour le prier de le tirer de l'embarras où il se trouvait.

Le comte le comprit.

— Ah ! madame, répondit-il, pourquoi n'est-ce point à moi que cette demande s'adresse ?

— Avec vous, monsieur, dit la baronne, on n'a le droit de rien désirer, car on est trop sûr d'obtenir. Aussi était-ce à M. Morrel.

— Malheureusement, reprit le comte, je suis témoin que M. Morrel ne peut céder son cheval, son honneur étant engagé à ce qu'il le garde.

— Comment cela ?

— Il a parié dompter *Médéah* dans l'espace de six mois. Vous comprenez maintenant, baronne, que, s'il s'en défaisait avant le terme fixé par le pari, non-seulement il le perdrait, mais encore on dirait qu'il

Il y avait la serre, garnie de plantes rares. — PAGE 14.

a eu peur; et un capitaine de spahis, même pour passer un caprice à une jolie femme, ce qui est, à mon avis, une des choses les plus sacrées de ce monde, ne peut laisser courir un pareil bruit.

— Vous voyez, madame... dit Morrel tout en adressant à Monte-Christo un sourire reconnaissant.

— Il me semble d'ailleurs, dit Danglars avec un ton bourru mal déguisé par son sourire épais, que vous avez assez comme cela de chevaux.

Ce n'était point l'habitude de madame Danglars de laisser passer de pareilles attaques sans y riposter, et cependant, au grand étonnement des jeunes gens, elle fit semblant de ne pas entendre et ne répondit rien.

Monte-Christo sourit à ce silence, qui dénonçait une humilité inaccoutumée, tout en montrant à la baronne deux immenses pots de porcelaine de Chine, sur lesquels serpentaient des végétations marines d'une grosseur et d'un travail tels, que la nature seule peut avoir cette richesse, cette sève et cet esprit.

La baronne était émerveillée.

— Eh! mais on planterait là-dedans un marron-

Le jardin des Tuileries.

pier des Tuileries ! dit-elle; comment donc a-t-on pu faire cuire de pareilles énormités?

— Ah ! madame, dit Monte-Christo, il ne faut pas nous demander cela à nous autres faiseurs de statuettes et de verre-mousseline; c'est un travail d'un autre âge, une espèce d'œuvre des génies de la terre et de la mer.

— Comment cela? et de quelle époque cela peut-il être?

— Je ne sais pas; seulement j'ai ouï dire qu'un empereur de la Chine avait fait construire un four exprès; que dans ce four, les uns après les autres, on avait fait cuire douze pots pareils à ceux-ci. Deux se brisèrent sous l'ardeur du feu : on descendit les dix autres à trois cents brasses au fond de la mer. La mer, qui savait ce que l'on demandait d'elle, jeta sur eux ses lianes, tordit ses coraux, incrusta ses coquilles; le tout fut cimenté par deux cents années sous ses profondeurs inouïes, car une révolution emporta l'empereur qui avait voulu faire cet essai, et ne laissa que le procès-verbal qui constatait la cuisson des vases et leur descente au fond de la mer. Au bout de deux cents ans on retrouva le procès-verbal, et l'on songea à retirer les vases.

 Paris — Imp. de Edouard Blot, rue St-Louis, 46.

Des plongeurs allèrent, sous des machines faites exprès, à la découverte dans la baie où on les avait jetés; mais sur les dix on n'en retrouva plus que trois, les autres avaient été dispersés et brisés par les flots. J'aime ces vases, au fond desquels je me figure parfois que des monstres informes, effrayants, mystérieux et pareils à ceux que voient les seuls plongeurs, ont fixé avec étonnement leur regard terne et froid, et dans lesquels ont dormi des myriades de poissons qui s'y réfugiaient pour fuir la poursuite de leurs ennemis.

Pendant ce temps, Danglars, peu amateur de curiosités, arrachait machinalement, et l'une après l'autre, les fleurs d'un magnifique oranger; quand il eut fini avec l'oranger, il s'adressa à un cactus, mais alors le cactus, d'un caractère moins facile que l'oranger, le piqua outrageusement.

Alors il tressaillit et se frotta les yeux comme s'il sortait d'un songe.

— Monsieur, lui dit Monte-Christo en souriant, vous qui êtes amateur de tableaux et qui avez de si magnifiques choses, je ne vous recommande pas les miens. Cependant voici deux Hobbema, un Paul Potter, un Mieris, deux Gérard Dow, un Raphaël, un Van Dyck, un Zurbaran et deux ou trois Murillo, qui sont dignes de vous être présentés.

— Tiens! dit Debray, voici un Hobbema que je reconnais.

— Ah! vraiment!

— Oui, on est venu le proposer au Musée.

— Qui n'en a pas, je crois? hasarda Monte-Christo.

— Non, et qui, cependant, a refusé de l'acheter.

— Pourquoi cela? demanda Château-Renaud.

— Vous êtes charmant, vous; parce que le gouvernement n'est point assez riche.

— Ah! pardon! dit Château-Renaud. J'entends dire cependant de ces choses-là tous les jours depuis huit ans, et je ne puis pas encore m'y habituer.

— Cela viendra, dit Debray.

— Je ne crois pas, répondit Château-Renaud.

— M. le major Bartolomeo Cavalcanti, M. le vicomte Andrea Cavalcanti, annonça Baptistin.

Un col de satin noir sortant des mains du fabricant, une barbe fraîche, des moustaches grises, l'œil assuré, un habit de major orné de trois plaques et de cinq croix, en somme une tenue irréprochable de vieux soldat, tel apparut le major Bartolomeo Cavalcanti, ce tendre père que nous connaissons.

Près de lui, couvert d'habits tout flambants neufs, s'avançait, le sourire sur les lèvres, le vicomte Andrea Cavalcanti, ce respectueux fils que nous connaissons encore.

Les trois jeunes gens causaient ensemble; leurs regards se portaient du père au fils, et s'arrêtèrent tout naturellement plus longtemps sur ce dernier, qu'ils détaillèrent.

— Cavalcanti! dit Debray.

— Un beau nom, fit Morrel, peste!

— Oui, dit Château-Renaud, c'est vrai, ces Italiens se nomment bien, mais ils s'habillent mal.

— Vous êtes difficile, Château-Renaud, reprit Debray, ces habits sont d'un excellent faiseur et tout neufs.

— Voilà justement ce que je leur reproche. Ce monsieur a l'air de s'habiller aujourd'hui pour la première fois.

— Qu'est-ce que ces messieurs? demanda Danglars au comte de Monte-Christo.

— Vous avez entendu, des Cavalcanti.

— Cela m'apprend leur nom, voilà tout.

— Ah! c'est vrai, vous n'êtes pas au courant de nos noblesses d'Italie; qui dit Cavalcanti, dit race de princes.

— Belle fortune? demanda le banquier

— Fabuleuse.

— Que font-ils?

— Ils essayent de la manger sans pouvoir en venir à bout. Ils ont d'ailleurs des crédits sur vous, à ce qu'ils m'ont dit en me venant voir avant-hier. Je les ai même invités à votre intention. Je vous les présenterai.

— Mais il me semble qu'ils parlent très-purement le français, dit Danglars.

— Le fils a été élevé dans un collége du Midi, à Marseille, ou dans les environs, je crois. Vous le trouverez dans l'enthousiasme.

— De quoi? demanda la baronne.

— Des Françaises, madame. Il veut absolument prendre femme à Paris.

— Une belle idée qu'il a là! dit Danglars en haussant les épaules.

Madame Danglars regarda son mari avec une expression qui, dans tout autre moment, eût présagé un orage; mais pour la seconde fois elle se tut.

— Le baron paraît bien sombre aujourd'hui, dit Monte-Christo à madame Danglars; est-ce qu'on voudrait le faire ministre, par hasard?

— Non pas encore, que je sache. Je crois plutôt qu'il aura joué à la Bourse, qu'il aura perdu, et qu'il ne sait à qui s'en prendre.

— M. et madame de Villefort! cria Baptistin.

Les deux personnes annoncées entrèrent.

M. de Villefort, malgré sa puissance sur lui-même, était visiblement ému. En touchant sa main, Monte-Christo sentit qu'elle tremblait.

— Décidément, il n'y a que les femmes pour savoir dissimuler, se dit Monte-Christo à lui-même et en regardant madame Danglars qui souriait au procureur du roi et qui embrassait sa femme.

Après les premiers compliments, le comte vit Bertuccio qui, occupé jusque-là du côté de l'office, se glissait dans un petit salon attenant à celui dans lequel il se trouvait.

Il alla à lui.

— Que voulez-vous, monsieur Bertuccio? lui dit-il.

— Son Excellence ne m'a pas dit le nombre de ses convives.

— Ah! c'est vrai.

— Combien de couverts?

— Comptez vous-même.

— Tout le monde est-il arrivé, Excellence?

— Oui.

Bertuccio glissa son regard à travers la porte entre-bâillée.

Monte-Christo le couvait des yeux.

— Ah! mon Dieu! s'écria-t-il.

— Quoi donc? demanda le comte.

— Cette femme!... Cette femme!...

— Laquelle?

— Celle qui a une robe blanche et tant de diamants!... la blonde!

— Madame Danglars?

Je ne sais pas comment on la nomme. Mais c'est elle, monsieur, c'est elle!

— Qui elle?

— La femme du jardin! celle qui était enceinte! celle qui se promenait en attendant!... en attendant!...

Bertuccio demeura la bouche ouverte, pâle et les cheveux hérissés.

— En attendant qui?

Bertuccio, sans répondre, montra Villefort du doigt, à peu près du même geste dont Macbeth montra Banco.

— Oh!... oh!... murmura-t-il enfin, voyez-vous?

— Quoi? qui?

— Lui!

— Lui!.. M. le procureur du roi de Villefort? Sans doute que je le vois.

— Mais je ne l'ai donc pas tué?

— Ah çà, mais je crois que vous devenez fou! mon brave monsieur Bertuccio, dit le comte.

— Mais il n'est donc pas mort?

— Eh! non, il n'est pas mort, vous le voyez bien, au lieu de le frapper entre la sixième et la septième côte gauche, comme c'est la coutume de vos compatriotes, vous aurez frappé plus haut ou plus bas; et ces gens de justice, ça vous a l'âme chevillée dans le corps, ou bien plutôt rien de ce que vous m'avez raconté n'est vrai, c'est un rêve de votre imagination, une hallucination de votre esprit; vous vous serez endormi ayant mal digéré votre vengeance; elle vous aura pesé sur l'estomac; vous aurez eu le cauchemar, voilà tout. Voyons, rappelez votre calme, et comptez: M. et madame de Villefort, deux; M. et madame Danglars, quatre; M. de Château-Renaud, M. Debray, M. Morrel, sept; M. le major Bartolomeo Cavalcanti, huit.

— Huit! répéta Bertuccio.

— Attendez donc! attendez donc! vous êtes bien pressé de vous en aller, que diable! vous oubliez un de mes convives. Appuyez un peu à gauche... tenez... M. Andrea Cavalcanti, ce jeune homme en habit noir, qui regarde la Vierge de Murillo, qui se retourne.

Cette fois, Bertuccio commença un cri que le regard de Monte-Christo éteignit sur ses lèvres.

— Benedetto! murmura-t-il tout bas, fatalité!

— Voilà six heures et demie qui sonnent, monsieur Bertuccio, dit sévèrement le comte, c'est l'heure où j'ai donné l'ordre qu'on se mît à table; vous savez que je n'aime point à attendre.

Et Monte-Christo rentra dans le salon où l'attendaient ses convives, tandis que Bertuccio regagnait la salle à manger en s'appuyant contre les murailles.

Cinq minutes après, les deux portes du salon s'ouvrirent.

Bertuccio parut, et faisant, comme Vatel à Chantilly, un dernier et héroïque effort.

— Monsieur le comte est servi, dit-il.

Monte-Christo offrit le bras à madame de Villefort.

— Monsieur de Villefort, dit-il, faites-vous le cavalier de madame la baronne Danglars, je vous prie.

Villefort obéit, et l'on passa dans la salle à manger.

CHAPITRE IV.

LE DINER.

Il était évident qu'en passant dans la salle à manger un même sentiment animait tous les convives.

Ils se demandaient quelle bizarre influence les avait amenés tous dans cette maison, et cependant, tout étonnés et même tout inquiets que quelques-uns étaient de s'y trouver, ils n'eussent point voulu ne pas y être.

Et cependant des relations d'une date récente, la position excentrique et isolée, la fortune inconnue et presque fabuleuse du comte, faisaient un devoir aux hommes d'être circonspects, et aux femmes une loi de ne point entrer dans cette maison où il n'y avait point de femmes pour les recevoir, et cependant hommes et femmes avaient passé les uns sur la circonspection, les autres sur la convenance, et la curiosité, les pressant de son irrésistible aiguillon, l'avait emporté sur le tout.

Il n'y avait point jusqu'à Cavalcanti père et fils qui, l'un malgré sa roideur, l'autre malgré sa désinvolture, ne parussent préoccupés de se trouver réunis chez cet homme dont ils ne pouvaient comprendre le but, à d'autres hommes qu'ils voyaient pour la première fois.

Madame Danglars avait fait un mouvement en voyant, sur l'invitation de Monte-Christo, M. de Villefort s'approcher d'elle pour lui offrir le bras, et M. de Villefort avait senti son regard se troubler sous ses lunettes d'or en sentant le bras de la baronne se poser sur le sien.

Aucun de ces deux mouvements n'avait échappé au comte, et déjà, dans cette simple mise en contact des individus, il y avait pour l'observateur de cette scène un fort grand intérêt.

M. de Villefort avait à sa droite madame Danglars, et à sa gauche Morrel.

Le comte était assis entre madame de Villefort et Danglars.

Les autres intervalles étaient remplis par Debray, assis entre Cavalcanti père et Cavalcanti fils, et par Château-Renaud, assis entre madame de Villefort et Morrel.

Le repas fut magnifique.

Monte-Christo avait pris à tâche de renverser complétement la symétrie parisienne et de donner plus encore à la curiosité qu'à l'appétit de ses convives l'aliment qu'elle désirait.

Ce fut un festin oriental qui leur fut offert, mais oriental à la manière dont pouvaient l'être les festins des fées arabes.

Tous les fruits que les quatre parties du monde peuvent verser intacts et savoureux dans la corne d'abondance de l'Europe étaient amoncelés en pyramides dans les vases de Chine et dans les coupes du Japon.

Les oiseaux rares avec la partie brillante et leur plumage, les poissons monstrueux étendus sur des lames d'argent, tous les vins de l'Archipel, de l'Asie Mineure et du Cap, enfermés dans des fioles aux formes bizarres et dont la vue semblait encore ajouter à la saveur de ces vins, défilèrent, comme une de ces revues qu'Apicius passait avec ses convives, devant ces Parisiens, qui comprenaient bien que l'on pût dépenser mille louis à un dîner de dix personnes, mais à la condition que, comme Cléopâtre, on mangerait des perles, ou que, comme Laurent de Médicis, on boirait de l'or fondu.

Monte-Christo vit l'étonnement général, et se mit à rire et à se railler tout haut.

— Messieurs, dit-il, vous admettez bien ceci, n'est-ce pas, c'est qu'arrivé à un certain degré de fortune, il y a plus de nécessaire que de superflu, comme ces dames admettront qu'arrivé à un certain degré d'exaltation, il n'y a plus de positif que l'idéal? Or, en poursuivant le raisonnement, qu'est-ce que le merveilleux? Ce que nous ne comprenons pas. Qu'est-ce qu'un bien véritablement désirable? Un bien que nous ne pouvons pas avoir. Or, voir des choses que je ne puis comprendre, me procurer des choses impossibles à avoir, telle est l'étude de toute ma vie. J'y arrive avec deux moyens : l'argent et la volonté. Je mets à poursuivre une fantaisie, par exemple, la même persévérance que vous mettez, vous, monsieur Danglars, à créer une ligne de chemin de fer, vous, monsieur de Villefort, à faire condamner un homme à mort; vous, monsieur Debray, à pacifier un royaume; vous, monsieur de

Le dîner.

Château-Renaud, à plaire à une femme, et vous, Morrel, à dompter un cheval que personne ne peut monter. Ainsi, par exemple, voyez ces deux poissons, nés, l'un à cinquante lieues de Saint-Pétersbourg, l'autre à cinq lieues de Naples. N'est-ce pas amusant de les réunir sur la même table?

— Quels sont donc ces deux poissons? demanda Danglars.

— Voici M. de Château-Renaud, qui a habité la Russie, qui vous dira le nom de l'un, répondit Monte-Christo, et voici M. le major Cavalcanti, qui est Italien, qui vous dira le nom de l'autre.

— Celui-ci, dit Château-Renaud, est, je crois, un sterlet.

— A merveille!

— Et celui-là, dit Cavalcanti, est, si je ne me trompe, une lamproie.

— C'est cela même. Maintenant, monsieur Danglars, demandez à ces deux messieurs où se pêchent ces deux poissons.

— Mais, dit Château-Renaud, les sterlets se pêchent dans le Volga seulement.

— Mais, dit Cavalcanti, je ne connais que le lac de Fusaro qui fournisse des lamproies de cette taille.

— Eh bien! justement, l'un vient du Volga et l'autre du lac de Fusaro.

— Impossible! s'écrièrent ensuite tous les convives.

— Eh bien! voilà justement ce qui m'amuse, dit Monte-Christo. Je suis comme Néron : *cupitor impossibilium;* et voilà, vous aussi, ce qui vous amuse en ce moment; voilà enfin ce qui fait que cette chair, qui peut-être en réalité ne vaut pas celle de la perche ou du saumon, va vous sembler exquise tout à l'heure, c'est que, dans votre esprit, il était impossible de se la procurer, et que cependant la voilà.

— Mais comment a-t-on fait pour transporter ces deux poissons à Paris?

— Oh! mon Dieu! rien de plus simple : on a apporté ces deux poissons chacun dans un grand tonneau matelassé, l'un de roseaux et d'herbes du fleuve, l'autre de joncs et de plantes du lac; ils ont été mis dans un fourgon fait exprès; ils ont vécu ainsi, le sterlet douze jours, et la lamproie huit, et tous deux vivaient parfaitement lorsque mon cuisinier s'en est emparé pour faire mourir l'un dans du lait, l'autre dans du vin. Vous ne le croyez pas, monsieur Danglars?

— Je doute au moins, répondit Danglars, en souriant de son sourire épais.

— Baptistin, dit Monte-Christo, faites apporter l'autre sterlet et l'autre lamproie; vous savez, ceux qui sont venus dans d'autres tonneaux et qui vivent encore.

Danglars ouvrit des yeux effarés; l'assemblée battit des mains.

Quatre domestiques apportèrent deux tonneaux garnis de plantes marines, dans chacun desquels palpitait un poisson pareil à ceux qui étaient servis sur la table.

— Mais pourquoi deux de chaque espèce? demanda Danglars.

— Parce que l'un pouvait mourir, répondit simplement Monte-Christo.

— Vous êtes vraiment un homme prodigieux, dit Danglars, et les philosophes ont beau dire, c'est superbe d'être riche.

— Et surtout d'avoir des idées, dit madame Danglars.

— Oh! ne me faites pas honneur de celle-ci, madame; elle était fort en honneur chez les Romains, et Pline raconte qu'on envoyait d'Ostie à Rome, avec des relais d'esclaves qui les portaient sur leur tête, des poissons de l'espèce de celui qu'il appelle le *mulus*, et qui, d'après le portrait qu'il en fait, est probablement la dorade. C'était aussi un luxe de l'avoir vivant, et un spectacle fort amusant que de le voir mourir, car en mourant il changeait trois ou quatre fois de couleur, et, comme un arc-en-ciel qui s'évapore, passait par toutes les nuances du prisme, après quoi on l'envoyait aux cuisines. Son agonie faisait partie de son mérite. Si on ne le voyait pas vivant, on le méprisait mort.

— Oui, dit Debray; mais il n'y a que sept ou huit lieues d'Ostie à Rome.

— Ah! ça, c'est vrai! dit Monte-Christo; mais où serait le mérite de venir dix-huit cents ans après Lucullus, si l'on ne faisait pas mieux que lui?

Les deux Cavalcanti ouvraient des yeux énormes, mais ils avaient le bon esprit de ne pas dire un mot.

— Tout cela est fort aimable, dit Château-Renaud; cependant ce que j'admire le plus, je l'avoue, c'est l'admirable promptitude avec laquelle vous êtes servi. N'est-il pas vrai, monsieur le comte, que vous n'avez acheté cette maison qu'il y a cinq ou six jours?

— Ma foi, tout au plus, dit Monte-Christo.

— Eh bien! je suis sûr qu'en huit jours elle a subi une transformation complète; car, si je ne me trompe, elle avait une autre entrée que celle-ci, et la cour était pavée et vide, tandis qu'aujourd'hui la cour est un magnifique gazon bordé d'arbres qui paraissent avoir cent ans.

— Que voulez-vous? j'aime la verdure et l'ombre, dit Monte-Christo.

— En effet, dit madame de Villefort, autrefois on entrait par une porte donnant sur la route, et le jour de ma miraculeuse délivrance, c'est par la route, je me rappelle, que vous m'avez fait entrer dans la maison.

— Oui, madame, dit Monte-Christo; mais, depuis, j'ai préféré une entrée qui me permettrait de voir le bois de Boulogne à travers ma grille.

— En quatre jours, dit Morrel, c'est un prodige!

— En effet, dit Château-Renaud, d'une vieille maison en faire une neuve, c'est chose miraculeuse; car elle était fort vieille la maison, et même fort triste. Je me rappelle avoir été chargé par ma mère de la visiter quand M. de Saint-Méran l'a mise en vente, il y a deux ou trois ans.

— M. de Saint-Méran! dit madame de Villefort; mais cette maison appartenait donc à M. de Saint-Méran avant que vous ne l'achetiez, monsieur le comte?

— Il paraît que oui, répondit Monte-Christo.

— Comment, il paraît! Vous ne savez pas à qui vous avez acheté cette maison?

— Ma foi non; c'est mon intendant qui s'occupe de tous ces détails.

— Il est vrai qu'il y a au moins dix ans qu'elle n'avait été habitée, dit Château-Renaud, et c'était une grande tristesse que de la voir avec ses persiennes fermées, ses portes closes et ses herbes dans la cour. En vérité, si elle n'eût point appartenu au beau-père d'un procureur du roi, on eût pu la prendre pour une de ces maisons maudites où quelque grand crime a été commis.

Villefort, qui jusque-là n'avait point touché aux trois ou quatre verres de vins extraordinaires placés devant lui, en prit un au hasard et le vida d'un seul trait.

Monte-Christo laissa s'écouler un instant; puis, au milieu du silence qui avait suivi les paroles de Château-Renaud :

— C'est bizarre, dit-il, monsieur le baron, mais même pensée m'est venue la première fois que j'y entrai, et cette maison me parut si lugubre, que jamais je ne l'eusse achetée si mon intendant n'eût fait la chose pour moi. Probablement que le drôle avait reçu quelque pourboire du tabellion.

— C'est probable, balbutia Villefort en essayant de sourire; mais croyez que je ne suis pour rien dans cette corruption. M. de Saint-Méran a voulu que cette maison, qui fait partie de la dot de sa petite-fille, fût vendue, parce qu'en restant trois ou quatre ans inhabitée encore, elle fût tombée en ruines.

Ce fut Morrel qui pâlit à son tour.

— Il y avait surtout, continua Monte-Christo, une chambre, ah! mon Dieu! bien simple en apparence, une chambre comme toutes les chambres, tendue de damas rouge, qui m'a paru, je ne sais pourquoi, dramatique au possible.

— Pourquoi cela? demanda Debray, pourquoi dramatique?

— Est-ce que l'on se rend compte des choses instinctives? dit Monte-Christo; est-ce qu'il n'y a pas des endroits où il semble qu'on respire naturellement la tristesse? pourquoi? on n'en sait rien; par un enchaînement de souvenirs, par un caprice de la pensée qui nous reporte à d'autres temps, à d'autres lieux, qui n'ont peut-être aucun rapport avec les temps et les lieux où nous nous trouvons; tant il y a que cette chambre me rappelait admirablement la chambre de la marquise de Gange ou celle de Desdemona. Eh! ma foi, tenez, puisque nous avons fini de dîner, il faut que je vous la montre, puis nous redescendrons prendre le café au jardin; après le dîner, le spectacle.

Monte-Christo fit un signe pour interroger ses convives.

Madame de Villefort se leva, Monte-Christo en fit autant, tout le monde imita leur exemple.

Villefort et madame Danglars demeurèrent un instant comme cloués à leur place.

Ils s'interrogeaient des yeux, froids, muets et glacés.

— Avez-vous entendu? dit madame Danglars.

— Il faut y aller, répondit Villefort en se levant et en lui offrant le bras.

Tout le monde était déjà épars dans la maison, poussé par la curiosité, car on pensait bien que la visite ne se bornerait pas à cette chambre, et qu'en même temps on parcourrait le reste de cette masure dont Monte-Christo avait fait un palais.

Chacun s'élança donc par les portes ouvertes.

Monte-Christo attendit les deux retardataires.

Puis, quand ils furent passés à leur tour, il ferma la marche avec un sourire qui, s'ils eussent pu le comprendre, eût épouvanté les convives bien autrement que cette chambre dans laquelle on allait entrer.

On commença en effet par parcourir les appartements, les chambres meublées à l'orientale avec des divans et des coussins pour tout lit, des pipes et des armes pour tous meubles; les salons tapissés des plus beaux tableaux des vieux maîtres; les boudoirs en étoffes de Chine aux couleurs capricieuses, aux dessins fantastiques, aux tissus merveilleux.

Puis enfin on arriva dans la fameuse chambre.

Elle n'avait rien de particulier, si ce n'est que, quoique le jour tombât, elle n'était point éclairée, et qu'elle était dans la vétusté quand toutes les autres chambres avaient revêtu une parure neuve.

Ces deux causes suffisaient en effet pour lui donner une teinte lugubre.

— Hou! s'écria madame de Villefort, c'est effrayant, en effet.

Madame Danglars essaya de balbutier quelques mots qu'on n'entendit pas.

Plusieurs observations se croisèrent, dont le résultat fut qu'en effet la chambre de damas rouge avait un aspect sinistre.

— N'est-ce pas? dit Monte-Christo. Voyez donc comme ce lit est bizarrement placé, quelle sombre et sanglante tenture; et ces deux portraits au pastel que l'humidité a fait pâlir, ne semblent-ils pas dire avec leurs lèvres blêmes et leurs yeux effarés : J'ai vu!

Villefort devint livide, madame Danglars tomba sur une chaise-longue placée près de la cheminée.

— Oh! dit madame de Villefort en souriant, avez-vous bien le courage de vous asseoir sur cette chaise, où peut-être le crime a été commis?

Madame Danglars se leva vivement.

— Et puis, dit Monte-Christo, ce n'est pas tout.

— Qu'y a-t-il donc encore? demanda Debray, à qui l'émotion de madame Danglars n'échappait point.

— Ah! oui, qu'y a-t-il encore? demanda Danglars, car jusqu'à présent j'avoue que je n'y vois pas grand'chose, et vous, monsieur Cavalcanti?

— Ah! dit celui-ci, nous avons à Pise la tour d'Ugolin, à Ferrare la prison du Tasse, et à Rimini la chambre de Francesca et de Paolo.

— Oui, mais vous n'avez pas ce petit escalier, dit Monte-Christo en ouvrant une porte perdue dans la

La chambre du crime

tenture; regardez-le-moi, et dites ce que vous en pensez.

— Quelle sinistre cambrure d'escalier! dit Château-Renaud en riant.

— Le fait est, dit Debray, que je ne sais si c'est le vin de Chio qui porte à la mélancolie, mais certainement je vois cette maison tout en noir.

Quant à Morrel, depuis qu'il avait été question de la dot de Valentine, il était demeuré triste et n'avait pas prononcé un mot.

— Vous figurez-vous, dit Monte-Christo, un Othello ou un abbé de Gange quelconque, descendant pas à pas, par une nuit sombre et orageuse, cet escalier avec quelque lugubre fardeau qu'il a hâte de dérober à la vue des hommes, sinon au regard de Dieu?

Madame Danglars s'évanouit à moitié au bras de Villefort, qui fut lui-même obligé de s'adosser à la muraille.

— Ah! mon Dieu! madame, s'écria Debray, qu'avez-vous donc? comme vous pâlissez!

— Ce qu'elle a, dit madame de Villefort, c'est

— Oh! qui dit que c'est un crime? reprit Villefort. — Page 26.

bien simple; elle a que M. de Monte-Christo nous raconte des histoires épouvantables, dans l'intention sans doute de nous faire mourir de peur.

— Mais oui, dit Villefort. En effet, comte, vous épouvantez ces dames.

— Qu'avez-vous donc? répéta tout bas Debray à madame Danglars.

— Rien, rien, dit celle-ci en faisant un effort; j'ai besoin d'air, voilà tout.

— Voulez-vous descendre au jardin? demanda Debray en offrant son bras à madame Danglars et en s'avançant vers l'escalier dérobé.

— Non, dit elle, non; j'aime encore mieux rester ici.

— En vérité, madame, dit Monte-Christo, est-ce que cette terreur est sérieuse?

— Non, monsieur, dit madame Danglars; mais vous avez une façon de supposer les choses qui donne à l'illusion l'aspect de la réalité.

— Oh! mon Dieu oui, dit Monte-Christo en souriant, et tout cela est une affaire d'imagination; car aussi bien pourquoi ne pas plutôt se représenter cette chambre comme une bonne et honnête chambre de mère de famille? ce lit avec ses tentures de

Paris. — Imp. de Léonard Blot, rue St-Louis, 46.

pourpre, comme un lit visité par la déesse Lucine, et cet escalier mystérieux, comme le passage par où, doucement et pour ne pas troubler le sommeil réparateur de l'accouchée, passe le médecin ou la nourrice, ou le père lui-même emportant l'enfant qui dort...

Cette fois, madame Danglars, au lieu de se rassurer à cette douce peinture, poussa un gémissement et s'évanouit tout à fait.

— Madame Danglars se trouve mal, balbutia Villefort; peut-être faudrait-il la transporter à sa voiture.

— Oh! mon Dieu! dit Monte-Christo, et moi qui ai oublié mon flacon.

— J'ai le mien, dit madame de Villefort.

Et elle passa à Monte-Christo un flacon plein d'une liqueur rouge pareille à celle dont le comte avait essayé sur Édouard la bienfaisante influence.

— Ah! dit Monte-Christo en le prenant des mains de madame de Villefort.

— Oui, murmura celle-ci, sur vos indications j'ai essayé.

— Et vous avez réussi?

— Je le crois.

On avait transporté madame Danglars dans la chambre à côté.

Monte-Christo laissa tomber sur ses lèvres une goutte de la liqueur rouge, elle revint à elle.

— Oh! dit-elle, quel rêve affreux!

Villefort lui serra fortement le poignet pour lui faire comprendre qu'elle n'avait point rêvé.

On chercha M. Danglars; mais, peu disposé aux impressions poétiques, il était descendu au jardin, et causait avec M. Cavalcanti père d'un projet de chemin de fer de Livourne à Florence.

Monte-Christo semblait désespéré.

Il prit le bras de madame Danglars et la conduisit au jardin, où l'on retrouva M. Danglars prenant le café entre MM. Cavalcanti père et fils.

— En vérité, madame, lui dit-il, est-ce que je vous ai fort effrayée?

— Non, monsieur, mais vous savez, les choses nous impressionnent selon la disposition d'esprit où nous nous trouvons.

Villefort s'efforça de sourire.

— Et alors vous comprenez, dit-il, il suffit d'une supposition, d'une chimère...

— Eh bien! dit Monte-Christo, vous me croirez si vous voulez, j'ai la conviction qu'un crime a été commis dans cette maison.

— Prenez garde, dit madame de Villefort, nous avons ici le procureur du roi.

— Ma foi, répondit Monte-Christo, puisque cela se rencontre ainsi, j'en profiterai pour faire ma déclaration.

— Votre déclaration? dit Villefort.

— Oui, et en face de témoins.

— Tout cela est fort intéressant, dit Debray, et, s'il y a réellement crime, nous allons faire admirablement la digestion.

— Il y a crime, dit Monte-Christo. Venez par ici, messieurs; venez, monsieur de Villefort; pour que la déclaration soit valable, elle doit être faite aux autorités compétentes.

Monte-Christo prit le bras de Villefort, et, en même temps qu'il serrait sous le sien celui de madame Danglars, il traîna le procureur du roi jusque sous le platane où l'ombre était le plus épaisse.

Tous les autres convives suivaient.

— Tenez, dit Monte-Christo, ici, à cette place même (et il frappait la terre du pied), ici, pour rajeunir ces arbres déjà vieux, j'ai fait creuser et mettre du terreau; eh bien! mes travailleurs, en creusant, ont déterré un coffre, ou plutôt des ferrures de coffre, au milieu desquelles était le squelette d'un enfant nouveau-né. Ce n'est pas de la fantasmagorie cela, j'espère.

Monte-Christo sentit se roidir le bras de madame Danglars et frissonner le poignet de Villefort.

— Un enfant nouveau-né, répéta Debray; diable! ceci devient sérieux, ce me semble.

— Eh bien! dit Château-Renaud, je ne me trompais donc pas quand je prétendais tout à l'heure que les maisons avaient une âme et un visage comme les hommes, et qu'elles portaient sur leur physionomie un reflet de leurs entrailles. La maison était triste parce qu'elle avait des remords, elle avait des remords parce qu'elle cachait un crime.

— Oh! qui dit que c'est un crime? reprit Villefort, tentant un dernier effort.

— Comment! un enfant enterré vivant dans un jardin, ce n'est pas un crime? s'écria Monte-Christo. Comment appelez-vous donc cette action-là, monsieur le procureur du roi?

— Mais qui dit qu'il a été enterré vivant?

— Pourquoi l'enterrer là, s'il était mort? Ce jardin n'a jamais été un cimetière.

— Que fait-on aux infanticides dans ce pays-ci? demanda naïvement le major Cavalcanti.

— Oh! mon Dieu! on leur coupe tout bonnement le cou, répondit Danglars.

— Ah! on leur coupe le cou, fit Cavalcanti.

— Je le crois... N'est-ce pas, monsieur de Villefort? demanda Monte-Christo.

— Oui, monsieur le comte, répondit celui-ci avec un accent qui n'avait plus rien d'humain.

Monte-Christo vit que c'était tout ce que pouvaient supporter les deux personnes pour lesquelles il avait préparé cette scène; et ne voulant pas la pousser trop loin :

— Mais le café, messieurs, dit-il; il me semble que nous l'oublions.

Et il ramena ses convives vers la table placée au milieu de la pelouse.

— En vérité, monsieur le comte, dit madame Danglars, j'ai honte d'avouer ma faiblesse, mais toutes ces affreuses histoires m'ont bouleversée; laissez-moi m'asseoir, je vous prie.

Et elle tomba sur une chaise.

Monte-Christo la salua et s'approcha de madame de Villefort.

— Je crois que madame Danglars a encore besoin de votre flacon, dit-il.

Mais, avant que madame de Villefort se fût approchée de son amie, le procureur du roi avait déjà dit à l'oreille de madame Danglars :

— Il faut que je vous parle.

— Quand cela?

— Demain.

— Où?

— A mon bureau, — au parquet si vous voulez, c'est encore là l'endroit le plus sûr.

— J'irai.

En ce moment madame de Villefort s'approcha.

— Merci, chère amie, dit madame Danglars en essayant de sourire, ce n'est plus rien, et je me sens tout à fait mieux.

CHAPITRE V.

LE MENDIANT.

La soirée s'avançait; madame de Villefort avait manifesté le désir de regagner Paris; ce que n'avait point osé faire madame Danglars, malgré le malaise évident qu'elle éprouvait.

Sur la demande de sa femme, M. de Villefort donna donc le premier le signal du départ.

Il offrit une place dans son landau à madame Danglars, afin qu'elle eût les soins de sa femme.

Quant à M. Danglars, absorbé dans une conversation industrielle des plus intéressantes avec M. Cavalcanti, il ne faisait aucune attention à tout ce qui se passait.

Monte-Christo, tout en demandant son flacon à madame de Villefort, avait remarqué que M. de Villefort s'était approché de madame Danglars; et, guidé par sa situation, il avait deviné ce qu'il lui avait dit, quoiqu'il eût parlé si bas qu'à peine si madame Danglars elle-même l'avait entendu.

Il laissa, sans s'opposer à aucun arrangement, partir Morrel, Debray et Château-Renaud à cheval, et monter les deux dames dans le landau de M. de Villefort.

De son côté, Danglars, de plus en plus enchanté de Cavalcanti père, l'invita à monter avec lui dans son coupé.

Quant à Andrea Cavalcanti, il gagna son tilbury, qui l'attendait devant la porte, et dont un groom, qui exagérait les agréments de la fashion anglaise, lui tenait, en se hissant sur la pointe de ses bottes, l'énorme cheval gris de fer.

Andrea n'avait pas beaucoup parlé durant le dîner, par cela même que c'était un garçon fort intelligent et qu'il avait tout naturellement éprouvé la crainte de dire quelque sottise au milieu de ses convives riches et puissants parmi lesquels son œil dilaté n'apercevait peut-être pas sans crainte un procureur du roi.

Ensuite, il avait été accaparé par M. Danglars, qui, après un rapide coup d'œil sur le vieux major au col roide et sur son fils encore un peu timide, en rapprochant tous ces symptômes de l'hospitalité de Monte-Christo, avait pensé qu'il avait affaire à quelque nabab venu à Paris pour perfectionner son fils unique dans la vie mondaine.

Il avait donc contemplé avec une complaisance indicible l'énorme diamant qui brillait au petit doigt du major, car le major, en homme prudent et expérimenté, de peur qu'il n'arrivât quelque accident à ses billets de banque, les avait convertis à l'instant même en un objet de valeur.

Puis, après le dîner, toujours sous prétexte d'industrie et de voyages, il avait questionné le père et le fils sur leur manière de vivre, et le père et le fils, prévenus que c'était chez Danglars que devait leur être ouvert, à l'un son crédit de quarante-huit mille francs une fois donnés, à l'autre son crédit annuel de cinquante mille livres, avaient été charmants et pleins d'affabilité pour le banquier, aux domestiques duquel, s'ils ne se fussent retenus, ils eussent serré la main, tant leur reconnaissance éprouvait le besoin de l'expansion.

Une chose surtout augmenta la considération, nous dirons presque la vénération de Danglars pour Cavalcanti.

Celui-ci, fidèle au principe d'Horace : *nil admirari*, s'était contenté, comme on l'a vu, de faire preuve de science en disant de quel lac on tirait les meilleures lamproies. Puis il avait mangé sa part de celle-là sans dire un seul mot.

Danglars en avait conclu que ces sortes de somptuosités étaient familières à l'illustre descendant des Cavalcanti, lequel se nourrissait probablement à Lucques de truites qu'il faisait venir de Suisse, et de langoustes qu'on lui envoyait de Bretagne par des procédés pareils à ceux dont le comte s'était servi pour faire venir des lamproies du lac Fusaro et des sterlets du fleuve Volga.

Aussi, avait-il accueilli avec une bienveillance très-prononcée ces paroles de Cavalcanti :

— Demain, monsieur, j'aurai l'honneur de vous rendre visite pour affaires.

— Et moi, monsieur, avait répondu Danglars, je serai heureux de vous recevoir.

Sur quoi, il avait proposé à Cavalcanti, si cependant cela ne le privait pas trop de se séparer de son fils, de le reconduire à l'hôtel des Princes.

Cavalcanti avait répondu que depuis longtemps son fils avait l'habitude de mener la vie de jeune

Le mendiant.

homme; qu'en conséquence il avait ses chevaux et ses équipages à lui, et que, n'étant pas venus ensemble, il ne voyait pas de difficulté à ce qu'ils s'en allassent séparément.

Le major était donc monté dans la voiture de Danglars, et le banquier s'était assis à ses côtés, de plus en plus charmé des idées d'ordre et d'économie de cet homme qui, cependant, donnait à son fils cinquante mille francs par an, ce qui supposait une fortune de cinq ou six cent mille livres de rente.

Quant à Andrea, il commença, pour se donner bon air, à gronder son groom de ce qu'au lieu de le venir prendre au perron il l'attendait à la porte de sortie, ce qui lui avait donné la peine de faire trente pas pour aller chercher son tilbury.

Le groom reçut la semonce avec humilité, prit, pour retenir le cheval impatient, et qui frappait du pied, le mors de la main gauche, tendit de la droite les rênes à Andrea, qui les prit et posa légèrement sa botte vernie sur le marchepied.

En ce moment, une main s'appuya sur son épaul[illegible]

L[illegible]eune homme se retourna, pensant que Dangla[illegible] ou Monte-Christo avait oublié quelque chose à lui dire, et revenait à la charge au moment du départ.

Mais, au lieu de l'un et de l'autre, il n'aperçut qu'une figure étrange, hâlée par le soleil, encadrée dans une barbe de modèle, des yeux brillants comme des escarboucles et un sourire railleur s'épanouissant sur une bouche où brillaient, rangées à leur place et sans qu'il en manquât une seule, trente-deux dents blanches, aiguës et affamées, comme celles d'un loup ou d'un cheval.

Un mouchoir à carreaux rouges coiffait cette tête aux cheveux grisâtres et terreux, un bourgeron des plus crasseux et des plus déchirés couvrait ce grand corps maigre et osseux, dont il semblait que les os, comme ceux d'un squelette, dussent cliqueter en marchant.

Enfin, la main qui s'appuya sur l'épaule d'Andrea, et qui fut la première chose que vit le jeune homme, lui parut d'une dimension gigantesque.

Le jeune homme reconnut-il cette figure à la lueur de la lanterne de son tilbury, ou fut-il seulement frappé de l'horrible aspect de cet interlocuteur? nous ne saurions le dire; mais le fait est qu'il tressaillit et se recula vivement.

— Que me voulez-vous? dit-il.

— Pardon! notre bourgeois, répondit l'homme en portant la main à son mouchoir rouge, je vous dérange peut-être, mais c'est que j'ai à vous parler.

— On ne mendie pas le soir, dit le groom en faisant un mouvement pour débarrasser son maître de son importun.

— Je ne mendie pas, mon joli garçon, dit l'homme inconnu au domestique, avec un sourire ironique, et un sourire si effrayant que celui-ci s'écarta; je désire seulement dire deux mots à votre bourgeois qui m'a chargé d'une commission il y a quinze jours à peu près.

— Voyons, dit à son tour Andrea avec assez de force pour que le domestique ne s'aperçût point de son trouble, que voulez-vous? dites vite, mon ami.

— Je voudrais... je voudrais... dit tout bas l'homme au mouchoir rouge, que vous voulussiez bien m'épargner la peine de retourner à Paris à pied. Je suis très-fatigué, et, comme je n'ai pas si bien dîné que toi, à peine si je puis me tenir.

Le jeune homme tressaillit à cette étrange familiarité.

— Mais enfin, lui dit-il, voyons, que voulez-vous?

— Eh bien! je veux que tu me laisses monter dans ta belle voiture et que tu me reconduises.

Andrea pâlit, mais ne répondit point.

— Oh! mon Dieu oui, dit l'homme au mouchoir rouge en enfonçant ses mains dans ses poches et en regardant le jeune homme avec des yeux provocateurs, c'est une idée que j'ai comme cela, entends-tu, mon petit Benedetto?

A ce nom, le jeune homme réfléchit sans doute, car il s'approcha de son groom et lui dit :

— Cet homme a effectivement été chargé par moi d'une commission dont il a à me rendre compte. Allez à pied jusqu'à la barrière; là, vous prendrez un cabriolet, afin de n'être point trop en retard.

Le valet surpris s'éloigna.

— Laissez-moi au moins gagner l'ombre, dit Andrea.

— Oh! quant à cela, je vais moi-même te conduire en belle place, attends, dit l'homme au mouchoir rouge.

Et il prit le cheval par le mors, et conduisit le tilbury dans un endroit où il était effectivement impossible à qui que ce fût au monde de voir l'honneur que lui accordait Andrea.

— Oh! moi, lui dit-il, ce n'est pas pour la gloire de monter dans une belle voiture; non, c'est seulement parce que je suis fatigué, et puis un petit peu parce que j'ai à causer d'affaires avec toi.

— Voyons, montez, dit le jeune homme.

Il était fâcheux qu'il ne fît pas jour, car c'eût été un curieux spectacle que celui de ce gueux, assis carrément sur les coussins brochés près du jeune et élégant conducteur du tilbury.

Andrea poussa son cheval jusqu'à la dernière maison du village sans dire un seul mot à son compagnon, qui, de son côté, souriait et gardait le silence, comme s'il eût été ravi de se promener dans une si bonne locomotive.

Une fois hors d'Auteuil, Andrea regarda autour de lui pour s'assurer sans doute que nul ne pouvait ni les voir ni les entendre, et alors, arrêtant son cheval et se croisant les bras devant l'homme au mouchoir rouge :

— Ah çà! lui dit-il, pourquoi venez-vous me troubler dans ma tranquillité?

— Mais toi-même, mon garçon, pourquoi te défies-tu de moi?

— Et en quoi me suis-je défié de vous?

— En quoi? tu le demandes? Nous nous quittons au pont du Var, tu me dis que tu vas voyager en Piémont et en Toscane, et pas du tout, tu viens à Paris.

— En quoi cela vous gêne-t-il?

— En rien; au contraire, j'espère même que cela va m'aider.

— Ah! ah! dit Andrea, c'est-à-dire que vous spéculez sur moi.

— Allons! voilà les gros mots qui arrivent.

— C'est que vous auriez tort, maître Caderousse, je vous en préviens.

— Eh! mon Dieu, ne te fâche pas, le petit; tu dois pourtant savoir ce que c'est que le malheur; eh bien! le malheur, ça rend jaloux. Je te crois courant le Piémont et la Toscane, obligé de te faire *faccino* ou *cicerone*, je te plains du fond de mon cœur, comme je plaindrais mon enfant. Tu sais que je t'ai toujours appelé mon enfant.

— Après? après ?

— Patience donc, salpêtre!

— J'en ai de la patience; voyons, achevez...

— Et je te vois tout d'un coup passer à la barrière des Bons-Hommes avec un groom, avec un tilbury, avec des habits tout flambants neufs. Ah çà! mais tu as donc découvert une mine, ou acheté une charge d'agent de change?

— De sorte que, comme vous l'avouez, vous êtes jaloux?

— Non, je suis content, si content, que j'ai voulu te faire mes compliments, le petit; mais, comme je n'étais pas vêtu régulièrement, j'ai pris mes précautions pour ne pas te compromettre.

— Belles précautions! dit Andrea, vous m'abordez devant mon domestique.

— Eh! que veux-tu, mon enfant? je t'aborde quand je puis te saisir. Tu as un cheval très-vif, un tilbury très-léger; tu es naturellement glissant comme une anguille; si je t'avais manqué ce soir, je courais risque de ne pas te rejoindre.

— Vous voyez bien que je ne me cache pas.

— Tu es bien heureux, et j'en voudrais bien dire autant; moi, je me cache; sans compter que j'avais peur que tu ne me reconnusses pas; mais tu m'as reconnu, ajouta Caderousse avec son mauvais sourire; allons, tu es bien gentil.

— Voyons, dit Andrea, que vous faut-il?

— Tu ne me tutoies plus, c'est mal, Benedetto, un ancien camarade; prends garde, tu vas me rendre exigeant.

Cette menace fit tomber la colère du jeune homme : le vent de la contrainte venait de souffler dessus.

Il remit son cheval au trot.

— C'est mal à toi-même, Caderousse, dit-il, de t'y prendre ainsi envers un ancien camarade, comme tu disais tout à l'heure, tu es Marseillais, je suis.....

— Tu le sais donc ce que tu es maintenant?

— Non, mais j'ai été élevé en Corse; tu es vieux et entêté, je suis jeune et têtu. Entre gens comme nous, la menace est mauvaise, et tout doit se faire à l'amiable. Est-ce ma faute si la chance, qui continue d'être mauvaise pour toi, est bonne pour moi au contraire?

— Elle est donc bonne la chance? ce n'est donc pas un groom d'emprunt, ce n'est donc pas un tilbury d'emprunt, ce ne sont donc pas des habits d'emprunt que nous avons là? Bon! tant mieux! dit Caderousse avec des yeux brillants de convoitise.

— Oh! tu le vois bien et tu le sais bien, puisque tu m'abordes, dit Andrea s'animant de plus en plus. Si j'avais un mouchoir comme le tien sur ma tête, un bourgeron crasseux sur les épaules et des souliers percés aux pieds, tu ne me reconnaîtrais pas.

— Tu vois bien que tu me méprises, le petit, et tu as tort; maintenant que je t'ai retrouvé, rien ne m'empêche d'être vêtu d'elbeuf comme un autre, attendu que je te connais bon cœur : si tu as deux habits, tu m'en donneras bien un; je te donnais bien ma portion de soupe et de haricots, moi, quand tu avais trop faim.

— C'est vrai, dit Andrea.

— Quel appétit tu avais! est-ce que tu as toujours bon appétit?

— Mais oui, dit Andrea en riant.

— Comme tu as dû dîner chez ce prince d'où tu sors!

— Ce n'est pas un prince, mais tout bonnement un comte.

— Un comte, et un riche, hein?

— Oui, mais ne t'y fie pas; c'est un monsieur qui n'a pas l'air commode.

— Oh! mon Dieu, sois donc tranquille! on n'a pas de projets sur ton comte, et on te le laissera pour toi tout seul. Mais, ajouta Caderousse en reprenant ce mauvais sourire qui avait déjà effleuré ses lèvres, il faut donner quelque chose pour cela, tu comprends?

— Voyons, que te faut-il?

— Je crois qu'avec cent francs par mois...

— Eh bien!

— Je vivrais...

— Avec cent francs?

— Mais mal, tu comprends bien; mais avec...

— Avec?

— Cent cinquante francs, je serais fort heureux.

— En voilà deux cents, dit Andrea.

Et il mit dans la main de Caderousse dix louis d'or.

— Bon, fit Caderousse.

— Présente-toi chez le concierge tous les premiers du mois, et tu en trouveras autant.

— Allons, voilà encore que tu m'humilies.

— Comment cela?

— Tu me mets en rapport avec de la valetaille; non, vois-tu, je ne veux avoir affaire qu'à toi.

— Eh bien! soit, demande-moi, et tous les premiers du mois, du moins tant que je toucherai ma rente, toi, tu toucheras la tienne.

— Allons, allons, je vois que je ne m'étais pas trompé, tu es un brave garçon, et c'est une bénédiction quand le bonheur arrive à des gens comme toi. Voyons, conte-moi ta bonne chance.

— Qu'as-tu besoin de savoir cela? demanda Cavalcanti.

— Bon! encore de la défiance!

— Non. Eh bien! j'ai retrouvé mon père.

— Que me voulez-vous? dit-il. — Page 30.

— Un vrai père?

— Dame! tant qu'il payera.

— Tu croiras et tu honoreras; c'est juste, comment l'appelles-tu ton père?

— Le major Cavalcanti.

— Et il se contente de toi?

— Jusqu'à présent il paraît que je lui suffis.

— Et qui t'a fait retrouver ce père-là?

— Le comte de Monte-Christo

— Celui de chez qui tu sors?

— Oui.

— Dis donc, tâche donc de me placer chez lui comme grand parent, puisqu'il tient bureau.

— Soit, je lui parlerai de toi; mais en attendant que vas-tu faire?

— Moi?

— Oui, toi.

— Tu es bien bon de t'occuper de cela, dit Caderousse.

— Il me semble, puisque tu prends intérêt à moi, reprit Andrea, que je puis bien à mon tour prendre quelques informations.

Mademoiselle Cornélie — Page 35.

— C'est juste... je vais louer une chambre dans une maison honnête, me couvrir d'un habit décent, me faire raser tous les jours, et aller lire les journaux au café. Le soir, j'entrerai dans quelque spectacle avec un chef de claque, j'aurai l'air d'un boulanger retiré, c'est mon rêve.

— Allons, c est bon! Si tu veux mettre ce projet à exécution et être sage, tout ira à merveille.

— Voyez-vous M. Bossuet!... Et toi, que vas-tu devenir?... pair de France?

— Eh! eh! dit Andrea, qui sait?

— M. le major Cavalcanti l'est peut-être... mais malheureusement l'hérédité est abolie.

— Pas de politique, Caderousse... Et maintenant que tu as ce que tu veux et que nous sommes arrivés, saute en bas de ma voiture et disparais.

— Non pas, cher ami.

— Comment, non pas?

— Mais songes-y donc, le petit, un mouchoir rouge sur la tête, presque pas de souliers, pas de papiers du tout et dix napoléons en or dans ma poche, sans compter ce qu'il y avait déjà, ce qui fait juste deux cents francs ; mais on m'arrêterait immanquablement à la barrière ! Alors, je serais forcé, pour me justifier, de dire que c'est toi qui m'as donné ces dix napoléons ; de là, information, enquête ; on apprend que j'ai quitté Toulon sans donner congé, et l'on me reconduit de brigade en brigade jusqu'au bord de la Méditerranée. Je redeviens purement et simplement le n° 106, et adieu mon rêve de ressembler à un boulanger retiré ! Non pas, mon fils ; je préfère rester honorablement dans la capitale.

Andrea fronça le sourcil ; c'était, comme il s'en était vanté lui-même, une assez mauvaise tête que le fils putatif de M. le major Cavalcanti.

Il s'arrêta un instant, jeta un coup d'œil rapide autour de lui, et, comme son regard achevait de décrire le cercle investigateur, sa main descendit innocemment dans son gousset, où elle commença de caresser la sous-garde d'un pistolet de poche.

Mais, pendant ce temps, Caderousse, qui ne perdait pas de vue son compagnon, passait ses mains derrière son dos, et ouvrait tout doucement un long couteau espagnol qu'il portait sur lui à tout événement.

Les deux amis, comme on le voit, étaient dignes de se comprendre, et se comprirent : la main d'Andrea sortit inoffensive de sa poche et remonta jusqu'à sa moustache rousse, qu'elle caressa quelque temps.

— Bon Caderousse, dit-il, tu vas donc être heureux !

— Je ferai tout mon possible, répondit l'aubergiste du pont du Gard en renfonçant son couteau dans sa manche.

— Allons, voyons, rentrons donc dans Paris. Mais comment vas-tu faire pour passer la barrière sans éveiller les soupçons ? Il me semble qu'avec ton costume tu risques encore plus en voiture qu'à pied.

— Attends, dit Caderousse, tu vas voir.

Il prit le chapeau d'Andrea, la houppelande à grand collet que le groom exilé du tilbury avait laissée à sa place et la mit sur son dos, après quoi il prit la pose renfrognée d'un domestique de bonne maison dont le maître conduit lui-même.

— Et moi, dit Andrea, je vais donc rester nu-tête ?

— Peuh ! dit Caderousse, il fait tant de vent que la bise peut bien t'avoir enlevé ton chapeau.

— Allons donc, dit Andrea, et finissons-en.

— Qui est-ce qui t'arrête ? dit Caderousse ; ce n'est pas moi, je l'espère ?

— Chut ! fit Cavalcanti.

On traversa la barrière sans accident.

A la première rue transversale, Andrea arrêta son cheval, et Caderousse sauta à terre.

— Eh bien ! dit Andrea, et le manteau de mon domestique, et mon chapeau ?

— Ah ! répondit Caderousse, tu ne voudrais pas que je risquasse de m'enrhumer.

— Mais moi ?

— Toi, tu es jeune, tandis que moi je commence à me faire vieux. Au revoir, Benedetto.

Et il s'enfonça dans la ruelle, où il disparut.

— Hélas ! dit Andrea en poussant un soupir, on ne peut donc pas être complétement heureux dans ce monde !

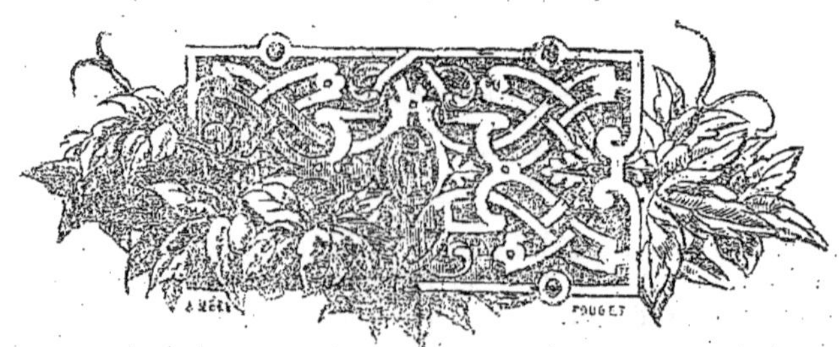

CHAPITRE VI.

SCÈNE CONJUGALE.

la place Louis XV, les trois jeunes gens s'étaient séparés, c'est-à-dire que Morrel avait pris les boulevards, que Château-Renaud avait pris le pont de la Révolution, et que Debray avait suivi le quai.

Morrel et Château-Renaud, selon toute probabilité, gagnèrent leurs foyers domestiques, comme on dit encore à la tribune de la Chambre, dans les discours bien faits, et au théâtre de la rue Richelieu, dans les pièces bien écrites; mais il n'en fut pas de même de Debray.

Arrivé au guichet du Louvre, il fit un à gauche, traversa le Carrousel au grand trot, enfila la rue Saint-Roch, déboucha par la rue de la Michodière, et arriva à la porte de M. Danglars au moment où le landau de M. de Villefort, après l'avoir déposé, lui et sa femme, au faubourg Saint-Honoré, s'arrêtait pour mettre la baronne chez elle.

Debray, en homme familier de la maison, entra le premier dans la cour, jeta la bride aux mains d'un valet de pied, puis revint à la portière recevoir madame Danglars, à laquelle il offrit le bras pour regagner ses appartements.

Une fois la porte fermée et la baronne et Debray dans la cour :

— Qu'avez-vous donc, Hermine, dit Debray, et pourquoi donc vous êtes-vous trouvée mal à cette histoire, où plutôt à cette fable qu'a racontée le comte?

— Parce que j'étais horriblement disposée ce soir, mon ami, répondit la baronne.

— Mais non, Hermine, reprit Debray, vous ne me ferez pas croire cela. Vous étiez au contraire dans d'excellentes dispositions quand vous êtes arrivée chez le comte. M. Danglars était bien quelque peu maussade, c'est vrai, mais je sais le cas que vous faites de sa mauvaise humeur. Quelqu'un vous a fait quelque chose. Racontez-moi cela ; vous savez bien que je ne souffrirai jamais qu'une impertinence vous soit faite.

— Vous vous trompez, Lucien, je vous assure, reprit madame Danglars, et les choses sont comme je vous les ai dites, plus la mauvaise humeur dont vous vous êtes aperçu, et dont je ne jugeais pas qu'il valût la peine de vous parler.

Il était évident que madame Danglars était sous l'influence d'une de ces irritations nerveuses dont les femmes souvent ne peuvent se rendre compte à elles-mêmes, ou que, comme l'avait deviné Debray, elle avait éprouvé quelque commotion cachée qu'elle ne voulait avouer à personne.

En homme habitué à reconnaître les vapeurs comme un des éléments de la vie féminine, il n'insista donc point davantage, attendant le moment opportun, soit d'une interrogation nouvelle, soit d'un aveu *proprio motu*.

A la porte de sa chambre, la baronne rencontra mademoiselle Cornélie.

Mademoiselle Cornélie était la caméristе de confiance de la baronne.

— Que fait ma fille? demanda madame Danglars.

— Elle a étudié toute la soirée, répondit mademoiselle Cornélie, et ensuite elle s'est couchée.

— Il me semble cependant que j'entends son piano?

— C'est mademoiselle Louise d'Armilly qui fait de la musique pendant que mademoiselle est au lit.

— Bien, dit madame Danglars, venez me déshabiller.

On entra dans la chambre à coucher.

Debray s'étendit sur un grand canapé, et madame Danglars passa dans son cabinet de toilette avec mademoiselle Cornélie.

— Mon cher monsieur Lucien, dit madame Danglars à travers la portière du cabinet, vous vous plaignez toujours qu'Eugénie ne vous fait pas l'honneur de vous adresser la parole?

— Madame, dit Lucien, jouant avec le petit chien de la baronne, qui, reconnaissant sa qualité d'ami de la maison, avait l'habitude de lui faire mille caresses; je ne suis pas le seul à vous faire de pareilles récriminations, et je crois avoir entendu Morcerf se plaindre l'autre jour à vous-même de ne pouvoir tirer une seule parole de sa fiancée.

— C'est vrai, dit madame Danglars; mais je crois

qu'un de ces matins tout cela changera, et que vous verrez entrer Eugénie dans votre cabinet.

— Dans mon cabinet, à moi?

— C'est-à-dire dans celui du ministre.

— Et pourquoi cela?

— Pour vous demander un engagement à l'Opéra. En vérité, je n'ai jamais vu un tel engouement pour la musique! c'est ridicule pour une personne du monde!

Debray sourit.

— Eh bien! dit-il, qu'elle vienne avec le consentement du baron et le vôtre, nous lui ferons cet engagement, et nous tâcherons qu'il soit selon son mérite, quoique nous soyons bien pauvres pour payer un aussi beau talent que le sien.

— Allez, Cornélie, dit madame Danglars, je n'ai plus besoin de vous.

Cornélie disparut, et, un instant après, madame Danglars sortit de son cabinet dans un charmant négligé et vint s'asseoir près de Lucien.

Puis, rêveuse, elle se mit à caresser un petit épagneul.

Lucien la regarda un instant en silence.

— Voyons, Hermine, dit-il au bout d'un instant, répondez franchement : quelque chose vous blesse, n'est-ce pas?

— Rien, reprit la baronne

Et cependant, comme elle étouffait, elle se leva, essaya de respirer, et alla se regarder dans une glace

— Je suis à faire peur, ce soir, dit-elle.

Debray se levait en souriant pour aller rassurer la baronne sur ce dernier point quand tout à coup la porte s'ouvrit.

M. Danglars parut; Debray se rassit.

Au bruit de la porte, madame Danglars se retourna et regarda son mari avec un étonnement qu'elle ne se donna même pas la peine de dissimuler.

— Bonsoir, madame, dit le banquier; bonsoir, monsieur Debray.

La baronne crut sans doute que cette visite imprévue signifiait quelque chose comme un désir de réparer les mots amers qui étaient échappés au baron dans la journée.

Elle s'arma d'un air digne, et se retournant vers Lucien sans répondre à son mari :

— Lisez-moi donc quelque chose, monsieur Debray, lui dit-elle.

Debray, que cette visite avait légèrement inquiété d'abord, se remit au calme de la baronne, et allongea la main vers un livre marqué au milieu par un couteau à lame de nacre incrustée d'or.

— Pardon, dit le banquier, mais vous allez bien vous fatiguer, baronne, en veillant si tard; il est onze heures, et M. Debray demeure bien loin.

Debray demeura saisi de stupeur, non point que le ton de Danglars ne fût parfaitement calme et poli, mais enfin, au travers de ce calme et de cette politesse, il perçait une certaine velléité inaccoutumée de faire autre chose ce soir-là que la volonté de sa femme.

La baronne aussi fut surprise, et témoigna son étonnement par un regard qui, sans doute, eût donné à réfléchir à son mari, si son mari n'avait pas eu les yeux fixés sur un journal, où il cherchait la fermeture de la rente.

Il en résulta que ce regard si fier fut lancé en pure perte et manqua complétement son effet.

— Monsieur Lucien, dit la baronne, je vous déclare que je n'ai pas la moindre envie de dormir, que j'ai mille choses à vous conter ce soir, et que vous allez passer la nuit à m'écouter, dussiez-vous dormir debout.

— A vos ordres, madame, répondit flegmatiquement Lucien.

— Mon cher monsieur Debray, dit à son tour le banquier, ne vous tuez pas, je vous prie, à écouter cette nuit les folies de madame Danglars, car vous les écouterez aussi bien demain; mais ce soir est à moi, je me le réserve, et je le consacrerai, si vous voulez bien le permettre, à causer de graves intérêts avec ma femme.

Cette fois, le coup était tellement direct et tombait si d'aplomb, qu'il étourdit Lucien et la baronne.

Tous deux s'interrogèrent des yeux comme pour puiser l'un dans l'autre un secours contre cette agression; mais l'irrésistible pouvoir du maître de la maison triompha, et force resta au mari.

— N'allez pas croire au moins que je vous chasse, mon cher Debray, continua Danglars; non, pas le moins du monde : une circonstance imprévue me force à désirer d'avoir ce soir même une conversation avec la baronne. Cela m'arrive assez rarement pour qu'on ne me garde pas rancune.

Debray balbutia quelques mots, salua et sortit en se heurtant aux angles, comme Mathan dans *Athalie*.

— C'est incroyable! dit-il quand la porte fut refermée derrière lui, combien ces maris, que nous trouvons cependant si ridicules, prennent facilement l'avantage sur nous!

Lucien parti, Danglars s'installa à sa place sur le canapé, ferma le livre resté ouvert, et, prenant une pose horriblement prétentieuse, continua de jouer avec le chien.

Mais, comme le chien, qui n'avait pas pour lui la même sympathie que pour Debray, le voulait mordre, il le prit par la peau du cou et l'envoya de l'autre côté de la chambre sur une chaise longue.

L'animal jeta un cri en traversant l'espace; mais, arrivé à sa destination, il se tapit derrière un coussin, et, stupéfait de ce traitement auquel il n'était point accoutumé, il se tint muet et sans mouvement.

Debray balbutia quelques mots, salua et sortit. — Page 36.

— Savez-vous, monsieur, dit la baronne sans sourciller, que vous faites des progrès? Ordinairement vous n'étiez que grossier, ce soir vous êtes brutal.

— C'est que je suis ce soir de plus mauvaise humeur qu'ordinairement, répondit Danglars.

Hermine regarda le banquier avec un suprême dédain.

Ordinairement ces manières de coup d'œil exaspéraient l'orgueilleux Danglars; mais ce soir-là il parut à peine y faire attention.

— Et que me fait à moi votre mauvaise humeur? répondit la baronne irritée de l'impassibilité de son mari; est-ce que ces choses-là me regardent? Enfermez vos mauvaises humeurs chez vous ou consignez-les dans vos bureaux, et, puisque vous avez des commis que vous payez, passez sur eux vos mauvaises humeurs.

— Non pas, répondit Danglars; vous vous fourvoyez dans vos conseils, madame, aussi je ne les suivrai pas. Mes bureaux sont mon Pactole, comme dit, je crois, M. Desmoustiers, et je ne veux pas en tourmenter le cours et en troubler le calme. Mes commis sont gens honnêtes, qui me gagnent ma fortune, et que je paye un taux infiniment au-dessous de celui qu'ils méritent, si je les estime selon ce qu'ils rapportent; je ne me mettrai donc pas en colère contre eux. Ceux contre lesquels je me mettrai en colère, c'est contre les gens qui mangent mes dîners, qui éreintent mes chevaux et qui ruinent ma ma caisse.

— Et quels sont donc ces gens qui ruinent votre caisse? Expliquez-vous plus clairement, monsieur, je vous prie.

— Oh! soyez tranquille, si je parle par énigme, je ne compte pas vous en faire chercher longtemps le mot, reprit Danglars. Les gens qui ruinent ma caisse sont ceux qui en tirent sept cent mille francs en une heure de temps.

— Je ne vous comprends pas, monsieur, dit la baronne en essayant de dissimuler à la fois l'émotion de sa voix et la rougeur de son visage.

— Vous comprenez, au contraire, fort bien, dit Danglars, mais, si votre mauvaise volonté continue, je vous dirai que je viens de perdre sept cent mille francs sur l'emprunt espagnol.

— Ah! par exemple! dit la baronne en ricanant, et c'est moi que vous rendez responsable de cette perte?

— Pourquoi pas?

— C'est ma faute si vous avez perdu sept cent mille francs?

— En tout cas, ce n'est pas la mienne.

— Une fois pour toutes, monsieur, repartit aigrement la baronne, je vous ai dit de ne jamais me parler caisse; c'est une langue que je n'ai apprise ni chez mes parents ni dans la maison de mon premier mari.

— Je le crois parbleu bien, dit Danglars, ils n'avaient le sou ni les uns ni les autres.

— Raison de plus pour que je n'aie pas appris chez eux l'argot de la banque, qui me déchire ici les oreilles du matin au soir; ce bruit d'écus qu'on compte et qu'on recompte m'est odieux, et je ne sais que le son de votre voix qui me soit encore plus désagréable.

— En vérité, dit Danglars, comme c'est étrange! et moi qui avais cru que vous preniez le plus vif intérêt à mes opérations!

— Moi! et qui a pu vous faire croire une pareille sottise?

— Vous-même.

— Ah! par exemple!

— Sans doute.

— Je voudrais bien que vous me fissiez connaître en quelle occasion.

— Oh! mon Dieu! c'est chose facile. Au mois de février dernier, vous m'avez parlé la première des fonds d'Haïti; vous aviez rêvé qu'un bâtiment entrait dans le port du Havre, et que ce bâtiment apportait la nouvelle qu'un payement que l'on croyait remis aux calendes grecques allait s'effectuer. Je connais la lucidité de votre sommeil; j'ai donc fait acheter en dessous mains tous les coupons que j'ai pu trouver de la dette d'Haïti, et j'ai gagné quatre cent mille francs dont cent mille vous ont été religieusement remis. Vous en avez fait ce que vous avez voulu, cela ne me regarde pas.

En mars, il s'agissait d'une concession de chemin de fer. Trois sociétés se présentaient, offrant des garanties égales. Vous m'avez dit que votre instinct, et, quoique vous vous prétendiez étrangère aux spéculations, je crois au contraire votre instinct très-développé sur certaines matières; vous m'avez dit que votre instinct vous faisait croire que le privilége serait donné à la société dite du Midi.

Je me suis fait inscrire à l'instant même pour les deux tiers des actions de cette société. Le privilége lui a été, en effet, accordé; comme vous l'aviez prévu, les actions ont triplé de valeur, et j'ai encaissé un million sur lequel deux cent cinquante mille francs vous ont été remis à titre d'épingles. Comment avez-vous employé ces deux cent cinquante mille francs? cela n'est point mon affaire.

— Mais où donc voulez-vous en venir, monsieur? s'écria la baronne toute frissonnante de dépit et d'impatience.

— Patience, madame, j'y arrive.

— C'est heureux.

— En avril, vous avez été dîner chez le ministre; on causa de l'Espagne, et vous entendîtes une conversation secrète : il s'agissait de l'expulsion de don Carlos; j'achetai des fonds espagnols. L'expulsion eut lieu, et je gagnai six cent mille francs le jour où Charles V repassa la Bidassoa. Sur ces six cent mille francs vous avez touché cinquante mille écus; ils étaient à vous, vous en avez disposé à votre fantaisie, et je ne vous en demande pas compte; mais il n'en est pas moins vrai que vous avez reçu cinq cent mille livres cette année.

— Eh bien! après, monsieur?

— Ah! oui, après! Eh bien! c'est justement après cela que la chose se gâte.

— Vous avez des façons de dire... en vérité...

— Elles rendent mon idée, c'est tout ce qu'il me faut... Après, c'était il y a trois jours, cet après-là. Il y a trois jours donc, vous avez causé politique avec M. Debray, et vous croyez voir dans ses paroles que don Carlos est rentré en Espagne; alors, je vends ma rente, la nouvelle se répand, il y a panique, je ne vends plus, je donne; le lendemain il se trouve que la nouvelle était fausse, et qu'à cette fausse nouvelle j'ai perdu sept cent mille francs.

— Eh bien?

— Eh bien! puisque je vous donne un quart quand je gagne, c'est donc un quart que vous me devez quand je perds; le quart de sept cent mille francs, c'est cent soixante-quinze mille francs.

— Mais ce que vous me dites là est extravagant,

et je ne vois pas, en vérité, comment vous mêlez le nom de M. Debray à toute cette histoire.

— Parce que, si vous n'avez point par hasard les cent soixante-quinze mille francs que je réclame, vous les emprunterez à vos amis, et que M. Debray est de vos amis.

— Fi donc! s'écria la baronne.

— Oh! pas de gestes, pas de cris, pas de drame moderne, madame, sinon vous me forceriez à vous dire que je vois d'ici M. Debray ricanant près des cinq cent mille livres que vous lui avez comptées cette année, et se disant qu'il a enfin trouvé ce que les plus habiles joueurs n'ont pu jamais découvrir, c'est-à-dire une roulette où l'on gagne sans mettre au jeu, et où l'on ne perd pas quand on perd.

La baronne voulut éclater.

— Misérable! dit-elle, oseriez-vous dire que vous ne saviez pas ce que vous osez me reprocher aujourd'hui?

— Je ne vous dis pas que je savais, je ne vous dis pas que je ne savais point; je vous dis : observez ma conduite depuis quatre ans que vous n'êtes plus ma femme et que je ne suis plus votre mari, vous verrez si elle a toujours été conséquente avec elle-même. Quelque temps avant notre rupture, vous avez désiré étudier la musique avec ce fameux baryton qui a débuté avec tant de succès au Théâtre-Italien : moi, j'ai voulu étudier la danse avec cette danseuse qui s'était faite une si grande réputation à Londres. Cela m'a coûté, tant pour vous que pour moi, cent mille francs à peu près. Je n'ai rien dit, parce qu'il faut de l'harmonie dans les ménages. Cent mille francs pour que l'homme et la femme sachent bien à fond la danse et la musique, ce n'est pas trop cher. Bientôt, voilà que vous vous dégoûtez du chant, et que l'idée vous vient d'étudier la diplomatie avec un secrétaire du ministre. Je vous laisse étudier. Vous comprenez; que m'importe à moi, puisque vous payez les leçons que vous prenez sur votre cassette? Mais, aujourd'hui, je m'aperçois que vous tirez sur la mienne, et que votre apprentissage me peut coûter sept cent mille francs par mois. Halte-là, madame, car cela ne peut durer ainsi. Ou le diplomate donnera des leçons... gratuites, et je le tolérerai, ou il ne remettra plus le pied dans la maison; entendez-vous, madame?

— Oh! c'est trop fort, monsieur, s'écria Hermine suffoquée, et vous dépassez les limites de l'ignoble!

— Mais, dit Danglars, je vois avec plaisir que vous n'êtes pas restée en deçà, et que vous avez volontairement obéi à cet axiome du Code : « La femme doit suivre son mari. »

— Des injures!

— Vous avez raison : arrêtons nos faits, et raisonnons froidement. Je ne me suis jamais, moi, mêlé de vos affaires que pour votre bien; faites de même. Ma caisse ne vous regarde pas, dites-vous? Soit; opérez sur la vôtre, mais n'emplissez ni ne videz la mienne. D'ailleurs, qui sait si tout cela n'est pas un coup de Jarnac politique; si le ministre, furieux de me voir de l'opposition, et jaloux des sympathies populaires que je soulève, ne s'entend pas avec M. Debray pour me ruiner?

— Comme c'est probable!

— Mais sans doute; qui a jamais vu cela... une fausse nouvelle télégraphique, c'est-à-dire l'impossible, ou à peu près, des signes tout à fait différents donnés par les deux derniers télégraphes!... C'est fait exprès pour moi, en vérité.

— Monsieur, dit plus humblement la baronne, vous n'ignorez pas, ce me semble, que cet employé a été chassé, qu'on a parlé même de lui faire son procès, que l'ordre avait été donné de l'arrêter, et que cet ordre eût été mis à exécution s'il ne se fût soustrait aux premières recherches par une fuite qui prouve sa folie ou sa culpabilité... C'est une erreur.

— Oui, qui fait rire les niais, qui fait passer une mauvaise nuit au ministre, qui fait noircir du papier à messieurs les secrétaires d'État, mais qui à moi me coûte sept cent mille francs.

— Mais, monsieur, dit tout à coup Hermine, puisque tout cela, selon vous, vient de M. Debray, pourquoi, au lieu de dire tout cela directement à M. Debray, venez-vous me le dire à moi? pourquoi accusez-vous l'homme et vous en prenez-vous à la femme?

— Est-ce que je connais M. Debray, moi? dit Danglars; est-ce que je veux le connaître? est-ce que je veux savoir qu'il donne des conseils? est-ce que je veux les suivre? est-ce que je joue? Non, c'est vous qui faites tout cela, et non pas moi!

— Mais il me semble que puisque vous en profitez...

Danglars haussa les épaules.

— Folles créatures, en vérité, que ces femmes qui se croient des génies parce qu'elles ont conduit une ou deux intrigues de façon à n'être pas affichées dans tout Paris! Mais songez donc qu'eussiez-vous caché vos déréglements à votre mari même, ce qui est l'A B C de l'art, parce que la plupart du temps les maris ne veulent pas voir, vous ne seriez qu'une pâle copie de ce que font la moitié de vos amies les femmes du monde. Mais il n'en est pas ainsi pour moi; j'ai vu et toujours vu. Depuis seize ans, vous m'avez toujours caché une pensée peut-être, mais pas une démarche, pas une action, pas une faute. Tandis que vous, de votre côté, vous vous applaudissez de votre adresse et croyez fermement me tromper, qu'en est-il résulté? C'est que, grâce à ma prétendue ignorance, depuis M. de Villefort jusqu'à M. Debray, il n'est pas un de vos amis qui n'ait tremblé devant moi; il n'en est pas un qui ne m'ait traité en maître de la maison, ma seule prétention

Mademoiselle Louise d'Armilly. — Page 35.

près de vous; il n'en est pas un enfin qui ait osé vous dire de moi ce que je vous en dis moi-même aujourd'hui. Je vous permets de me rendre odieux; mais je vous empêcherai de me rendre ridicule, et surtout je vous défends positivement et par-dessus tout de me ruiner.

Jusqu'au moment où le nom de Villefort avait été prononcé, la baronne avait fait assez bonne contenance; mais à ce nom elle avait pâli, et, se levant comme mue par un ressort, elle avait étendu les bras comme pour conjurer une apparition et fait trois pas vers son mari comme pour lui arracher la fin du secret qu'il ne connaissait pas ou que peut-être, par quelque calcul odieux comme étaient à peu près tous les calculs de Danglars, il ne voulait pas laisser échapper entièrement.

— M. de Villefort! que signifie? que voulez-vous dire?

— Cela veut dire, madame, que M. de Nargonne, votre premier mari, n'étant ni un philosophe ni un banquier, ou peut-être étant l'un et l'autre, et voyant qu'il n'y avait aucun parti à tirer d'un pro-

Il vit un homme habillé en abbé. — PAGE 43.

cureur du roi, est mort de chagrin ou de colère de vous avoir trouvée enceinte de six mois après une absence de neuf. Je suis brutal, non-seulement je le sais, mais je m'en vante : c'est un de mes moyens de succès dans mes opérations commerciales. Pourquoi, au lieu de tuer, s'est-il fait tuer lui-même? parce qu'il n'avait pas de caisse à sauver. Mais moi, je me dois à ma caisse. M. Debray, mon associé, me fait perdre sept cent mille francs. Qu'il supporte sa part de la perte, et nous continuerons nos affaires; sinon qu'il me fasse banqueroute de ses cent soixante-quinze mille livres, et qu'il fasse ce que font les banqueroutiers, qu'il disparaisse. Eh! mon Dieu! c'est un charmant garçon, je le sais, quand ses nouvelles sont exactes; mais, quand elles ne le sont pas, il y en a cinquante dans le monde qui valent mieux que lui.

Madame Danglars était atterrée; cependant elle fit un effort suprême pour répondre à cette dernière attaque.

Elle tomba sur un fauteuil, pensant à Villefort, à la scène du dîner, à cette étrange série de malheurs qui depuis quelques jours s'abattaient un à un sur sa maison et changeaient en scandaleux débats le calme ouaté de son ménage.

Danglars ne la regarda même pas, quoiqu'elle fît tout ce qu'elle pût pour s'évanouir.

Il tira la porte de la chambre à coucher sans ajouter un seul mot et rentra chez lui; de sorte que madame Danglars, en revenant de son demi-évanouissement, put croire qu'elle avait fait un mauvais rêve.

CHAPITRE VII.

PROJETS DE MARIAGE.

Le lendemain de cette scène, à l'heure que Debray avait coutume de choisir pour venir faire, en allant à son bureau, une petite visite à madame Danglars, son coupé ne parut pas dans la cour.

A cette heure-là, c'est-à-dire vers midi et demi, madame Danglars demanda sa voiture et sortit.

Danglars, placé derrière un rideau, avait guetté cette sortie, qu'il attendait.

Il donna l'ordre qu'on le prévînt aussitôt que madame reparaîtrait; mais à deux heures elle n'était pas rentrée.

A deux heures il demanda ses chevaux, se rendit à la Chambre et se fit inscrire pour parler contre le budget.

De midi à deux heures, Danglars était resté à son cabinet, décachetant ses dépêches, s'assombrissant de plus en plus, entassant chiffres sur chiffres et recevant entre autres visites celle du major Cavalcanti, qui, toujours aussi bleu, aussi roide et aussi exact, se présenta à l'heure annoncée la veille pour terminer son affaire avec le banquier.

En sortant de la Chambre, Danglars, qui avait

donné de violentes marques d'agitation pendant la séance, et qui surtout avait été plus acerbe que jamais contre le ministère, remonta dans sa voiture et ordonna au cocher de le conduire avenue des Champs-Élysées, n° 30.

Monte-Christo était chez lui; seulement il était avec quelqu'un, et il priait Danglars d'attendre un instant au salon.

Pendant que le banquier attendait, la porte s'ouvrit, et il vit entrer un homme habillé en abbé, qui, au lieu d'attendre comme lui, plus familier que lui sans doute dans la maison, le salua, entra dans l'intérieur des appartements et disparut.

Un instant après, la porte par laquelle le prêtre était entré se rouvrit, et Monte-Christo parut.

— Pardon, dit-il, cher baron, mais un de mes bons amis, l'abbé Busoni, que vous avez pu voir passer, vient d'arriver à Paris; il y avait fort longtemps que nous étions séparés, et je n'ai pas eu le courage de le quitter tout aussitôt. J'espère qu'en faveur du motif vous m'excuserez de vous avoir fait attendre.

— Comment donc, dit Danglars, c'est tout simple; c'est moi qui ai mal pris mon moment, et je vais me retirer.

— Point du tout; asseyez-vous donc au contraire. Mais, bon Dieu ! qu'avez-vous donc? Vous avez l'air tout soucieux; en vérité vous m'effrayez. Un capitaliste chagrin est comme les comètes, il présage toujours quelque grand malheur au monde.

— J'ai, mon cher monsieur, dit Danglars, que la mauvaise chance est sur moi depuis plusieurs jours et que je n'apprends que des sinistres.

— Ah ! mon Dieu ! dit Monte-Christo, est-ce que vous avez eu une rechute à la Bourse?

— Non, j'en suis guéri, pour quelques jours du moins; il s'agit tout bonnement pour moi d'une banqueroute à Trieste.

— Vraiment? Est-ce que votre banqueroutier serait par hasard Jacopo Manfredi?

— Justement ! Figurez-vous un homme qui faisait depuis je ne sais combien de temps pour huit ou neuf cent mille francs par an d'affaires avec moi. Jamais un mécompte, jamais un retard; un gaillard qui payait comme un prince... qui paye. Je me mets en avance d'un million avec lui, et ne voilà-t-il pas mon diable de Jacopo Manfredi qui suspend ses payements !

— En vérité?

— C'est une fatalité inouïe. Je tire sur lui six cent mille livres, qui me reviennent impayées, et, de plus, je suis encore porteur de quatre cent mille francs de lettres de change signées par lui et payables fin courant chez son correspondant de Paris. Nous sommes le 30, j'envoie toucher; ah ! bien oui, le correspondant a disparu. Avec mon affaire d'Espagne, cela me fait une gentille fin de mois.

— Mais est-ce vraiment une perte, votre affaire d'Espagne?

— Certainement, sept cent mille francs hors de ma caisse, rien que cela !

— Comment avez-vous fait une pareille école, vous un vieux loup-cervier?

— Eh ! c'est la faute de ma femme. Elle a rêvé que don Carlos était entré en Espagne; elle croit aux rêves. C'est du magnétisme, dit-elle, et, quand elle rêve une chose, cette chose, à ce qu'elle assure, doit infailliblement arriver. Sur sa conviction, je lui permets de jouer; elle a sa cassette et son agent de change, elle joue et elle perd. Il est vrai que ce n'est pas mon argent, mais le sien qu'elle joue. Cependant, n'importe, vous comprendrez que, lorsque sept cent mille francs sortent de la poche de la femme, le mari s'en aperçoit toujours bien un peu. Comment ! vous ne saviez pas cela? Mais la chose a fait un bruit énorme.

— Si fait, j'en avais entendu parler, mais j'ignorais les détails; puis, je suis on ne peut plus ignorant de toutes ces affaires de bourse.

— Vous ne jouez donc pas?

— Moi ! et comment voulez-vous que je joue? moi qui ai déjà tant de peine à régler mes revenus. Je serais forcé, outre mon intendant, de prendre encore un commis et un garçon de caisse. Mais, à propos d'Espagne, il me semble que la baronne n'avait pas tout à fait rêvé l'histoire de la rentrée de don Carlos. Les journaux n'ont-ils pas dit quelque chose de cela?

— Vous croyez donc aux journaux, vous?

— Moi ! pas le moins du monde; mais il me semble que cet honnête *Messager* faisait exception à la règle, et qu'il n'annonçait que les nouvelles certaines, les nouvelles télégraphiques.

— Eh bien ! voilà ce qui est inexplicable, reprit Danglars; c'est que cette rentrée de don Carlos était effectivement une nouvelle télégraphique.

— En sorte, dit Monte-Christo, que c'est dix-sept cent mille francs à peu près que vous perdrez ce mois-ci?

— Il n'y a pas d'à peu près, c'est juste mon chiffre.

— Diable! pour une fortune de troisième ordre, dit Monte-Christo avec compassion, c'est un rude coup.

— De troisième ordre ! dit Danglars un peu humilié; que diable entendez-vous par là?

— Sans doute, continua Monte-Christo, je fais trois catégories dans les fortunes; fortune de premier ordre, fortune de deuxième ordre, fortune de troisième ordre. J'appelle fortune de premier ordre celle qui se compose de trésors que l'on a sous la main, les terres, les mines, les revenus sur des États comme la France, l'Autriche et l'Angleterre, pourvu que ces trésors, ces mines, ces revenus, forment un total d'une centaine de millions; j'appelle fortune de second ordre les exploitations manufacturières, les entreprises par associations, les vice-royautés et les principautés ne dépassant pas quinze cent mille francs de revenu, le tout formant .n capital d'une cinquantaine de millions; j'appelle enfin fortune de troisième ordre les capitaux fructifiant par intérêts composés, les gains dépendant de la volonté d'autrui ou des chances du hasard, qu'une banqueroute entame, qu'une nouvelle télégraphique ébranle; les spéculations éventuelles, les opérations soumises enfin aux chances de cette fatalité qu'on pourrait appeler force mineure, en la comparant à la force majeure, qui est la force naturelle; le tout formant un capital fictif ou réel d'une quinzaine de millions. N'est-ce point là votre position à peu près, dites?

— Mais dame oui! répondit Danglars.

— Il en résulte qu'avec six fins de mois comme celle-ci, continua imperturbablement Monte-Christo, une maison de troisième ordre serait à l'agonie.

— Oh! dit Danglars avec un sourire fort pâle, comme vous y allez!

— Mettons sept mois, répliqua Monte-Christo du même ton. Dites-moi, avez-vous pensé à cela quelquefois, que sept fois dix-sept cent mille francs font douze millions ou à peu près?... Non? Eh bien! vous avez raison, car, avec des réflexions pareilles, on n'engagerait jamais ses capitaux, qui sont au financier ce que la peau est à l'homme civilisé. Nous avons nos habits plus ou moins somptueux, c'est notre crédit; mais, quand l'homme meurt, il n'a que sa peau; de même qu'en sortant des affaires vous n'avez que votre bien réel, cinq ou six millions tout au plus; car les fortunes de troisième ordre ne représentent guère que le tiers ou le quart de leur apparence, comme la locomotive d'un chemin de fer n'est toujours, au milieu de la fumée qui l'enveloppe et qui la grossit, qu'une machine plus ou moins forte. Eh bien! sur ces cinq millions qui forment votre actif réel, vous venez d'en perdre à peu près deux, qui diminuent d'autant votre fortune fictive ou votre crédit, c'est-à-dire, mon cher monsieur Danglars, que votre peau vient d'être ouverte par une saignée, qui, réitérée quatre fois, entraînerait la mort. Eh! eh! faites attention, mon cher monsieur Danglars. Avez-vous besoin d'argent? Voulez-vous que je vous en prête?

— Que vous êtes un mauvais calculateur! s'écria Danglars en appelant à son aide toute la philosophie et toute la dissimulation de l'apparence; à l'heure qu'il est, l'argent est rentré dans mes coffres par d'autres spéculations qui ont réussi. Le sang sorti par la saignée est rentré par la nutrition. J'ai perdu une bataille en Espagne, j'ai été battu à Trieste; mais mon armée navale de l'Inde aura pris quelques galions; mes pionniers du Mexique auront découvert quelque mine.

— Fort bien! fort bien! mais la cicatrice reste, et, à la première perte, elle se rouvrira.

— Non, car je marche sur des certitudes, poursuivit Danglars avec la faconde banale du charlatan dont l'état est de prôner son crédit; il faudrait, pour me renverser, que trois gouvernements croulassent.

— Dame! cela s'est vu.

— Que la terre manquât de récoltes.

— Rappelez-vous les sept vaches grasses et les sept vaches maigres.

— Ou que la mer se retirât, comme du temps de Pharaon; encore il y a plusieurs mers, et les vaisseaux en seraient quittes pour se faire caravanes.

— Tant mieux! mille fois tant mieux! cher monsieur Danglars, dit Monte-Christo, et je vois que je m'étais trompé et que vous rentrez dans les fortunes de second ordre.

— Je crois pouvoir aspirer à cet honneur, dit Danglars avec un de ces sourires stéréotypés qui faisaient à Monte-Christo l'effet d'une de ces lunes pâteuses dont les mauvais peintres badigeonnent leurs ruines; mais, puisque nous en sommes à parler d'affaires, ajouta-t-il, enchanté de trouver ce motif de changer la conversation, dites-moi donc un peu ce que je puis faire pour M. Cavalcanti?

— Mais lui donner de l'argent, s'il a un crédit sur vous et que ce crédit vous paraisse bon.

— Excellent! il s'est présenté ce matin avec un bon de quarante mille francs, payable à vue sur vous, signé Busoni, et renvoyé par vous à moi avec votre endos. Vous comprenez que je lui ai compté à l'instant même ses quarante billets carrés.

Monte-Christo fit un signe de tête qui indiquait toute son adhésion.

— Mais ce n'est pas tout, continua Danglars; il a ouvert à son fils un crédit chez moi.

— Combien, sans indiscrétion, donne-t-il au jeune homme?

— Cinq mille francs par mois.

— Soixante mille francs par an. Je m'en doutais bien, dit Monte-Christo en haussant les épaules; ce sont des pleutres que les Cavalcanti. Que veut-il qu'un jeune homme fasse avec cinq mille francs par mois?

— Mais vous comprenez que si le jeune homme a besoin de quelques mille francs de plus...

— N'en faites rien, le père vous les laisserait pour votre compte; vous ne connaissez pas tous les millionnaires ultramontains : ce sont de véritables harpagons. Et par qui lui est ouvert ce crédit?

— Oh! par la maison Fenzi, une des meilleures de Florence.

— Je ne veux pas dire que vous perdrez, tant s'en faut; mais tenez-vous cependant dans les termes de la lettre.

— Vous n'auriez donc pas confiance dans ce Cavalcanti?

— Oh ! dit Danglars avec un sourire fort pâle, comme vous y allez ! — Page 44.

— Moi, je lui donnerais dix millions sur sa signature. Cela rentre dans les fortunes de second ordre, dont je vous parlais tout à l'heure, mon cher monsieur Danglars.

— Et, avec cela, comme il est simple ! Je l'aurais pris pour un major, rien de plus.

— Et vous lui eussiez fait honneur ; car vous avez raison, il ne paye pas de mine. Quand je l'ai vu pour la première fois, il m'a fait l'effet d'un vieux lieutenant moisi sous la contre-épaulette. Mais tous les Italiens sont comme cela ; ils ressemblent à de vieux juifs quand ils n'éblouissent pas comme des mages d'Orient.

— Le jeune homme est mieux, dit Danglars.

— Oui, un peu timide, peut-être; mais, en somme, il m'a paru convenable. J'en étais inquiet.

— Pourquoi cela ?

— Parce que vous l'avez vu chez moi à peu près à son entrée dans le monde, à ce que l'on m'a dit du moins. Il a voyagé avec un précepteur très-sévère, et n'était jamais venu à Paris.

— Tous ces Italiens de qualité ont l'habitude de se marier entre eux, n'est-ce pas? demanda négligemment Danglars; ils aiment à associer leurs fortunes.

— D'habitude ils font ainsi, c'est vrai ; mais Cavalcanti est un original qui ne fait rien comme les autres. On ne m'ôtera pas de l'idée qu'il envoie son fils en France pour qu'il y trouve une femme.

— Vous croyez?

— J'en suis sûr.

— Et vous avez entendu parler de sa fortune?

— Il n'est question que de cela; seulement les uns lui accordent des millions, les autres prétendent qu'il ne possède pas un paul.

— Et votre opinion à vous?

— Il ne faudra pas vous fonder dessus; elle est toute personnelle.

— Mais enfin...

— Mon opinion, à moi, est que tous ces vieux podestats, tous ces anciens condottieri, car ces Cavalcanti ont commandé des armées, ont gouverné des provinces; mon opinion, dis-je, est qu'ils ont enterré des millions dans des coins que leurs aînés seuls connaissent et font connaître à leurs aînés de génération en génération, et, la preuve, c'est qu'ils sont tous jaunes et secs comme leurs florins du temps de la République, dont ils conservent un reflet à force de les regarder.

— Parfait, dit Danglars, et c'est d'autant plus vrai, qu'on ne leur connait pas un pouce de terre, à tous ces gens-là.

— Fort peu, du moins; moi, je sais bien que je ne connais à Cavalcanti que son palais de Lucques

— Ah! il a un palais! dit en riant Danglars, c'est déjà quelque chose.

— Oui, et encore le loue-t-il au ministre des finances, tandis qu'il habite, lui, dans une maisonnette. Oh! je vous l'ai déjà dit, je crois le bonhomme serré.

— Allons, allons, vous ne le flattez pas.

— Écoutez, je le connais à peine; je crois l'avoir vu trois fois dans ma vie. Ce que j'en sais, c'est par l'abbé Busoni et par lui-même; il me parlait ce matin de ses projets sur son fils, et me laissait entrevoir que, las de voir dormir des fonds considérables en Italie, qui est un pays mort, il voudrait trouver un moyen, soit en France, soit en Angleterre, de faire fructifier ses millions. Mais remarquez bien toujours que, quoique j'aie la plus grande confiance dans l'abbé Busoni personnellement, moi, je ne réponds de rien.

— N'importe, merci du client que vous m'avez envoyé; c'est un fort beau nom à inscrire sur mes registres, et mon caissier, à qui j'ai expliqué ce que c'était que les Cavalcanti, en est tout fier. A propos, et ceci est un simple détail de touriste, quand ces gens-là marient leurs fils, leur donnent-ils des dots?

— Eh! mon Dieu! c'est selon. J'ai connu un prince italien, riche comme une mine d'or, un des premiers noms de Toscane, qui, lorsque ses fils se mariaient à sa guise, leur donnait des millions, et, quand ils se mariaient malgré lui, se contentait de leur faire une rente de trente écus par mois. Admettons qu'Andrea se marie selon les vues de son père, il lui donnera peut-être un, deux, trois millions. Si c'était avec la fille d'un banquier, par exemple, peut-être prendrait-il un intérêt dans la maison du beau-père de son fils; puis, supposez à côté de cela que sa bru lui déplaise : bonsoir, le père Cavalcanti met la main sur la clef de son coffre-fort, donne un double tour à la serrure, et voilà maître Andrea obligé de vivre comme un fils de famille parisien, en biseautant des cartes ou en pipant des dés.

— Ce garçon-là trouvera une princesse bavaroise ou péruvienne; il voudra une couronne fermée, un Eldorado traversé par le Potose.

— Non, tous ces grands seigneurs de l'autre côté des monts épousent fréquemment de simples mortelles; ils sont comme Jupiter, ils aiment à croiser les races. Ah çà! mais est-ce que vous voulez marier Andrea, mon cher monsieur Danglars, que vous me faites toutes ces questions-là?

— Ma foi, dit Danglars, cela ne me paraîtrait pas une mauvaise spéculation, et je suis un spéculateur, moi.

— Ce n'est pas avec mademoiselle Danglars, je présume; vous ne voudriez pas faire égorger ce pauvre Andrea par Albert?

— Albert! dit Danglars en haussant les épaules; ah! bien oui, il se soucie pas mal de cela.

— Mais il est fiancé avec votre fille, je crois?

— C'est-à-dire que M. de Morcerf et moi nous avons quelquefois causé de ce mariage; mais madame de Morcerf et Albert...

— N'allez-vous pas me dire que celui-ci n'est pas un bon parti?

— Eh! eh! mademoiselle Danglars vaut bien M. de Morcerf, ce me semble!

— La dot de mademoiselle Danglars sera belle, en effet, et je n'en doute pas, surtout si le télégraphe ne fait plus de nouvelles folies.

— Oh! ce n'est pas seulement la dot. Mais dites-moi donc, à propos!

— Eh bien?

— Pourquoi donc n'avez-vous pas invité Morcerf et sa famille à votre dîner?

— Je l'avais fait aussi, mais il a objecté un voyage à Dieppe avec madame de Morcerf, à qui l'on a recommandé l'air de la mer.

— Oui, oui, dit Danglars en riant, il doit lui être bon.

— Pourquoi cela?

— Parce que c'est l'air qu'elle a respiré dans sa jeunesse.

Monte-Christo laissa passer l'épigramme sans paraître y faire attention.

— Mais enfin, dit le comte, si Albert n'est point aussi riche que mademoiselle Danglars, vous ne pouvez nier qu'il porte un beau nom.

— Soit, mais j'aime autant le mien, dit Danglars.

— Certainement, votre nom est populaire, et il a orné le titre dont on a cru l'orner, mais vous êtes un homme trop intelligent pour n'avoir point compris que, selon certains préjugés trop puissamment enracinés pour qu'on les extirpe, noblesse de cinq siècles vaut mieux que noblesse de vingt ans.

— Et voilà justement pourquoi, dit Danglars avec un sourire qu'il essayait de rendre sardonique, voilà pourquoi je préférerais M. Andrea Cavalcanti à M. Albert de Morcerf.

— Mais, cependant, dit Monte-Christo, je suppose que les Morcerf ne le cèdent pas aux Cavalcanti?

— Les Morcerf!... Tenez, mon cher comte, reprit Danglars, vous êtes un galant homme, n'est-ce pas?

— Je le crois.

— Et de plus connaisseur en blason?

— Un peu.

— Eh bien! regardez la couleur du mien; elle est plus solide que celle du blason de Morcerf.

— Pourquoi cela?

— Parce que, moi, si je ne suis pas baron de naissance, je m'appelle Danglars, au moins.

— Après?

— Tandis que lui ne s'appelle pas Morcerf.

— Comment! il ne s'appelle pas Morcerf?

— Pas le moins du monde.

— Allons donc!

— Moi, quelqu'un m'a fait baron, de sorte que je le suis; lui s'est fait comte tout seul, de sorte qu'il ne l'est pas.

— Impossible!

— Écoutez, mon cher comte, continua Danglars, M. de Morcerf est mon ami, ou plutôt ma connaissance depuis trente ans; moi, vous savez que je fais bon marché de mes armoiries, attendu que je n'ai jamais oublié d'où je suis parti.

— C'est la preuve d'une grande humilité ou d'un grand orgueil! dit Monte-Christo

— Eh bien! quand j'étais petit commis, moi, Morcerf était simple pêcheur.

— Et alors on l'appelait?

— Fernand.

— Tout court?

— Fernand Mondego.

— Vous en êtes sûr?

— Pardieu! il m'a vendu assez de poisson pour que je le connaisse.

— Alors, pourquoi lui donniez-vous votre fille?

— Parce que Fernand et Danglars étant deux parvenus, tous deux anoblis, tous deux enrichis, se valent au fond, sauf certaines choses, cependant, qu'on a dites de lui et qu'on n'a jamais dites de moi.

— Quoi donc?

— Rien.

— Ah! oui, je comprends; ce que vous me dites-là me rafraîchit la mémoire à propos du nom de Fernand Mondego. J'ai entendu prononcer ce nom-là en Grèce.

— A propos de l'affaire d'Ali-Pacha?

— Justement.

— Voilà le mystère, reprit Danglars, et j'avoue que j'eusse donné bien des choses pour le découvrir.

— Ce n'était pas difficile, si vous en aviez eu grande envie.

— Comment cela?

— Sans doute, vous avez bien quelque correspondant en Grèce?

— Pardieu!

— A Janina?

— J'en ai partout...

— Eh bien! écrivez à votre correspondant de Janina, et demandez-lui quel rôle a joué dans la catastrophe d'Ali-Tebelin un Français nommé Fernand.

— Vous avez raison! s'écria Danglars en se levant vivement, j'écrirai aujourd'hui même.

— Faites.

— Je vais le faire.

— Et si vous avez quelque nouvelle bien scandaleuse.

— Je vous la communiquerai.

— Vous me ferez plaisir.

Danglars s'élança hors de l'appartement, et ne fit qu'un bond jusqu'à sa voiture

Le cabinet du procureur du roi.

CHAPITRE VIII.

LE CABINET DU PROCUREUR DU ROI.

Laissons le banquier revenir au grand train de ses chevaux, et suivons madame Danglars dans son excursion matinale.

Nous avons dit qu'à midi et demi madame Danglars avait demandé ses chevaux, et était sortie en voiture.

Elle se dirigea du côté du faubourg Saint-Germain, prit la rue Mazarine, et fit arrêter au passage du Pont-Neuf.

Elle descendit et traversa le passage. Elle était vêtue fort simplement, comme il convient à une femme de goût qui sort le matin.

Rue Guénégaud, elle monta en fiacre, en désignant comme le but de sa course la rue du Harlay.

Le pont Neuf.

A peine fut-elle dans la voiture, qu'elle tira de sa poche un voile noir très-épais, qu'elle attacha sur son chapeau de paille; puis elle remit son chapeau sur sa tête, et vit avec plaisir, en regardant dans un petit miroir de poche, qu'on ne pouvait voir d'elle que sa peau blanche et la prunelle étincelante de son œil.

Le fiacre prit le pont Neuf, et entra par la place Dauphine dans la cour de Harlay; il fut payé en ouvrant la portière, et madame Danglars, s'élançant vers l'escalier qu'elle franchit légèrement, arriva bientôt à la salle des Pas-Perdus.

Le matin, il y a beaucoup d'affaires et encore plus de gens affairés au Palais.

Les gens affairés ne regardent pas beaucoup les femmes.

Madame Danglars traversa donc la salle des Pas-Perdus sans être plus remarquée que dix autres femmes qui guettaient leur avocat.

Il y avait encombrement dans l'antichambre de M. de Villefort; mais madame Danglars n'eut pas même besoin de prononcer son nom; dès qu'elle parut, un huissier se leva, vint à elle, lui demanda si elle n'était point la personne à laquelle M. le

4 Paris. — Imp de Edouard Blot, rue St-Louis, 66

procureur du roi avait donné rendez-vous, et, sur sa réponse affirmative, il la conduisit par un corridor réservé au cabinet de M. de Villefort.

Le magistrat écrivait assis sur son fauteuil, le dos tourné à la porte.

Il entendit la porte s'ouvrir, l'huissier prononcer ces paroles : « Entrez, madame ! » et la porte se refermer, sans faire un seul mouvement.

Mais, à peine eut-il senti se perdre les pas de l'huissier qui s'éloignait, qu'il se retourna vivement, alla pousser les verrous, tirer les rideaux et visiter chaque coin du cabinet.

Puis, lorsqu'il eut acquis la certitude qu'il ne pouvait être ni vu ni entendu, et que, par conséquent, il fut tranquillisé :

— Merci, madame, dit-il, merci de votre exactitude.

Et il lui offrit un siége que madame Danglars accepta, car le cœur lui battait si fortement, qu'elle se sentait près de suffoquer.

— Voilà, dit le procureur du roi en s'asseyant à son tour, et en faisant décrire un demi-cercle à son fauteuil, afin de se trouver en face de madame Danglars, voilà bien longtemps, madame, qu'il ne m'est arrivé d'avoir ce bonheur de causer seul avec vous, et, à mon grand regret, nous nous retrouvons pour entamer une conversation bien pénible.

— Cependant, monsieur, vous voyez que je suis venue à votre premier appel, quoique, bien certainement, cette conversation soit encore plus pénible pour moi que pour vous.

Villefort sourit amèrement.

— Il est donc vrai, dit-il, répondant à sa propre pensée bien plutôt qu'aux paroles de madame Danglars ; il est donc vrai que toutes nos actions laissent leurs traces, les unes sombres, les autres lumineuses, dans notre passé ! Il est donc vrai que tous nos pas dans cette vie ressemblent à la marche du reptile sur le sable et font un sillon ! Hélas ! pour beaucoup, ce sillon est celui de leurs larmes.

— Monsieur, dit madame Danglars, vous comprenez mon émotion, n'est-ce pas? ménagez-moi donc, je vous prie. Cette chambre, où tant de coupables ont passé tremblants et honteux ; ce fauteuil, où je m'assieds à mon tour honteuse et tremblante !... Oh ! tenez, j'ai besoin de toute ma raison pour ne pas voir en moi une femme bien coupable et en vous un juge menaçant.

Villefort secoua la tête et poussa un soupir.

— Et moi, reprit-il, et moi, je me dis que ma place n'est pas dans le fauteuil du juge, mais bien sur la sellette de l'accusé.

— Vous? dit madame Danglars étonnée.

— Oui, moi.

— Je crois que, de votre part, monsieur, votre puritanisme s'exagère la situation, dit madame Danglars, dont l'œil si beau s'illumina d'une fugitive lueur. Ces sillons, dont vous parliez à l'instant même, ont été tracés par toutes les jeunesses ardentes. Au fond des passions, au delà du plaisir, il y a toujours un peu de remords ; c'est pour cela que l'Évangile, cette ressource éternelle des malheureux, nous a donné pour soutien, à nous autres pauvres femmes, l'admirable parabole de la fille pécheresse et de la femme adultère. Aussi, je vous l'avoue, en me reportant à ces délires de ma jeunesse, je pense quelquefois que Dieu me les pardonnera, car sinon l'excuse, du moins la compensation, s'en est bien trouvée dans mes souffrances; mais vous, qu'avez-vous à craindre de tout cela, vous autres hommes, que tout le monde excuse et que le scandale ennoblit?

— Madame, répliqua Villefort, vous me connaissez ; je ne suis pas un hypocrite, ou du moins je ne fais pas de l'hypocrisie sans raison. Si mon front est sévère, c'est que bien des malheurs l'ont assombri ; si mon cœur s'est pétrifié, c'est afin de pouvoir supporter les chocs qu'il a reçus. Je n'étais pas ainsi dans ma jeunesse, je n'étais pas ainsi ce soir des fiançailles où nous étions tous assis autour d'une table de la rue du Cours à Marseille. Mais, depuis, tout a bien changé en moi et autour de moi; ma vie s'est usée à poursuivre des choses difficiles et à briser dans les difficultés ceux qui, volontairement ou involontairement, par leur libre arbitre ou par le hasard, se trouvaient placés sur mon chemin pour me susciter ces choses. Il est rare que ce qu'on désire ardemment ne soit pas défendu ardemment par ceux de qui on veut l'obtenir ou auxquels on tente de l'arracher. Ainsi, la plupart des mauvaises actions des hommes sont venues au-devant d'eux, déguisées sous la forme spécieuse de la nécessité; puis, la mauvaise action commise dans un moment d'exaltation, de crainte et de délire, on voit qu'on aurait pu passer auprès d'elle en l'évitant. Le moyen qu'il eût été bon d'employer, qu'on n'a pas vu, aveugle qu'on était, se présente à vos yeux facile et simple; vous vous dites : Comment n'ai-je pas fait ceci au lieu de faire cela? Vous, mesdames, au contraire, bien rarement vous êtes tourmentées par des remords, car bien rarement la décision vient de vous; vos malheurs vous sont presque toujours imposés, vos fautes sont presque toujours le crime des autres.

— En tout cas, monsieur, convenez-en, répondit madame Danglars, si j'ai commis une faute, cette faute fût-elle personnelle, j'en ai reçu hier soir la sévère punition.

— Pauvre femme ! dit Villefort en lui serrant la main; trop sévère pour votre force, car deux fois vous avez failli y succomber, et cependant...

— Eh bien?

— Eh bien ! je dois vous dire... rassemblez tout votre courage, madame, car vous n'êtes pas encore au bout.

— Mon Dieu! s'écria madame Danglars effrayée, qu'y a-t-il donc encore?

— Vous ne voyez que le passé, madame, et, certes, il est sombre. Eh bien! figurez-vous un avenir plus sombre encore, un avenir... affreux certainement... sanglant peut-être.

La baronne connaissait le calme de Villefort; elle fut si épouvantée de son exaltation, qu'elle ouvrit la bouche pour crier, mais que le cri mourut dans sa gorge.

— Comment est-il ressuscité, ce passé terrible? s'écria Villefort; comment, du fond de la tombe et du fond de nos cœurs où il dormait, est-il sorti comme un fantôme, pour faire pâlir nos joues et rougir nos fronts?

— Hélas! dit Hermine, sans doute le hasard?

— Le hasard! reprit Villefort; non, non, madame, il n'y a point de hasard!

— Mais si; n'est-ce point un hasard, fatal il est vrai, mais un hasard, qui a fait tout cela? n'est-ce point par hasard que le comte de Monte-Christo a acheté cette maison? n'est-ce point par hasard qu'il a fait creuser la terre? n'est-ce point par hasard, enfin, que ce malheureux enfant a été déterré sous les arbres? Pauvre innocente créature sortie de moi, à qui je n'ai jamais pu donner un baiser, mais à qui j'ai donné bien des larmes. Ah! tout mon cœur a volé au-devant du comte lorsqu'il a parlé de cette chère dépouille trouvée sous les fleurs.

— Eh bien! non, madame; et voilà ce que j'avais de terrible à vous dire, répondit Villefort d'une voix sourde : non, il n'y a pas eu de dépouille trouvée sous les fleurs; non, il n'y a pas eu d'enfant déterré; non, il ne faut pas pleurer; non, il ne faut pas gémir, il faut trembler.

— Que voulez-vous dire? s'écria madame Danglars toute frémissante.

— Je veux dire que M. de Monte-Christo, en creusant au pied de ces arbres, n'a pu trouver ni squelette d'enfant, ni ferrures de coffre, parce que, sous ces arbres, il n'y avait ni l'un ni l'autre.

— Il n'y avait ni l'un ni l'autre! reprit madame Danglars en fixant sur le procureur du roi des yeux dont la prunelle, effroyablement dilatée, indiquait la terreur; il n'y avait ni l'un ni l'autre! répéta-t-elle encore, comme une personne qui essaye de fixer, par le son des paroles et par le bruit de la voix, ses idées prêtes à lui échapper.

— Non! dit Villefort en laissant tomber son front dans ses mains; non, cent fois non!...

— Mais ce n'est donc point là que vous aviez déposé le pauvre enfant, monsieur? Pourquoi me tromper? dans quel but, voyons, dites!

— C'est là; mais écoutez-moi, écoutez-moi, madame, et vous allez me plaindre, moi qui ai porté vingt ans, sans en rejeter la moindre part sur vous, le fardeau de douleur que je vais vous dire.

— Mon Dieu! vous m'effrayez! mais n'importe, parlez, je vous écoute.

— Vous savez comment s'accomplit cette nuit douloureuse où vous étiez expirante sur votre lit, dans cette chambre de damas rouge, tandis que moi presque aussi haletant que vous, j'attendais votre délivrance. L'enfant vint, me fut remis sans mouvement, sans souffle, sans voix : nous le crûmes mort.

Madame Danglars fit un mouvement rapide, comme si elle eût voulu s'élancer de sa chaise.

Mais Villefort l'arrêta en joignant les mains, comme pour implorer son attention.

— Nous le crûmes mort, répéta-t-il; je le mis dans un coffre qui devait remplacer le cercueil, je descendis au jardin, je creusai une fosse et l'enfouis à la hâte.

J'achevais à peine de le couvrir de terre, que le bras du Corse s'étendit vers moi.

Je vis comme une ombre se dresser, comme un éclair reluire.

Je sentis une douleur, je voulus crier, un frisson glacé me parcourut tout le corps et m'étreignit à la gorge....

Je tombai mourant et me crus tué.

Je n'oublierai jamais votre sublime courage, quand, revenu à moi, je me traînai expirant jusqu'au bas de l'escalier, où, expirante vous-même, vous vîntes au-devant de moi.

Il fallait garder le silence sur la terrible catastrophe.

Vous eûtes le courage de regagner votre maison, soutenue par votre nourrice.

Un duel fut le prétexte de ma blessure.

Contre toute attente, le secret nous fut gardé à tous deux.

On me transporta à Versailles; pendant trois mois, je luttai contre la mort.

Enfin, comme je parus me rattacher à la vie, on m'ordonna le soleil et l'air du Midi.

Quatre hommes me portèrent de Paris à Châlon, en faisant six lieues par jour. Madame de Villefort suivait le brancard dans sa voiture.

A Châlon, on me mit sur la Saône, puis je passai sur le Rhône, et, par la seule vitesse du courant, je descendis jusqu'à Arles; puis d'Arles, je repris ma litière et continuai mon chemin pour Marseille.

Ma convalescence dura dix mois.

Je n'entendais plus parler de vous, je n'osai m'informer de ce que vous étiez devenue.

Quand je revins à Paris, j'appris que, veuve de M. de Nargonne, vous aviez épousé M. Danglars.

A quoi avais-je pensé depuis que la connaissance m'était revenue? Toujours à la même chose, toujours à ce cadavre d'enfant qui, chaque nuit, dans mes rêves, s'envolait du sein de la terre, et planait au-dessus de la fosse, en me menaçant du regard et du geste.

Aussi, à peine de retour à Paris, je m'informai ; la maison n'avait pas été habitée depuis que nous en étions sortis, mais elle venait d'être louée pour neuf ans.

J'allai trouver le locataire, je feignis d'avoir un grand désir de pas voir passer entre des mains étrangères cette maison qui appartenait au père et à la mère de ma femme, j'offris un dédommagement pour qu'on rompît le bail.

On me demanda six mille francs ; j'en eusse donné dix mille, j'en eusse donné vingt mille.

Je les avais sur moi, je fis, séance tenante, signer la résiliation ; puis, lorsque je tins cette cession tant désirée, je partis au galop pour Auteuil.

Personne, depuis que j'en étais sorti, n'était entré dans la maison.

Il était cinq heures de l'après-midi, je montai dans la chambre rouge et j'attendis la nuit.

Là, tout ce que je me disais depuis un an dans mon agonie continuelle se représenta bien plus menaçant que jamais à ma pensée.

Ce Corse qui m'avait déclaré la vendetta, qui m'avait suivi de Nîmes à Paris ; ce Corse, qui était caché dans le jardin, qui m'avait frappé, m'avait vu creuser la fosse, il m'avait vu enterrer l'enfant ; il pouvait en arriver à vous connaître ; peut-être vous connaissait-il.....

Ne vous ferait-il pas payer un jour le secret de cette terrible affaire ?....

Ne serait-ce pas pour lui une bien douce vengeance quand il apprendrait que je n'étais pas mort de son coup de poignard ?

Il était donc urgent qu'avant toute chose, et à tout hasard, je fisse disparaître les traces de ce passé, que j'en détruisisse tout vestige matériel ; il n'y aurait toujours que trop de réalité dans mon souvenir.

C'était pour cela que j'avais annulé le bail, c'était pour cela que j'étais venu, c'était pour cela que j'attendais.

La nuit arriva, je la laissai bien s'épaissir.

J'étais sans lumière dans cette chambre, où des souffles de vent faisaient trembler les portières derrière lesquelles je croyais toujours voir quelque espion embusqué.

De temps en temps je tressaillais, il me semblait derrière moi, dans ce lit, entendre vos plaintes, et je n'osais me retourner.

Mon cœur battait dans le silence, et je le sentais battre si violemment, que je croyais que ma blessure allait se rouvrir.

Enfin, j'entendis s'éteindre, l'un après l'autre, tous ces bruits divers de la campagne. Je compris que je n'avais plus rien à craindre, que je ne pouvais être ni vu ni entendu, et je me décidai à descendre.

Écoutez, Hermine, je me crois aussi brave qu'un autre homme ; mais, lorsque je retirai de ma poitrine cette petite clef de l'escalier, que nous chérissions tous deux, et que vous aviez voulu faire attacher à un anneau d'or, lorsque j'ouvris la porte, lorsque, à travers les fenêtres, je vis une lueur pâle jeter, sur les degrés en spirale, une longue bande de lumière blanche pareille à un spectre, je me retins au mur et je fus près de crier ; il me semblait que j'allais devenir fou.

Enfin je parvins à me rendre maître de moi-même.

Je descendis l'escalier marche à marche.

La seule chose que je n'avais pu vaincre, c'était un étrange tremblement dans les genoux.

Je me cramponnai à la rampe ; si je l'eusse lâchée un instant, je me fusse précipité.

J'arrivai à la porte d'en bas ; en dehors de cette porte, une bêche était posée contre le mur.

Je m'étais muni d'une lanterne sourde ; au milieu de la pelouse, je m'arrêtai pour l'allumer, puis je continuai mon chemin.

Novembre finissait, toute la verdure du jardin avait disparu, les arbres n'étaient plus que des squelettes aux longs bras décharnés, et les feuilles mortes criaient avec le sable sous mes pas.

L'effroi m'étreignait si fortement le cœur, qu'en approchant du massif je tirai un pistolet de ma poche et l'armai.

Je croyais toujours voir apparaître à travers les branches la figure du Corse.

J'éclairai le massif avec ma lanterne sourde ; il était vide.

Je jetai les yeux tout autour de moi, j'étais bien seul ; aucun bruit ne troublait le silence de la nuit, si ce n'est le chant d'une chouette qui jetait son cri aigu et lugubre comme un appel aux fantômes de la nuit.

J'attachai ma lanterne à une branche fourchue que j'avais déjà remarquée un an auparavant, à l'endroit même où je m'arrêtai pour creuser la fosse.

L'herbe avait, pendant l'été, poussé bien épaisse à cet endroit, et, l'automne venu, personne ne s'était trouvé là pour la faucher.

Cependant, une place moins garnie attira mon attention ; il était évident que c'était là que j'avais retourné la terre.

Je me mis à l'œuvre.

J'en étais donc arrivé à cette heure que j'attendais depuis plus d'un an !

Aussi, comme j'espérais, comme je travaillais, comme je sondais chaque touffe de gazon, croyant sentir de la résistance au bout de ma bêche ; rien ! et cependant je fis un trou deux fois plus grand que n'était le premier.

Je crus m'être abusé, m'être trompé de place ; je m'orientai, je regardai les arbres, je cherchai à reconnaître les détails qui m'avaient frappé.

Une bise froide et aiguë sifflait à travers les

— Mon enfant était vivant! vous avez enterré mon enfant vivant, monsieur! — PAGE 54

branches dépouillées, et cependant la sueur ruisselait sur mon front.

Je me rappelai que j'avais reçu le coup de poignard au moment où je piétinais la terre pour recouvrir cette fosse; en piétinant cette terre, je m'appuyais à un faux ébénier; derrière moi était un rocher artificiel destiné à servir de banc aux promeneurs; car, en tombant, ma main, qui venait de quitter l'ébénier, avait senti la fraîcheur de cette pierre.

A ma droite était le faux ébénier, derrière moi était le rocher.

Je tombai en me plaçant de même, je me releva et me mis à creuser et à élargir le trou : rien! toujours rien! le coffret n'y était pas.

— Le coffret n'y était pas! murmura madame Danglars, suffoquée par l'épouvante.

— Ne croyez pas que je me bornai à cette tentative, continua Villefort; non. Je fouillai tout le massif; je pensais que l'assassin ayant déterré le coffre, et croyant que c'était un trésor, avait voulu s'en emparer, l'avait emporté, puis, s'apercevant de son erreur, avait fait à son tour un trou et l'y avait déposé; rien. Puis il me vint cette idée qu'il n'avait point pris tant de précaution, et l'avait purement et simplement jeté dans quelque coin. Dans cette dernière hypothèse, il me fallait, pour faire mes recherches, attendre le jour. Je remontai dans la chambre et j'attendis.

— Oh ! mon Dieu !

— Le jour venu, je descendis de nouveau. Ma première visite fut pour le massif; j'espérais y retrouver des traces qui m'auraient échappé pendant l'obscurité. J'avais retourné la terre sur une superficie de plus de vingt pieds carrés et sur une profondeur de plus de deux pieds. Une journée eût à peine suffi à un homme salarié pour faire ce que j'avais fait, moi, en une heure. Rien, je ne vis absolument rien. Alors, je me mis à la recherche du coffre, selon la supposition que j'avais faite qu'il avait été jeté dans quelque coin. Ce devait être sur le chemin qui conduisait à la petite porte de sortie ; mais cette nouvelle investigation fut aussi inutile que la première, et, le cœur serré, je revins au massif, qui lui-même ne me laissait plus aucun espoir.

— Oh! s'écria madame Danglars, il y avait de quoi devenir fou !

— Je l'espérai un instant, dit Villefort, mais je n'eus pas ce bonheur; cependant, rappelant ma force et, par conséquent, mes idées : — Pourquoi cet homme aurait-il emporté ce cadavre? me demandai-je.

— Mais vous l'avez dit, reprit madame Danglars, pour avoir une preuve.

— Eh ! non, madame, ce ne pouvait plus être cela ; on ne garde pas un cadavre pendant un an, on le montre à un magistrat, et l'on fait sa déposition. Or, rien de tout cela n'était arrivé.

— Eh bien ! alors?.. demanda Hermine toute palpitante.

— Alors, il y a quelque chose de plus terrible, de plus fatal, de plus effrayant pour nous, il y a que l'enfant était vivant peut-être, et que l'assassin l'a sauvé.

Madame Danglars poussa un cri terrible, et saisissant les mains de Villefort :

— Mon enfant était vivant! dit-elle, vous avez enterré mon enfant vivant, monsieur ! Vous n'étiez pas sûr que mon enfant était mort, et vous l'avez enterré ! ah !...

Madame Danglars s'était redressée et elle se tenait devant le procureur du roi, dont elle serrait les poignets entre ses mains délicates, debout et presque menaçante.

— Que sais-je? Je vous dis cela comme je vous dirais autre chose, répondit Villefort avec une fixité de regard qui indiquait que cet homme si puissant était près d'atteindre les limites du désespoir et de la folie.

— Ah! mon enfant, mon pauvre enfant! s'écria la baronne, retombant sur sa chaise et étouffant ses sanglots dans son mouchoir.

Villefort revint à lui, et comprit que, pour détourner l'orage maternel qui s'amassait sur sa tête, il fallait faire passer chez madame Danglars la terreur qu'il éprouvait lui-même.

— Vous comprenez alors que, si cela est ainsi, dit-il en se levant à son tour et en s'approchant de la baronne pour lui parler d'une voix plus basse, nous sommes perdus ; cet enfant vit, et quelqu'un sait qu'il vit, quelqu'un a notre secret ; et, puisque Monte-Christo parle devant nous d'un enfant déterré, où cet enfant n'était plus, ce secret, c'est lui qui l'a.

— Dieu ! Dieu juste ! Dieu vengeur ! murmura madame Danglars.

Villefort ne répondit que par une espèce de rugissement.

— Mais cet enfant, cet enfant, monsieur? reprit la mère obstinée.

— Oh ! que je l'ai cherché ! reprit Villefort en se tordant les bras ; que de fois je l'ai appelé dans mes longues nuits sans sommeil! que de fois j'ai désiré une richesse royale pour acheter un million de secrets à un million d'hommes, et pour trouver mon secret dans les leurs. Enfin, un jour que, pour la centième fois, je reprenais la bêche, je me demandai pour la centième fois aussi ce que le Corse avait pu faire de l'enfant ; un enfant embarrasse un fugitif; peut-être, en s'apercevant qu'il était vivant encore, l'avait-il jeté dans la rivière.

— Oh ! impossible ! s'écria madame Danglars ; on assassine un homme par vengeance, on ne noie pas de sang-froid un enfant !

— Peut-être, continua Villefort, l'avait-il mis aux Enfants-Trouvés?

— Oh ! oui, oui ! s'écria la baronne, mon enfant est là, monsieur !

— Je courus à l'hospice, et j'appris que cette nuit même, la nuit du 20 septembre, un enfant avait été déposé dans le tour, il était enveloppé d'une moitié de serviette en toile fine, déchirée avec intention. Cette moitié de serviette portait une moitié de couronne de baron et la lettre H.

— C'est cela, c'est cela ! s'écria madame Danglars, tout mon linge était marqué ainsi ; M. de Nargonne était baron, et je m'appelle Hermine. Merci, mon Dieu, mon enfant n'était pas mort.

— Non, il n'était pas mort.

— Et vous me le dites ! vous me dites cela sans craindre de me faire mourir de joie, monsieur? Où est-il? où est mon enfant?

Villefort haussa les épaules.

— Le sais-je? dit-il; et croyez-vous que, si je le savais, je vous ferais passer par toutes ces gradations, comme le ferait un dramaturge ou un romancier? Non! hélas! non! je ne le sais pas. Une femme, il avait six mois environ, était venue réclamer l'enfant avec l'autre moitié de la serviette. Cette femme avait fourni toutes les garanties que la loi exige, et on le lui avait remis.

— Mais il fallait vous informer de cette femme, il fallait la découvrir!

— Et de quoi pensez-vous donc que je me sois occupé, madame? J'ai feint une instruction criminelle, et tout ce que la police a de fins limiers, d'adroits agents, je les ai mis à sa recherche. On a retrouvé ses traces jusqu'à Châlon; à Châlon, on les a perdues.

— Perdues?

— Oui, perdues; perdues à jamais!

Madame Danglars avait écouté ce récit avec un soupir, une larme, un cri pour chaque circonstance.

— Et c'est tout? dit-elle, et vous vous êtes borné là?

— Oh! non, dit Villefort, je n'ai jamais cessé de chercher, de m'enquérir, de m'informer. Cependant, depuis deux ou trois ans, je m'étais donné quelque relâche. Mais, aujourd'hui, je vais recommencer avec plus de persévérance et d'acharnement que jamais; et je réussirai, voyez-vous; car ce n'est plus la conscience qui me pousse, c'est la peur.

— Mais, reprit madame Danglars, le comte de Monte-Christo ne sait rien; sans quoi, il me semble, il ne nous rechercherait point comme il le fait.

— Oh! la méchanceté des hommes est bien profonde, dit Villefort, puisqu'elle est plus profonde que la bonté de Dieu. Avez-vous remarqué les yeux de cet homme tandis qu'il nous parlait?

— Non.

— Mais l'avez-vous examiné profondément parfois?

— Sans doute. Il est bizarre, mais voilà tout. Une chose qui m'a frappée seulement, c'est que, de tout ce repas exquis qu'il nous a donné, il n'a rien touché, c'est que, d'aucun plat, il n'a voulu prendre sa part.

— Oui! oui! dit Villefort, j'ai remarqué cela aussi. Si j'avais su ce que je sais maintenant, moi non plus je n'eusse touché à rien; j'aurais cru qu'il voulait nous empoisonner.

— Et vous vous seriez trompé, vous le voyez bien.

— Oui, sans doute; mais, croyez-moi, cet homme a d'autres projets. Voilà pourquoi j'ai voulu vous voir, voilà pourquoi j'ai demandé à vous parler, voilà pourquoi j'ai voulu vous prémunir contre tout le monde, mais contre lui surtout. Dites-moi, continua Villefort en fixant plus profondément encore qu'il ne l'avait fait jusque-là ses yeux sur la baronne, vous n'avez parlé de notre liaison à personne.

— Jamais, à personne.

— Vous me comprenez, reprit affectueusement Villefort, quand je dis à personne, pardonnez-moi cette insistance, à personne au monde, n'est-ce pas?

— Oh! oui, oui, je comprends très-bien, dit la baronne en rougissant; jamais, je vous le jure.

— Vous n'avez point l'habitude d'écrire le soir ce qui s'est passé dans la matinée? Vous ne faites pas de journal?

— Non, hélas! ma vie passe emportée par la frivolité; moi-même je l'oublie.

— Vous ne rêvez pas haut, que vous sachiez?

— J'ai un sommeil d'enfant : ne vous le rappelez-vous pas?

Le pourpre monta au visage de la baronne, et la pâleur envahit celui de Villefort.

— C'est vrai, dit-il si bas, qu'on l'entendit à peine.

— Eh bien? demanda la baronne.

— Eh bien! je comprends ce qu'il me reste à faire, reprit Villefort. Avant huit jours d'ici, je saurai ce que c'est que M. de Monte-Christo, d'où il vient, où il va et pourquoi il parle devant nous des enfants qu'on déterre dans son jardin.

Villefort prononça ces mots avec un accent qui eût fait frissonner le comte s'il eût pu les entendre.

Puis il serra la main que la baronne répugnait à lui donner, et la conduisit avec respect jusqu'à la porte.

Madame Danglars reprit un autre fiacre, qui la ramena au passage, de l'autre côté duquel elle retrouva sa voiture et son cocher, qui, en l'attendant, dormait paisiblement sur son siége.

Avenue des Champs-Élysées.

CHAPITRE IX.

UN BAL D'ÉTÉ.

e même jour, vers l'heure où madame Danglars faisait la séance que nous avons dite dans le cabinet de M. le procureur du roi, une calèche de voyage, entrant dans la rue du Helder, franchissait la porte du nº 27. et s'arrêtait dans la cour.

Au bout d'un instant, la portière s'ouvrait, et madame de Morcerf en descendait appuyée au bras de son fils.

A peine Albert eut-il reconduit sa mère chez elle, que, commandant un bain et ses chevaux, après s'être mis aux mains de son valet de chambre, il se fit conduire aux Champs-Élysées, chez le comte de Monte-Christo.

Le comte le reçut avec son sourire habituel.

Le Tréport.

C'était une étrange chose : jamais on ne paraissait faire un pas en avant dans le cœur ou dans l'esprit de cet homme.

Ceux qui voulaient, si l'on peut dire cela, forcer le passage de son intimité, trouvaient un mur.

Morcerf, qui accourait à lui les bras ouverts, laissa, en le voyant et malgré son sourire amical, tomber ses bras et osa tout au plus lui tendre la main.

De son côté, Monte-Christo la lui toucha, comme il faisait toujours, mais sans la lui serrer.

— Eh bien! me voilà, dit-il, cher comte.

— Soyez le bienvenu.

— Je suis arrivé depuis une heure.

— De Dieppe?

— Du Tréport.

— Ah! c'est vrai.

— Et ma première visite est pour vous.

— C'est charmant de votre part, dit Monte-Christo, comme il eût dit toute autre chose.

— Eh bien! voyons, quelles nouvelles?

— Des nouvelles! vous demandez cela à moi, à un étranger!

— Je m'entends : quand je demande quelles

nouvelles, je demande si vous avez fait quelque chose pour moi?

— M'aviez-vous donc chargé de quelque commission? dit Monte-Christo en jouant l'inquiétude.

— Allons! allons! dit Albert, ne simulez pas l'indifférence. On dit qu'il y a des avertissements sympathiques qui traversent la distance : eh bien! au Tréport, j'ai reçu mon coup électrique; vous avez, sinon travaillé pour moi, du moins pensé à moi.

— Cela est possible, dit Monte-Christo. J'ai en effet pensé à vous; mais le courant magnétique dont j'étais le conducteur agissait, je l'avoue, indépendamment de ma volonté.

— Vraiment! Contez-moi cela, je vous prie.

— C'est facile. M. Danglars a dîné chez moi.

— Je le sais bien, puisque c'est pour fuir sa présence que nous sommes partis, ma mère et moi.

— Mais il y a dîné avec M. Andrea Cavalcanti.

— Votre prince italien?

— N'exagérons pas. M. Andrea se donne seulement le titre de vicomte.

— Se donne, dites-vous?

— Je dis : se donne.

— Il ne l'est donc pas?

— Eh! le sais-je, moi? Il se le donne, je le lui donne, on le lui donne; n'est-ce pas comme s'il l'avait?

— Homme étrange que vous faites, allez! Eh bien?

— Eh bien! quoi?

— M. Danglars a donc dîné ici?

— Oui.

— Avec votre vicomte Andrea Cavalcanti?

— Avec le vicomte Andrea Cavalcanti, le marquis son père, madame Danglars, M. et madame de Villefort, des gens charmants, M. Debray, Maximilien Morrel, et puis encore..... attendez donc..... ah! M. de Château-Renaud.

— On a parlé de moi?

— On n'en a pas dit un mot.

— Tant pis.

— Pourquoi cela? Il me semble que, si l'on vous a oublié, on n'a fait, en agissant ainsi, que ce que vous désiriez?

— Mon cher comte, si l'on n'a point parlé de moi, c'est qu'on y pensait beaucoup, et alors je suis désespéré.

— Que vous importe, puisque mademoiselle Danglars n'était point au nombre de ceux qui y pensaient ici? Ah! il est vrai qu'elle pouvait y penser chez elle.

— Oh! quant à cela, non, j'en suis sûr, ou, si elle y pensait, c'est certainement de la même façon que je pense à elle.

— Touchante sympathie! dit le comte. Alors vous vous détestez?

— Écoutez, dit Morcerf : si mademoiselle Danglars était femme à prendre en pitié le martyre que je ne souffre pas pour elle et à m'en récompenser en dehors des conventions matrimoniales arrêtées entre nos deux familles, cela m'irait à merveille. Bref, je crois que mademoiselle Danglars serait une maîtresse charmante; mais comme femme, diable...

— Ainsi, dit Monte-Christo en riant, voilà votre façon de penser sur votre future?

— Oh! mon Dieu oui, un peu brutale, c'est vrai, mais exacte du moins. Or, puisqu'on ne peut faire de ce rêve une réalité, comme pour arriver à un certain but il faut que mademoiselle Danglars devienne ma femme, c'est-à-dire qu'elle vive avec moi, qu'elle pense près de moi, qu'elle chante près de moi, qu'elle fasse des vers et de la musique à dix pas de moi, et cela pendant tout le temps de ma vie; alors je m'épouvante. Une maîtresse, mon cher comte, cela se quitte, mais une femme, peste! c'est autre chose, cela se garde éternellement, de près ou de loin, c'est-à-dire. Or, c'est effrayant de garder toujours mademoiselle Danglars, fût-ce même de loin.

— Vous êtes difficile, vicomte.

— Oui, car souvent je pense à une chose impossible.

— A laquelle?

— A trouver pour moi une femme comme mon père en a trouvé une pour lui.

Monte-Christo pâlit et regarda Albert en jouant avec des pistolets magnifiques dont il faisait rapidement crier les ressorts.

— Ainsi, votre père a été bien heureux? dit-il.

— Vous savez mon opinion sur ma mère, monsieur le comte : un ange du ciel; voyez-la encore belle, spirituelle toujours, meilleure que jamais. J'arrive du Tréport; pour tout autre fils, eh! mon Dieu! accompagner sa mère serait une complaisance ou une corvée; mais moi, j'ai passé quatre jours en tête à tête avec elle, plus satisfait, plus reposé, plus poétique, vous le dirai-je? que si j'eusse emmené au Tréport la reine Mab ou Titania.

— C'est une perfection désespérante, et vous donnez à tous ceux qui vous entendent de graves envies de rester célibataires.

— Voilà justement, reprit Morcerf, pourquoi, sachant qu'il existe au monde une femme accomplie, je ne me soucie pas d'épouser mademoiselle Danglars. Avez-vous quelquefois remarqué comme notre égoïsme revêt de couleurs brillantes tout ce qui nous appartient? Le diamant qui chatoyait à la vitre de Marlé ou de Fossin devient bien plus beau depuis qu'il est notre diamant; mais, si l'évidence vous force à reconnaître qu'il en est d'une eau plus pure, et que vous soyez condamné à porter éternellement ce diamant inférieur à un autre, comprenez-vous la souffrance?

— Mondain! murmura le comte.

— Voilà pourquoi je sauterai de joie le jour où mademoiselle Eugénie s'apercevra que je ne suis qu'un chétif atome, et que j'ai à peine autant de cent mille francs qu'elle a de millions.

Monte-Christo sourit.

— J'avais bien pensé à autre chose, continua Albert; Franz aime les choses excentriques, j'ai voulu le rendre, malgré lui, amoureux de mademoiselle Danglars; mais, à quatre lettres que je lui ai écrites dans le plus affriandant des styles, Franz m'a imperturbablement répondu :

« Je suis excentrique, c'est vrai, mais mon excentricité ne va pas jusqu'à reprendre ma parole quand je l'ai donnée. »

— Voilà ce que j'appelle le dévouement de l'amitié . donner à un autre la femme dont on ne voudrait soi-même qu'à titre de maîtresse.

Albert sourit.

— A propos, continua-t-il, il arrive, ce cher Franz; mais, peu vous importe, vous ne l'aimez pas, je crois?

— Moi! dit Monte-Christo; eh! mon cher vicomte, où donc avez-vous vu que je n'aimais pas M. Franz? J'aime tout le monde.

— Et je suis compris dans tout le monde... merci...

— Oh! ne confondons pas, dit Monte-Christo : j'aime tout le monde à la manière dont Dieu nous ordonne d'aimer notre prochain, chrétiennement; mais je ne hais bien que de certaines personnes. Revenons à M. Franz d'Épinay. Vous dites donc qu'il arrive?

— Oui, mandé par M de Villefort, aussi enragé, à ce qu'il paraît, de marier mademoiselle Valentine que M. Danglars est enragé de marier mademoiselle Eugénie. Décidément, il paraît que c'est un état des plus fatigants que celui de père de grandes filles; il me semble que cela leur donne la fièvre, et que leur pouls bat quatre-vingt-dix fois à la minute jusqu'à ce qu'ils en soient débarrassés.

— Mais M. d'Épinay ne vous ressemble pas, lui; il prend son mal en patience.

— Mieux que cela, il le prend au sérieux; il met des cravates blanches et parle déjà de sa famille. Il a au reste pour les Villefort une grande considération.

— Méritée, n'est-ce pas?

— Je le crois. M de Villefort a toujours passé pour un homme sévère, mais juste.

— A la bonne heure, dit Monte-Christo, en voilà un au moins que vous ne traitez pas comme ce pauvre M. Danglars.

— Cela tient peut-être à ce que je ne suis pas forcé d'épouser sa fille, répondit Albert en riant.

— En vérité, mon cher monsieur, dit Monte-Christo, vous êtes d'une fatuité révoltante.

— Moi!

— Oui, vous. Prenez donc un cigare.

— Bien volontiers. Et pourquoi suis-je fat?

— Mais parce que vous êtes là à vous défendre, à vous débattre d'épouser mademoiselle Danglars. Eh! mon Dieu! laissez aller les choses, et ce n'est peut-être pas vous qui retirerez votre parole le premier.

— Bah! fit Albert avec de grands yeux.

— Eh! sans doute, monsieur le vicomte, on ne vous mettra pas de force le cou dans les portes, que diable! Voyons, sérieusement, reprit Monte-Christo en changeant d'intonation, avez-vous envie de rompre?

— Je donnerais cent mille francs pour cela.

— Eh bien! soyez heureux : M. Danglars est prêt à en donner le double pour atteindre au même but.

— Est-ce bien vrai, ce bonheur-là? dit Albert, qui, cependant, en disant cela, ne put empêcher qu'un imperceptible nuage passât sur son front. Mais, mon cher comte, M. Danglars a donc des raisons?

— Ah! te voilà bien, nature orgueilleuse et égoïste! A la bonne heure, je retrouve l'homme qui veut trouer l'amour-propre d'autrui à coups de hache, et qui crie quand on troue le sien avec une aiguille.

— Non! mais c'est qu'il me semble que M. Danglars...

— Devait être enchanté de vous, n'est-ce pas? Eh bien! M. Danglars est un homme de mauvais goût, c'est convenu, et il est encore plus enchanté d'un autre...

— De qui donc?

— Je ne sais pas, moi; étudiez, regardez, saisissez les allusions à leur passage, et faites-en votre profit.

— Bon, je comprends; écoutez, ma mère... non! pas ma mère, je me trompe, mon père a eu l'idée de donner un bal.

— Un bal dans ce moment-ci de l'année?

— Les bals d'été sont à la mode.

— Ils n'y seraient pas, que la comtesse n'aurait qu'à vouloir, elle les y mettrait.

— Pas mal; vous comprenez, ce sont des bals pur sang; ceux qui restent à Paris dans le mois de juillet sont de vrais Parisiens. Voulez-vous vous charger d'une invitation pour MM. Cavalcanti.

— Dans combien de jours a lieu votre bal?

— Samedi.

— M. Cavalcanti père sera parti.

— Mais M. Cavalcanti fils demeure. Voulez-vous vous charger d'amener M. Cavalcanti fils?

— Écoutez, vicomte, je ne le connais pas.

— Vous ne le connaissez pas?

— Non, je l'ai vu pour la première fois il y a trois ou quatre jours, et je n'en réponds en rien.

— Mais vous le recevez bien, vous.

— Moi, c'est autre chose ; il m'a été recommandé par un brave abbé qui peut lui-même avoir été trompé. Invitez-le directement, à merveille, mais ne me dites pas de vous le présenter; s'il allait plus tard épouser mademoiselle Danglars, vous m'accuseriez de manége, et vous voudriez vous couper la gorge avec moi; d'ailleurs, je ne sais pas si j'irai moi-même.

— Où?

— A votre bal.

— Pourquoi n'y viendriez-vous point?

— D'abord parce que vous ne m'avez pas encore invité.

— Je viens exprès pour vous apporter votre invitation moi-même.

— Oh ! c'est trop charmant; mais je puis en être empêché.

— Quand je vous aurai dit une chose, vous serez assez aimable pour nous sacrifier tous les empêchements.

— Dites.

— Ma mère vous en prie.

— Madame la comtesse de Morcerf? reprit Monte-Christo en tressaillant.

— Ah ! comte, dit Albert, je vous préviens que madame de Morcerf cause librement avec moi; et, si vous n'avez pas senti craquer en vous ces fibres sympathiques dont je vous parlais tout à l'heure, c'est que ces fibres-là vous manquent complétement, car, pendant quatre jours nous n'avons parlé que de vous.

— De moi? en vérité, vous me comblez!

— Écoutez, c'est le privilége de votre emploi, quand on est un problème vivant.

— Ah! je suis donc aussi un problème pour votre mère? En vérité, je l'aurais cru trop raisonnable pour se livrer à de pareils écarts d'imagination !

—Problème, mon cher comte, problème pour tous, pour ma mère, comme pour les autres, problème accepté, mais non deviné ; vous demeurez toujours à l'état d'énigme, rassurez-vous. Ma mère seulement demande toujours comment il se fait que vous soyez si jeune. Je crois qu'au fond, tandis que la comtesse G..... vous prend pour lord Ruthwen, ma mère vous prend pour Cagliostro ou le comte de Saint-Germain. La première fois que vous viendrez voir madame de Morcerf, confirmez-la dans cette opinion. Cela ne vous sera pas difficile, vous avez la pierre philosophale de l'un et l'esprit de l'autre.

— Je vous remercie de m'avoir prévenu, dit le comte en souriant, je tâcherai de me mettre en mesure de faire face à toutes les suppositions.

— Ainsi vous viendrez samedi?

— Puisque madame de Morcerf m'en prie.

— Vous êtes charmant.

— Et M. Danglars?

— Oh ! il a déjà reçu la triple invitation ; mon père s'en est chargé. Nous tâcherons aussi d'avoir le grand d'Aguesseau, M. de Villefort; mais on en désespère.

— Il ne faut jamais désespérer de rien, dit le proverbe.

— Dansez-vous, cher comte?

— Moi?

— Oui, vous. Qu'y aurait-il d'étonnant à ce que vous dansassiez?

— Ah ! en effet, tant qu'on n'a pas franchi la quarantaine... Non, je ne danse pas, mais j'aime à voir danser les autres. Et madame de Morcerf danse-t-elle?

— Jamais non plus; vous causerez, elle a tant envie de causer avec vous!

— Vraiment?

— Parole d'honneur! Et je vous déclare que vous êtes le premier homme pour lequel ma mère ait manifesté cette curiosité.

Albert prit son chapeau et se leva; le comte le reconduisit jusqu'à la porte.

— Je me fais un reproche, dit-il en l'arrêtant au haut du perron.

— Lequel?

— J'ai été indiscret, je ne devais pas vous parler de M. Danglars.

— Au contraire, parlez m'en encore, parlez-m'en souvent, parlez-m'en toujours; mais de la même façon.

— Bien! vous me rassurez. A propos, quand arrive M. d'Épinay?

— Mais dans cinq ou six jours au plus tard.

— Et quand se marie-t-il?

— Aussitôt l'arrivée de M. et de madame de Saint-Méran.

— Amenez-le-moi donc quand il sera à Paris. Quoique vous prétendiez que je ne l'aime pas, je vous déclare que je serai heureux de le voir.

— Bien, vos ordres seront exécutés, seigneur.

— Au revoir.

— A samedi, en tout cas, bien sûr, n'est-ce pas?

— Comment donc, c'est parole donnée.

Le comte suivit des yeux Albert en le saluant de la main. Puis, quand il fut remonté dans son phaéton, il se retourna, et trouvant Bertuccio derrière lui :

— Eh bien? demanda-t-il.

— Elle est allée au Palais, répondit l'intendant.

— Elle y est restée longtemps?

— Une heure et demie.

— Et elle est rentrée chez elle?

— Directement.

— Eh bien ! mon cher monsieur Bertuccio, dit le comte, si j'ai maintenant un conseil à vous don-

Le Palais de Justice.

nor, c'est d'aller voir en Normandie si vous ne trouverez pas cette petite terre dont je vous ai parlé.

Bertuccio salua, et, comme ses désirs étaient en parfaite harmonie avec l'ordre qu'il avait reçu, il partit le soir même.

CHAPITRE X.

LES INFORMATIONS.

Monsieur de Villefort tint parole à madame Danglars, et surtout à lui-même, en cherchant à savoir de quelle façon M. le comte de Monte-Christo avait pu apprendre l'histoire de la maison d'Auteuil.

Il écrivit le même jour à un certain M. de Boville, qui, après avoir été autrefois inspecteur des prisons, avait été attaché dans un grade supérieur à la police de sûreté, pour avoir les renseignements qu'il désirait, et celui-ci demanda deux jours pour savoir au juste près de qui l'on pourrait se renseigner.

Les deux jours expirés, M. de Villefort reçut la note suivante :

« La personne que l'on appelle M. le comte de Monte-Christo est connue particulièrement de lord Wilmore, riche étranger, que l'on voit quelquefois à Paris et qui s'y trouve en ce moment; il est connu également de l'abbé Busoni, prêtre sicilien d'une grande réputation en Orient, où il a fait beaucoup de bonnes œuvres. »

M. de Villefort répondit par un ordre de prendre sur ces deux étrangers les informations les plus promptes et les plus précises; le lendemain soir, ses ordres étaient exécutés, et voici les renseignements qu'il recevait :

L'abbé, qui n'était que pour un mois à Paris, habitait, derrière Saint-Sulpice, une petite maison composée d'un seul étage au-dessus d'un rez-de-chaussée; quatre pièces, deux pièces en haut et deux pièces en bas, formaient tout le logement, dont il était l'unique locataire.

Les deux pièces d'en bas se composaient d'une salle à manger avec table, chaises et buffet en noyer, et d'un salon boisé peint en blanc, sans ornement, sans tapis et sans pendule. On voyait que pour lui-même l'abbé se bornait aux objets de stricte nécessité.

Il est vrai que l'abbé habitait de préférence le salon du premier.

Ce salon, tout meublé de livres de théologie et de parchemins, au milieu desquels on le voyait s'ensevelir, disait son valet de chambre, pendant des mois entiers, était en réalité moins un salon qu'une bibliothèque.

Ce valet regardait les visiteurs au travers d'une sorte de guichet, et, lorsque leur figure lui était inconnue ou ne plaisait pas, il répondait que M. l'abbé n'était point à Paris, ce dont beaucoup se contentaient, sachant que l'abbé voyageait souvent et restait quelquefois fort longtemps en voyage.

Au reste, qu'il fût au logis ou qu'il n'y fût pas, qu'il se trouvât à Paris ou au Caire, l'abbé donnait toujours, et le guichet servait de tour aux aumônes que le valet distribuait incessamment au nom de son maître.

L'autre chambre, située près de la bibliothèque, était une chambre à coucher.

Un lit sans rideaux, quatre fauteuils et un canapé de velours d'Utrecht jaune, formaient avec un prie-Dieu tout son ameublement.

Quant à lord Wilmore, il demeurait rue Fontaine-Saint-George.

C'était un de ces Anglais touristes qui mangent toute leur fortune en voyage.

Il louait en garni l'appartement qu'il habitait, dans lequel il venait passer seulement deux ou trois heures par jour, et où il ne couchait que rarement.

Une de ses manies était de ne vouloir pas absolument parler la langue française, qu'il écrivait cependant, assurait-on, avec une assez grande pureté.

Le lendemain du jour où ces précieux renseignements étaient parvenus à M. le procureur du roi, un homme, qui descendait de voiture au coin de la rue Férou, vint frapper à une porte peinte en vert olive, et demanda l'abbé Busoni.

— M. l'abbé est sorti dès le matin, répondit le valet.

— Je pourrais ne pas me contenter de cette réponse, dit le visiteur, car je viens de la part d'une personne pour laquelle on est toujours chez soi. Mais veuillez remettre à l'abbé Busoni...

— Je vous ai déjà dit qu'il n'y était pas, répéta le valet.

— Alors, quand il sera rentré, remettez-lui cette

carte et ce papier cacheté. Ce soir, à huit heures, M. l'abbé sera-t-il chez lui?

— Oh! sans faute, monsieur, à moins que M. l'abbé ne travaille, et alors c'est comme s'il était sorti.

— Je reviendrai donc ce soir à l'heure convenue, reprit le visiteur.

Et il se retira.

En effet, à l'heure indiquée, le même homme revint dans la même voiture, qui, cette fois, au lieu de s'arrêter au coin de la rue Férou, s'arrêta devant la porte verte.

Il frappa, on lui ouvrit, et il entra.

Aux signes de respect dont le valet fut prodigue envers lui, il comprit que sa lettre avait fait l'effet désiré.

— M. l'abbé est chez lui? demanda-t-il.

— Oui, il travaille dans sa bibliothèque, mais il attend monsieur, répondit le serviteur.

L'étranger monta un escalier assez rude, et, devant une table dont la superficie était inondée de la lumière que concentrait un vaste abat-jour, tandis que le reste de l'appartement était dans l'ombre, il aperçut l'abbé en habit ecclésiastique, la tête couverte de ces coqueluchons sous lesquels s'ensevelissait le crâne des savants en *us* du moyen âge.

— C'est à monsieur Busoni que j'ai l'honneur de parler? demanda le visiteur.

— Oui, monsieur, répondit l'abbé, et vous êtes la personne que M. de Boville, ancien intendant des prisons, m'envoie de la part de M. le préfet de police?

— Justement, monsieur.

— Un des agents préposés à la sûreté de Paris?

— Oui, monsieur, répondit l'étranger avec une espèce d'hésitation et surtout un peu de rougeur.

L'abbé rajusta les grandes lunettes qui lui couvraient non-seulement les yeux, mais encore les tempes, et, se rasseyant, fit signe au visiteur de s'asseoir à son tour.

— Je vous écoute, monsieur, dit l'abbé avec un accent italien des plus prononcés

— La mission dont je me suis chargé, monsieur, répondit le visiteur en pesant sur chacune de ses paroles comme si elles avaient peine à sortir, est une mission de confiance pour celui qui la remplit et pour celui près duquel on la remplit.

L'abbé s'inclina.

— Oui, reprit l'étranger, votre probité, monsieur l'abbé, est si connue de M. le préfet de police, qu'il veut savoir de vous, comme magistrat, une chose qui intéresse cette sûreté publique au nom de laquelle je vous suis député. Nous espérons donc, monsieur l'abbé, qu'il n'y aura ni liens d'amitié ni considération humaine qui puissent vous engager à déguiser la vérité à la justice.

— Pourvu, monsieur, que les choses qu'il vous importe de savoir ne touchent en rien aux scrupules de ma conscience. Je suis prêtre, monsieur, et les secrets de la confession, par exemple, doivent rester entre moi et la justice de Dieu, et non entre moi et la justice humaine.

— Oh! soyez tranquille, monsieur l'abbé, dit l'étranger, dans tous les cas nous mettrons votre conscience à couvert.

A ces mots, l'abbé, en pesant de son côté sur l'abat-jour, leva ce même abat-jour du côté opposé, de sorte que, tout en éclairant en plein le visage de l'étranger, le sien restait toujours dans l'ombre.

— Pardon, monsieur l'abbé, dit l'envoyé de M. le préfet de police, mais cette lumière me fatigue horriblement la vue.

L'abbé baissa le carton vert.

— Maintenant, monsieur, je vous écoute, parlez.

— J'arrive au fait. Vous connaissez M. le comte de Monte-Christo?

— Vous voulez parler de M. Zaccone, je présume?

— Zaccone!... Ne s'appelle-t-il donc pas Monte-Christo?

— Monte-Christo est un nom de terre, ou plutôt un nom de rocher, et non pas un nom de famille.

— Eh bien! soit; ne discutons pas sur les mots, et puisque M. de Monte-Christo et M. Zaccone c'est le même homme.....

— Absolument le même.

— Parlons de M. Zaccone.

— Soit.

— Je vous demandais si vous le connaissiez.

— Beaucoup.

— Qu'est-il?

— C'est le fils d'un riche armateur de Malte.

— Oui, je le sais bien, c'est ce qu'on dit; mais, comme vous le comprenez, la police ne peut pas se contenter d'un *on dit*.

— Cependant, reprit l'abbé avec un sourire tout affable, quand cet *on dit* est la vérité, il faut bien que tout le monde s'en contente, et que la police fasse comme tout le monde.

— Mais vous êtes sûr de ce que vous dites?

— Comment! si j'en suis sûr?

— Remarquez, monsieur, que je ne suspecte en aucune façon votre bonne foi. Je vous dis : Êtes-vous sûr?

— Écoutez, j'ai connu M. Zaccone le père.

— Ah! ah!

— Oui, et tout enfant j'ai joué dix fois avec son fils dans les chantiers de construction.

— Mais cependant ce titre de comte?

— Vous savez, cela s'achète.

— En Italie?

— Partout.

— Mais ses richesses qui sont immenses, à ce qu'on dit toujours.....

— Je vous écoute, monsieur, dit l'abbé avec un accent italien des plus prononcés. — Page 63.

— Oh ! quant à cela, répondit l'abbé, immenses, c'est le mot.

— Combien croyez-vous qu'il possède, vous qui le connaissez ?

— Oh ! il a bien cent cinquante à deux cent mille livres de rente.

— Ah ! voilà qui est raisonnable, dit le visiteur, mais on parle de trois, de quatre millions !

— Deux cent mille livres de rente, monsieur, font juste quatre millions de capital.

— Mais on parlait de trois ou quatre millions de rente !

— Oh ! cela n'est pas croyable.

— Et vous connaissez son île de Monte-Christo ?

— Certainement ; tout homme qui est venu de Palerme, de Naples ou de Rome en France, par mer, la connaît, puisqu'il est passé à côté d'elle et l'a vue en passant.

— C'est un séjour enchanteur, à ce qu'on assure.

— C'est un rocher.

— Et pourquoi donc le comte a-t-il acheté un rocher ?

— Justement pour être comte. En Italie, pour être comte on a encore besoin d'un comté.

Saint-Sulpice.

— Vous avez sans doute entendu parler des aventures de jeunesse de M. Zaccone.

— Le père?

— Non, le fils.

— Ah! voici où commencent mes incertitudes, car voici où j'ai perdu mon jeune camarade de vue.

— Il a fait la guerre?

— Je crois qu'il a servi.

— Dans quelle arme?

— Dans la marine.

— Voyons, vous n'êtes pas son confesseur?

— Non, monsieur; je le crois luthérien.

— Comment, luthérien?

— Je dis que je crois; je n'affirme pas. D'ailleurs, je croyais la liberté des cultes établie en France.

— Sans doute; aussi n'est-ce point de ses croyances que nous nous occupons en ce moment, c'est de ses actions; au nom de M. le préfet de police, je vous somme de dire ce que vous savez.

— Il passe pour un homme fort charitable. Notre saint-père le pape l'a fait chevalier du Christ, faveur qu'il n'accorde guère qu'aux princes, pour les services éminents qu'il a rendus aux chrétiens d'Orient ; il a cinq ou six grands cordons conquis par des services rendus ainsi aux princes ou aux États.

— Et il les porte?

— Non, mais il en est fier ; il dit qu'il aime mieux les récompenses accordées aux bienfaiteurs de l'humanité que celles accordées aux destructeurs des hommes.

— C'est donc un quaker que cet homme-là?

— Justement, c'est un quaker, moins le grand chapeau et l'habit marron, bien entendu.

— Lui connaît-on des amis?

— Oui, car il a pour amis tous ceux qui le connaissent.

— Mais, enfin, il a bien quelque ennemi?

— Un seul?

— Comment le nommez-vous?

— Lord Wilmore.

— Où est-il?

— A Paris dans ce moment même.

— Et il peut me donner des renseignements?

— Précieux. Il était dans l'Inde en même temps que Zaccone.

— Savez-vous où il demeure?

— Quelque part dans la Chaussée-d'Antin ; mais j'ignore la rue et le numéro.

— Vous êtes mal avec cet Anglais?

— J'aime Zaccone et lui le déteste, nous sommes en froid à cause de cela.

— Monsieur l'abbé, pensez-vous que le comte de Monte-Christo soit jamais venu en France avant le voyage qu'il vient de faire à Paris?

— Ah ! pour cela je puis vous répondre pertinemment. Non, monsieur, il n'y est jamais venu, puisqu'il s'est adressé à moi, il y a six mois, pour avoir les renseignements qu'il désirait. De mon côté, comme j'ignorais à quelle époque je serais moi-même de retour à Paris, je lui ai adressé M. Cavalcanti.

— Andrea?

— Non, Bartolomeo, le père.

— Très-bien, monsieur ; je n'ai plus à vous demander qu'une chose, et je vous somme, au nom de l'honneur, de l'humanité et de la religion de me répondre sans détour.

— Dites, monsieur.

— Savez-vous dans quel but M. le comte de Monte-Christo a acheté une maison à Auteuil?

— Certainement, car il me l'a dit.

— Dans quel but, monsieur?

— Dans celui d'en faire un hospice d'aliénés dans le genre de celui fondé par le baron de Pisani, à Palerme. Connaissez-vous cet hospice?

— De réputation, oui, monsieur.

— C'est une institution magnifique.

Et, là-dessus, l'abbé salua l'étranger en homme qui désire faire comprendre qu'il ne serait pas fâché de se remettre au travail interrompu

Le visiteur, soit qu'il comprît le désir de l'abbé, soit qu'il fût au bout de ses questions, se leva à son tour.

L'abbé le conduisit jusqu'à la porte.

— Vous faites de riches aumônes, dit le visiteur, et, quoiqu'on vous dise riche, j'oserai vous offrir quelque chose pour vos pauvres ; de votre côté, daignerez-vous accepter mon offrande?

— Merci, monsieur ; il n'y a qu'une seule chose dont je sois jaloux au monde, c'est que le bien que je fais vienne de moi.

— Mais, cependant...

— C'est une résolution invariable. Mais cherchez, monsieur, et vous trouverez. Hélas ! sur le chemin de chaque homme riche, il y a bien des misères à coudoyer !

L'abbé salua une dernière fois en ouvrant la porte.

L'étranger salua à son tour et sortit.

La voiture le conduisit droit chez M. de Villefort.

Une heure après, la voiture sortit de nouveau, et, cette fois, se dirigea vers la rue Fontaine-Saint-Georges.

Au n° 5, elle s'arrêta.

C'était là que demeurait lord Wilmore.

L'étranger avait écrit à lord Wilmore pour lui demander un rendez-vous que celui-ci avait fixé à dix heures.

Aussi, comme l'envoyé de M. le préfet de police arriva à dix heures moins dix minutes, lui fut-il répondu que lord Wilmore, qui était l'exactitude et la ponctualité en personne, n'était pas encore rentré, mais qu'il rentrerait pour sûr à dix heures sonnant.

Le visiteur attendit dans le salon.

Ce salon n'avait rien de remarquable et était comme tous les salons d'hôtel garni.

Une cheminée avec deux vases de Sèvres modernes, une pendule avec un amour tendant son arc, une glace en deux morceaux ; de chaque côté de cette glace une gravure représentant, l'une Homère portant son guide, l'autre Bélisaire demandant l'aumône.

Un papier gris sur gris, un meuble en drap rouge imprimé de noir.

Tel était le salon de lord Wilmore.

Il était éclairé par des globes de verre dépoli qui ne répandaient qu'une faible lumière, laquelle semblait ménagée exprès pour les yeux fatigués de l'envoyé de M. le préfet de police.

Au bout de dix minutes d'attente, la pendule sonna dix heures.

Au cinquième coup, la porte s'ouvrit, et lord Wilmore parut.

Lord Wilmore était un homme plutôt grand que petit, avec des favoris rares et roux, le teint blanc et les cheveux blonds grisonnants.

Il était vêtu avec toute l'excentricité anglaise, c'est-à-dire qu'il portait un habit bleu à boutons d'or et à haut collet piqué, comme on les portait en 1811 ; un gilet de casimir blanc et un pantalon de nankin de trois pouces trop court, mais que des sous-pieds de même étoffe empêchaient de remonter jusqu'aux genoux.

Son premier mot en entrant fut :

— Vous savez, monsieur, que je ne parle pas français.

— Je sais, du moins, que vous n'aimez pas à parler notre langue, répondit l'envoyé de M. le préfet de police.

— Mais vous pouvez la parler, vous, reprit lord Wilmore ; car, si je ne la parle pas, je la comprends.

— Et moi, reprit le visiteur en changeant d'idiome, je parle assez facilement l'anglais pour soutenir la conversation dans cette langue. Ne vous gênez donc pas, monsieur.

— Hao ! fit lord Wilmore avec cette intonation qui n'appartient qu'aux naturels les plus purs de la Grande-Bretagne.

L'envoyé du préfet de police présenta à lord Wilmore sa lettre d'introduction.

Celui-ci la lut avec un flegme tout anglican ; puis, lorsqu'il eut terminé sa lettre.

— Je comprends, dit-il en anglais ; je comprends très-bien.

Alors commencèrent les interrogations.

Elles furent à peu près les mêmes que celles qui avaient été adressées à l'abbé Busoni.

Mais comme lord Wilmore, en sa qualité d'ennemi du comte de Monte-Christo, n'y mettait pas la même retenue que l'abbé, elles furent beaucoup plus étendues.

Il raconta la jeunesse de Monte-Christo, qui, selon lui, était, à l'âge de dix ans, entré au service d'un de ces petits souverains de l'Inde, qui font la guerre aux Anglais ; c'est là qu'il l'avait, lui, Wilmore, rencontré pour la première fois, et qu'ils avaient combattu l'un contre l'autre.

Dans cette guerre, Zaccone avait été fait prisonnier, avait été envoyé en Angleterre, mis sur les pontons, d'où il s'était enfui à la nage.

Alors avaient commencé ses voyages, ses duels, ses passions.

Alors était arrivée l'insurrection de Grèce, et il avait servi dans les rangs des Grecs.

Tandis qu'il était à leur service, il avait découvert une mine d'argent dans les montagnes de la Thessalie, mais il s'était bien gardé de parler de cette découverte à personne.

Après Navarin, et lorsque le gouvernement grec fut consolidé, il demanda au roi Othon un privilége d'exploitation pour cette mine ; ce privilége lui fut accordé.

De là cette fortune immense qui pouvait, selon lord Wilmore, monter à un ou deux millions de revenu, fortune qui, néanmoins, pouvait tarir tout à coup, si la mine elle-même tarissait.

— Mais, demanda le visiteur, savez-vous pourquoi il est venu en France ?

— Il veut spéculer sur les chemins de fer, dit lord Wilmore ; et puis, comme il est chimiste habile et physicien non moins distingué, il a découvert un nouveau télégraphe dont il poursuit l'application.

— Combien dépense-t-il à peu près par an ? demanda l'envoyé de M. le préfet de police.

— Oh ! cinq ou six cent mille francs, tout au plus, dit lord Wilmore ; il est avare.

Il était évident que la haine faisait parler l'Anglais, et que, ne sachant quelle chose reprocher au comte, il lui reprochait son avarice.

— Savez-vous quelque chose de la maison d'Auteuil ?

— Oui, certainement.

— Eh bien ! qu'en savez-vous ?

— Vous demandez dans quel but il l'a achetée ?

— Oui.

— Eh bien ! le comte est un spéculateur qui se ruinera certainement en essais et en utopies : il prétend qu'il y a à Auteuil, dans les environs de la maison qu'il vient d'acquérir, un courant d'eau minérale qui peut rivaliser avec les eaux de Bagnères, de Luchon et de Cauterets. Il veut faire de son acquisition un *bad-haus*, comme disent les Allemands. Il a déjà deux ou trois fois retourné tout son jardin pour retrouver le fameux cours d'eau ; et, comme il n'a pas pu le découvrir, vous allez le voir, d'ici à peu de temps, acheter les maisons qui environnent la sienne. Or, comme je lui en veux, j'espère que dans son chemin de fer, dans son télégraphe électrique ou dans son exploitation de biens, il va se ruiner ; je le suis pour jouir de sa déconfiture, qui ne peut manquer d'arriver un jour ou l'autre.

— Et pourquoi lui en voulez-vous ? demanda le visiteur.

— Je lui en veux, répondit lord Wilmore, parce qu'en passant en Angleterre il a séduit la femme d'un de mes amis.

— Mais, si vous lui en voulez, pourquoi ne cherchez-vous pas à vous venger de lui ?

— Je me suis déjà battu trois fois avec le comte, dit l'Anglais ; la première fois au pistolet, la seconde à l'épée, la troisième à l'espadon.

— Et le résultat de ces duels a été...

— La première fois, il m'a cassé le bras ; la seconde fois, il m'a traversé le poumon ; et, la troisième, il m'a fait cette blessure.

L'Anglais rabattit un col de chemise qui lui montait jusqu'aux oreilles, et montra une cicatrice dont la rougeur indiquait la date peu ancienne.

— De sorte que je lui en veux beaucoup, répéta l'Anglais, et qu'il ne mourra bien sûr que de ma main.

— Mais, dit l'envoyé de la préfecture, vous ne prenez pas le chemin de le tuer, ce me semble.

— Hao ! fit l'Anglais, tous les jours je vais au tir, et tous les jours Grisier vient chez moi.

C'était ce que voulait savoir le visiteur, ou plutôt c'était tout ce que paraissait savoir l'Anglais.

L'agent se leva donc, et, après avoir salué lord Wilmore, qui lui rendit son salut avec la roideur et politesse anglaises, il se retira.

De son côté, lord Wilmore, après avoir entendu se refermer sur lui la porte de la rue, rentra dans sa chambre à coucher, où, en un tour de main, il perdit ses cheveux blonds, ses favoris roux, sa fausse mâchoire et sa cicatrice, pour retrouver les cheveux noirs, le teint mat et les dents de perle du comte de Monte-Christo.

Il est vrai que, de son côté, ce fut M. de Villefort, et non l'envoyé de M. le préfet de police qui rentra chez M. de Villefort.

Le procureur du roi était un peu tranquillisé par cette double visite, qui, au reste, ne lui avait rien appris de rassurant, mais qui ne lui avait rien appris non plus d'inquiétant.

Il en résulta que, pour la première fois depuis le dîner d'Auteuil, il dormit la nuit suivante avec quelque tranquillité.

En se retournant, il vit une belle et blanche figure dont les yeux s'attachaient sur lui. — Page 71.

CHAPITRE XI.

LE BAL.

On en était arrivé aux plus chaudes journées de juillet, lorsque vint se présenter à son tour, dans l'ordre des temps, ce samedi où devait avoir lieu le bal de M. de Morcerf.

Il était dix heures du soir : les grands arbres du jardin de l'hôtel du comte se détachaient en vigueur sur un ciel où glissaient, découvrant une tenture d'azur parsemée d'étoiles d'or, les dernières vapeurs d'un orage qui avait grondé menaçant toute la journée.

Dans les salles du rez-de-chaussée on entendait bruire la musique et tourbillonner la valse et le galop, tandis que des bandes éclatantes de lumières passaient tranchantes à travers les ouvertures des persiennes

Le jardin était livré en ce moment à une dizaine de serviteurs à qui la maîtresse de la maison, rassurée par le temps qui se rassérénait de plus en plus, venait de donner l'ordre de dresser le souper.

Jusque-là on avait hésité si l'on souperait dans la salle à manger ou sous une longue tente de coutil dressée sur la pelouse.

Ce beau ciel bleu, tout parsemé d'étoiles, venait de décider le procès en faveur de la tente et la pelouse.

On illuminait les allées du jardin avec des lanternes de couleur, comme c'est l'habitude en Italie, et l'on surchargeait de bougies et de fleurs la table du souper, comme c'est l'usage dans tous les pays où l'on comprend un peu ce luxe de la table, le plus rare de tous les luxes, quand on veut le rencontrer complet.

Au moment où la comtesse de Morcerf rentrait dans ses salons, après avoir donné ses derniers ordres, les salons commençaient à se remplir d'invités qu'attirait la charmante hospitalité de la comtesse, bien plus que la position distinguée du comte ; car on était sûr d'avance que cette fête offrirait, grâce au bon goût de Mercédès, quelques détails dignes d'être racontés ou copiés au besoin.

Madame Danglars, à qui les événements que nous avons racontés avaient inspiré une profonde inquiétude, hésitait à aller chez madame de Morcerf, lorsque, dans la matinée, sa voiture avait croisé celle de Villefort.

Villefort lui avait fait un signe, les deux voitures s'étaient rapprochées, et à travers les portières :

— Vous allez chez madame de Morcerf, n'est-ce pas? avait demandé le procureur du roi.

— Non, avait répondu madame Danglars, je suis trop souffrante.

— Vous avez tort, reprit Villefort avec un regard significatif, il serait important que l'on vous y vît.

— Ah! croyez-vous? demanda la baronne.

— Je le crois.

— En ce cas, j'irai.

Et les deux voitures avaient repris leur course divergente.

Madame Danglars était donc venue, non-seulement belle de sa propre beauté, mais encore éblouissante de luxe.

Elle entrait par une porte au moment même où Mercédès entrait par l'autre.

La comtesse détacha Albert au-devant de madame Danglars

Albert s'avança, fit à la baronne sur sa toilette les compliments mérités, et lui prit le bras pour la conduire à la place qu'il lui plairait de choisir.

Albert regarda autour de lui.

— Vous cherchez ma fille? dit en souriant la baronne.

— Je l'avoue, dit Albert; auriez-vous eu la cruauté de ne pas nous l'amener?

— Rassurez-vous, elle a rencontré mademoiselle de Villefort et a pris son bras; tenez, les voici qui nous suivent toutes les deux en robes blanches, l'une avec un bouquet de camélias, l'autre avec un bouquet de myosotis; mais, dites-moi donc?

— Que cherchez-vous à votre tour? demanda Albert en souriant.

— Est-ce que vous n'aurez pas ce soir le comte de Monte-Christo?

— Dix-sept! répondit Albert.

— Que voulez-vous dire?

— Je veux dire que cela va bien, reprit le vicomte en riant, et que vous êtes la dix-septième personne qui me fait la même question; il va bien le comte!... je lui en fais mon compliment...

— Et répondez-vous à tout le monde comme à moi?

— Ah! c'est vrai, je ne vous ai pas répondu; rassurez-vous, madame, nous aurons l'homme à la mode, nous sommes des privilégiés.

— Étiez-vous hier à l'Opéra?

— Non.

— Il y était, lui.

— Ah! vraiment! Et l'excentric-man a-t-il fait quelque nouvelle originalité?

— Peut-il se montrer sans cela? Elssler dansait dans le *Diable boiteux;* la princesse grecque était dans le ravissement. Après la cachucha, il a passé une bague magnifique dans la queue du bouquet, et l'a jeté à la charmante danseuse, qui, au troisième acte, a reparu pour lui faire honneur avec sa bague au doigt. Et sa princesse grecque, l'aurez-vous?

— Non, il faut que vous vous en priviez; sa position dans la maison du comte n'est pas assez fixée.

— Tenez, laissez-moi ici, et allez saluer madame de Villefort, dit la baronne : je vois qu'elle meurt d'envie de vous parler.

Albert salua madame Danglars et s'avança vers madame de Villefort, qui ouvrit la bouche à mesure qu'il approchait.

— Je parie, dit Albert en l'interrompant, que je sais ce que vous allez me dire.

— Ah! par exemple! dit madame de Villefort.

— Si je devine juste, me l'avouerez-vous?

— Oui.

— D'honneur?

— D'honneur.

— Vous alliez me demander si le comte de Monte-Christo était arrivé, ou allait venir?

— Pas du tout. Ce n'est pas de lui que je m'occupe en ce moment. J'allais vous demander si vous aviez reçu des nouvelles de M. Franz.

— Oui, hier.

— Que vous disait-il?

— Qu'il partait en même temps que sa lettre.

— Bien. Maintenant, le comte?

— Le comte viendra, soyez tranquille.

— Vous savez qu'il a un autre nom que Monte-Christo?

— Non. Je ne savais pas.

— Monte-Christo est un nom d'île, et il a un nom de famille.

— Je ne l'ai jamais entendu prononcer.

— Eh bien! je suis plus avancée que vous; il s'appelle Zaccone.

— C'est possible.

— Il est Maltais.

— C'est possible encore.

— Fils d'un armateur.

— Oh! mais, en vérité, vous devriez raconter ces choses-là tout haut, vous auriez le plus grand succès.

— Il a servi dans l'Inde, exploite une mine d'argent en Thessalie, et vient à Paris pour faire un établissement d'eaux minérales à Auteuil.

— Eh bien! à la bonne heure, dit Morcerf, voilà des nouvelles! Me permettez-vous de les répéter?

— Oui! mais petit à petit, une à une, sans dire qu'elles viennent de moi.

— Pourquoi cela?

— Parce que c'est presque un secret surpris.

— A qui?

— A la police.

— Alors ces nouvelles se débitaient...

— Hier soir, chez le préfet. Paris s'est ému, vous le comprenez bien, à la vue de ce luxe inusité, et la police a pris des informations.

— Bien! il ne manquait plus que d'arrêter le comte comme vagabond, sous prétexte qu'il est trop riche.

— Ma foi, c'est ce qui aurait bien pu lui arriver, si les renseignements n'avaient pas été si favorables.

— Pauvre comte! Et se doute-t-il du péril qu'il a couru?

— Je ne crois pas.

— Alors, c'est charité que de l'en avertir. A son arrivée, je n'y manquerai pas.

En ce moment, un beau jeune homme aux yeux vifs, aux cheveux noirs, à la moustache luisante, vint saluer respectueusement madame de Villefort.

Albert lui tendit la main.

— Madame, dit Albert, j'ai l'honneur de vous présenter M. Maximilien Morrel, capitaine aux spahis, l'un de nos bons et surtout de nos braves officiers.

— J'ai déjà eu le plaisir de rencontrer monsieur à Auteuil, chez M. le comte de Monte-Christo, répondit madame de Villefort en se détournant avec une froideur marquée.

Cette réponse, et surtout le ton dont elle était faite, serrèrent le cœur du pauvre Morrel; mais une compensation lui était ménagée : en se retournant, il vit à l'encoignure de la porte une belle et blanche figure dont les yeux bleus dilatés, et sans expression apparente, s'attachaient sur lui, tandis que le bouquet de myosotis montait lentement à ses lèvres.

Ce salut fut si bien compris, que Morrel, avec la même expression de regard, approcha à son tour son mouchoir de sa bouche, et les deux statues vivantes, dont le cœur battait si rapidement sous le marbre apparent de leur visage, séparées l'une de l'autre par toute la largeur de la salle, s'oublièrent un instant, ou plutôt un instant oublièrent le monde dans cette muette contemplation.

Elles eussent pu rester plus longtemps ainsi perdues l'une dans l'autre, sans que personne remarquât leur oubli de toutes choses : le comte de Monte-Christo venait d'entrer.

Nous l'avons déjà dit, le comte, soit prestige factice, soit prestige naturel, attirait l'attention partout où il se présentait; ce n'était pas son habit noir, irréprochable il est vrai dans sa coupe, mais simple et sans décorations; ce n'était pas son gilet blanc sans aucune broderie; ce n'était pas son pantalon emboîtant un pied de la forme la plus délicate qui attiraient l'attention, c'étaient son teint mat, ses cheveux noirs ondés, c'était son visage calme et pur, c'était son œil profond et mélancolique, c'était enfin sa bouche dessinée avec une finesse merveilleuse, et qui prenait si facilement l'expression d'un haut dédain, qui faisaient que tous les yeux se fixaient sur lui.

Il pouvait y avoir des hommes plus beaux, mais il n'y en avait certes pas de plus *significatifs*, qu'on nous passe cette expression : tout dans le comte voulait dire quelque chose et avait sa valeur; car l'habitude de la pensée utile avait donné à ses traits, à l'expression de son visage et au plus insignifiant de ses gestes, une souplesse et une fermeté incomparables.

Et puis notre monde parisien est si étrange, qu'il n'eût peut-être point fait attention à tout cela s'il n'y eût eu sous tout cela une mystérieuse histoire dorée par une immense fortune.

Quoi qu'il en soit, il s'avança sous le poids des regards, et à travers l'échange des petits saluts, jusqu'à madame de Morcerf, qui, debout devant la cheminée garnie de fleurs, l'avait vu apparaître dans une glace placée en face de la porte, et s'était préparée pour le recevoir.

Elle se retourna donc vers lui avec un sourire

Les allées du jardin étaient illuminées avec des lanternes de couleur, comme c'est l'habitude en Italie. — Page 70.

composé, au moment même où il s'inclinait devant elle.

Sans doute elle crut que le comte allait lui parler; sans doute, de son côté, le comte crut qu'elle allait lui adresser la parole; mais des deux côtés ils restèrent muets, tant une banalité leur semblait sans doute indigne de tous deux, et, après un échange de saluts, Monte-Christo se dirigea vers Albert, qui venait à lui la main ouverte.

— Vous avez vu ma mère? demanda Albert.

— Je viens d'avoir l'honneur de la saluer, dit le comte, mais je n'ai point aperçu M. votre père.

— Tenez! il cause là-bas politique dans ce petit groupe de grandes célébrités.

— En vérité, dit Monte-Christo; ces messieurs que je vois là-bas sont des célébrités? Je ne m'en serais pas douté; et de quel genre? Il y a des célébrités de toute espèce, comme vous savez.

— Il y a d'abord un savant, ce grand monsieur sec; il a découvert dans la campagne de Rome une espèce de lézard qui a une vertèbre de plus que les autres, et il est revenu faire part à l'Institut de cette découverte. La chose a été longtemps contestée; mais enfin force est restée au grand monsieur

Un académicien.

sec. La vertèbre avait fait beaucoup de bruit dans le monde savant; le grand monsieur sec n'était que chevalier de la Légion d'honneur, on l'a nommé officier.

— A la bonne heure! dit Monte-Christo, voilà une croix qui me paraît sagement donnée; alors, s'il trouve une seconde vertèbre, on le fera commandeur?

— C'est probable, dit Morcerf.

— Et cet autre, qui a eu la singulière idée de s'affubler d'un habit bleu brodé de vert, quel peut-il être?

— Ce n'est pas lui qui a eu l'idée de s'affubler de cet habit; c'est la République, laquelle, comme vous le savez, était assez peu artiste, et qui, voulant donner un uniforme aux académiciens, a prié David de leur dessiner un habit.

— Ah! vraiment, dit Monte-Christo; ainsi, ce monsieur est académicien?

— Depuis huit jours, il fait partie de la docte assemblée.

— Et quel est son mérite, sa spécialité?

— Sa spécialité? Je crois qu'il enfonce des épingles dans les têtes de lapin, qu'il fait manger de la garance aux poules, et qu'il repousse avec des baleines la moelle épinière des chiens.

— Et il est de l'Académie des sciences pour cela?

— Non pas, de l'Académie française.

— Mais qu'a donc à faire l'Académie française là-dedans?

— Je vais vous dire, il paraît...

— Que ses expériences ont fait faire un grand pas à la science, sans doute?

— Non, mais qu'il écrit en fort bon style.

— Cela doit, dit Monte-Christo, flatter énormément l'amour-propre des lapins à qui il enfonce des épingles dans la tête, des poules dont il teint les os en rouge, et des chiens dont il repousse la moelle épinière.

Albert se mit à rire.

— Et cet autre? demanda le comte.

— Cet autre?

— Oui, le troisième.

— Ah! l'habit bleu barbeau?

— Oui

— C'est un collègue du comte, celui qui vient de s'opposer le plus chaudement à ce que la Chambre des pairs ait un uniforme; il a eu un grand succès de tribune à ce propos-là; il était mal avec les gazettes libérales, mais sa noble opposition aux désirs de la cour vient de le raccommoder avec elles; on parle de le nommer ambassadeur.

— Et quels sont ses titres à la pairie?

— Il a fait deux ou trois opéras-comiques, pris quatre ou cinq actions au *Siècle*, et voté cinq ou six ans pour le ministère.

— Bravo! vicomte, dit Monte-Christo en riant, vous êtes un charmant cicerone; maintenant, vous me rendrez un service, n'est-ce pas?

— Lequel?

— Vous ne me présenterez pas à ces messieurs, et, s'ils demandent à m'être présentés, vous me préviendrez.

En ce moment, le comte sentit qu'on lui posait la main sur le bras.

Il se retourna, c'était Danglars.

— Ah! c'est vous, baron! dit-il.

— Pourquoi m'appelez-vous baron? dit Danglars: vous savez bien que je ne tiens pas à mon titre. Ce n'est pas comme vous, vicomte; vous y tenez, n'est-ce pas, vous?

— Certainement, répondit Albert, attendu que, si je n'étais pas vicomte, je ne serais plus rien, tandis que vous, vous pouvez sacrifier votre titre de baron, vous resterez encore millionnaire.

— Ce qui me paraît le plus beau titre, sous la royauté de Juillet, reprit Danglars.

— Malheureusement, dit Monte-Christo, on n'est pas millionnaire à vie comme on est baron, pair de France ou académicien; témoins les millionnaires Frank et Poulmann, de Francfort, qui viennent de faire banqueroute.

— Vraiment? dit Danglars en pâlissant.

— Ma foi, j'en ai reçu la nouvelle ce soir par un courrier; j'avais quelque chose comme un million chez eux; mais, averti à temps, j'en ai exigé le remboursement, voici un mois à peu près.

— Ah! mon Dieu! reprit Danglars; ils ont tiré sur moi pour deux cent mille francs.

— Eh bien! vous voilà prévenu, leur signature vaut cinq pour cent.

— Oui, mais je suis prévenu trop tard, dit Danglars, j'ai fait honneur à leur signature.

— Bon! dit Monte-Christo, voilà deux cent mille francs qui sont allés rejoindre...

— Chut! dit Danglars; ne parlez donc pas de ces choses-là... puis, s'approchant de Monte-Christo, surtout devant M. Cavalcanti fils, ajouta le banquier qui, en prononçant ces mots, se tourna en souriant du côté du jeune homme.

Morcerf avait quitté le comte pour aller parler à sa mère.

Danglars le quitta pour saluer M. Cavalcanti fils.

Monte-Christo se trouva un instant seul.

Cependant la chaleur commençait à devenir excessive.

Les valets circulaient dans les salons avec des plateaux chargés de fruits et de glaces.

Monte-Christo essuya avec son mouchoir son visage mouillé de sueur; mais il se recula quand le plateau passa devant lui, et ne prit rien pour se rafraîchir.

Madame de Morcerf ne perdait pas du regard Monte-Christo.

Elle vit passer le plateau sans qu'il y touchât.

Elle saisit même le mouvement par lequel il s'en éloigna.

— Albert, dit-elle, avez-vous remarqué une chose?

— Laquelle, ma mère?

— C'est que le comte n'a jamais voulu accepter de dîner chez M. de Morcerf.

— Oui, mais il a accepté de déjeuner chez moi, puisque c'est par ce déjeuner qu'il a fait son entrée dans le monde.

— Chez vous n'est pas chez le comte, murmura Mercédès, et, depuis qu'il est ici, je l'examine.

— Eh bien?

— Eh bien! il n'a encore rien pris.

— Le comte est très-sobre.

Mercédès sourit tristement.

— Rapprochez-vous de lui, dit-elle, et, au premier plateau qui passera, insistez.

— Pourquoi cela, ma mère?

— Faites-moi ce plaisir, Albert, dit Mercédès.

Albert baisa la main de sa mère; et alla se placer près du comte.

Un autre plateau passa chargé comme les précédents.

Elle vit Albert insister près du comte, prendre même une glace et la lui présenter, mais il refusa obstinément.

Albert revint près de sa mère.

La comtesse était très-pâle.

— Eh bien! dit-elle, vous voyez, il a refusé.

— Oui, mais en quoi cela peut-il vous préoccuper?

— Vous le savez, Albert, les femmes sont singulières. J'aurais vu avec plaisir le comte prendre quelque chose chez moi, ne fût-ce qu'un grain de grenade. Peut-être, au reste, ne s'accommode-t-il pas des coutumes françaises, peut-être a-t-il des préférences pour quelque chose.

— Mon Dieu non! je l'ai vu en Italie prendre de tout; sans doute qu'il est mal disposé ce soir.

— Puis, dit la comtesse, ayant toujours habité des climats brûlants, peut-être est-il moins sensible qu'un autre à la chaleur.

— Je ne crois pas, car il se plaignait d'étouffer, et il demandait pourquoi, puisqu'on a déjà ouvert les fenêtres, on n'a pas aussi ouvert les jalousies

— En effet, dit Mercédès, c'est un moyen de m'assurer si cette abstinence est un parti pris.

Et elle sortit du salon.

Un instant après, les persiennes s'ouvrirent, et l'on put, à travers les jasmins et les clématites qui garnissaient les fenêtres, voir tout le jardin illuminé avec les lanternes et le souper servi sous la tente.

Danseurs et danseuses, joueurs et causeurs, poussèrent un cri de joie, tous ces poumons altérés aspiraient avec délices l'air qui entrait à flots.

Au même moment Mercédès reparut, plus pâle qu'elle n'était sortie, mais avec cette fermeté de visage qui était remarquable chez elle dans certaines circonstances.

Elle alla droit au groupe dont son mari formait le centre :

— N'enchaînez pas ces messieurs ici, monsieur le comte, dit-elle, ils aimeront autant, s'ils ne jouent pas, respirer au jardin qu'étouffer ici.

— Ah! madame, dit un vieux général fort galant, qui avait chanté : *Partant pour la Syrie!* en 1809, nous n'irons pas seuls au jardin.

— Soit, dit Mercédès, je vais donc donner l'exemple.

Et se retournant vers Monte-Christo :

— Monsieur le comte, dit-elle, faites-moi l'honneur de m'offrir votre bras.

Le comte chancela presque à ces simples paroles; puis il regarda un moment Mercédès.

Ce moment eut la rapidité de l'éclair, et cependant il parut à la comtesse qu'il durait un siècle, tant Monte-Christo avait mis de pensées dans ce seul regard.

Il offrit son bras à la comtesse.

Elle s'y appuya, ou, pour mieux dire, elle l'effleura de sa petite main, et tous deux descendirent un des escaliers du perron bordé de rhododendrons et de camélias.

Derrière eux, et par l'autre escalier, s'élancèrent dans le jardin, avec de bruyantes exclamations de plaisir, une vingtaine de promeneurs.

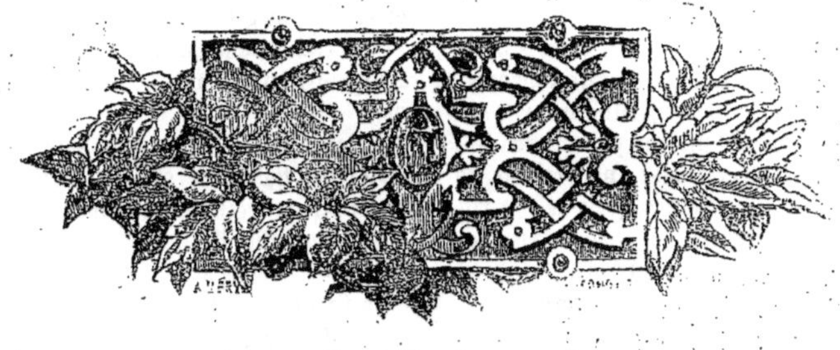

CHAPITRE XII.

LE PAIN ET LE SEL.

Madame de Morcerf entra sous la voûte de feuillage avec son compagnon.

Cette voûte était une allée de tilleuls qui conduisait à une serre.

— Il faisait trop chaud dans le salon, n'est-ce pas, monsieur le comte? dit-elle.

— Oui, madame, et votre idée de faire ouvrir les portes et les persiennes est une excellente idée.

En achevant ces mots, le comte s'aperçut que la main de Mercédès tremblait.

— Mais vous, avec cette robe légère et sans autres préservatifs autour du cou que cette écharpe de gaze, vous aurez peut-être froid? dit-il.

— Savez-vous où je vous mène? dit la comtesse, sans répondre à la question de Monte-Christo.

— Non, madame, répondit celui-ci; mais, vous le voyez, je ne fais pas de résistance.

— A la serre, que vous voyez là, au bout de l'allée que nous suivons.

Le comte regarda Mercédès comme pour l'interroger; mais elle continua son chemin sans rien dire, et de son côté Monte-Christo resta muet.

On arriva dans le bâtiment, tout garni de fruits magnifiques, qui, dès le commencement de juillet, atteignaient leur maturité sous cette température toujours calculée pour remplacer la chaleur du soleil, si souvent absente chez nous.

La comtesse quitta le bras de Monte-Christo, et alla cueillir à un cep une grappe de raisin muscat.

— Tenez, monsieur le comte, dit-elle avec un sourire si triste, que l'on eût pu voir poindre les larmes au bord de ses yeux, tenez, nos raisins de France ne sont point comparables, je le sais, à vos raisins de Sicile et de Chypre, mais vous serez indulgent pour notre pauvre soleil du Nord.

Le comte s'inclina et fit un pas en arrière.

— Vous me refusez? dit Mercédès d'une voix tremblante.

— Madame, répondit Monte-Christo, je vous prie bien humblement de m'excuser, mais je ne mange jamais de muscat.

Mercédès laissa tomber sa grappe en soupirant.

Une pêche magnifique pendait à un espalier voisin, chauffé, comme le cep de vigne, par cette chaleur artificielle de la serre.

Mercédès s'approcha du fruit velouté, et le cueillit.

— Prenez cette pêche, alors, dit-elle.

Mais le comte fit le même geste de refus.

— Oh! encore! dit-elle avec un accent si douloureux, qu'on sentait que cet accent étouffait un sanglot; en vérité j'ai du malheur.

Un long silence suivit cette scène.

La pêche, comme la grappe de raisin, avait roulé sur le sable.

— Monsieur le comte, reprit enfin Mercédès en regardant Monte-Christo d'un œil suppliant, il y a une touchante coutume arabe qui fait amis éternellement ceux qui ont partagé le pain et le sel sous le même toit.

— Je la connais, madame, répondit le comte; mais nous sommes en France, et non en Arabie, et en France il n'y a pas plus d'amitiés éternelles que de partage du sel et du pain.

— Mais enfin, dit la comtesse palpitante et les yeux attachés sur les yeux de Monte-Christo, dont elle ressaisit presque convulsivement le bras avec ses mains, nous sommes amis, n'est-ce pas?

Le sang afflua au cœur du comte, qui devint pâle comme la mort, puis, remontant du cœur à la gorge, il envahit ses joues, et ses yeux nagèrent dans le vague pendant quelques secondes, comme ceux d'un homme frappé d'éblouissement.

— Certainement que nous sommes amis, madame, répliqua-t-il; d'ailleurs, pourquoi ne le serions-nous pas?

Ce ton était si loin de celui que désirait madame de Morcerf, qu'elle se retourna pour laisser échapper un soupir qui ressemblait à un gémissement.

— Merci, dit-elle.

Et elle se remit à marcher.

Ils firent ainsi le tour du jardin sans prononcer une seule parole.

— Monsieur, reprit tout à coup la comtesse après dix minutes de promenade silencieuse, est-il vrai que vous ayez tant vu, tant voyagé, tant souffert?

— J'ai beaucoup souffert, oui, madame, répondit Monte-Christo.

— Mais vous êtes heureux, maintenant?

— Oh ! encore ! dit-elle avec un accent douloureux ; en vérité, j'ai du malheur ! — PAGE 76.

— Sans doute, répondit le comte, car personne ne m'entend me plaindre.

— Et votre bonheur présent vous fait l'âme plus douce ?

— Mon bonheur présent égale ma misère passée, dit le comte.

— N'êtes-vous point marié ? demanda la comtesse.

— Moi, marié, répondit Monte-Christo en tressaillant, qui a pu vous dire cela ?

— On ne me l'a pas dit, mais plusieurs fois on vous a vu conduire à l'Opéra une jeune et belle personne.

— C'est une esclave que j'ai achetée à Constantinople, madame, une fille de prince dont j'ai fait ma fille, n'ayant pas d'autre affection au monde

— Vous vivez seul ainsi ?

— Je vis seul.

— Vous n'avez pas de sœur... de fils... de père ?...

— Je n ai personne.

— Comment pouvez-vous vivre ainsi, sans rien qui vous attache à la vie ?

— Ce n'est pas ma faute, madame. A Malte, j'ai aimé une jeune fille, et j'allais l'épouser quand la guerre est venue et m'a enlevé loin d'elle comme un tourbillon. J'avais cru qu'elle m'aimait assez pour m'attendre, pour demeurer fidèle même à mon tombeau. Quand je suis revenu, elle était mariée. C'est l'histoire de tout homme qui a passé par l'âge de vingt ans. J'avais peut-être le cœur plus faible que les autres, et j'ai souffert plus qu'ils n'eussent fait à ma place, voilà tout.

La comtesse s'arrêta un moment, comme si elle eût eu besoin de cette halte pour respirer.

— Oui, dit-elle, et cet amour vous est resté au cœur...

On n'aime bien qu'une fois.. Et avez-vous jamais revu cette femme?

— Jamais.

— Jamais!

— Je ne suis point retourné dans le pays où elle était.

— A Malte?

— Oui, à Malte.

— Elle est à Malte, alors?

— Je le pense.

— Et lui avez-vous pardonné ce qu'elle vous a fait souffrir?

— A elle, oui.

— Mais à elle seulement; vous haïssez toujours ceux qui vous ont séparé d'elle?

— Moi, pas du tout; pourquoi les haïrais-je?

La comtesse se plaça en face de Monte-Christo.

Elle tenait encore à la main un fragment de la grappe parfumée.

— Prenez, dit-elle.

— Jamais je ne mange de muscat, madame, répondit Monte-Christo comme s'il n'eût été question de rien entre eux à ce sujet.

La comtesse lança la grappe dans le massif le plus proche avec un geste de désespoir.

— Inflexible! murmura-t-elle.

Monte-Christo demeura aussi impassible que si le reproche ne lui était pas adressé.

Albert accourait en ce moment.

— Oh! ma mère! dit-il, un grand malheur!

— Quoi? qu'est-il arrivé? demanda la comtesse en se redressant, comme si après le rêve elle eût été amenée à la réalité : un malheur, avez-vous dit? En effet, il doit arriver des malheurs!

— M. de Villefort est ici.

— Eh bien?

— Il vient chercher sa femme et sa fille.

— Et pourquoi cela?

— Parce que madame la marquise de Saint-Méran est arrivée à Paris, apportant la nouvelle que M. de Saint-Méran est mort en quittant Marseille, au premier relais. Madame de Villefort, qui était fort gaie, ne voulait ni comprendre ni croire ce malheur; mais mademoiselle Valentine, aux premiers mots, et quelques précautions qu'ait prises son père, a tout deviné : ce coup l'a terrassée comme la foudre, et elle est tombée évanouie.

— Et qu'est M. de Saint-Méran à mademoiselle de Villefort? demanda le comte.

— Son grand-père maternel. Il venait pour hâter le mariage de Franz et de sa petite-fille.

— Ah! vraiment!

— Voilà Franz retardé. Pourquoi M. de Saint-Méran n'est-il pas aussi bien un aïeul de mademoiselle Danglars!

— Albert! Albert! dit madame de Morcerf du ton d'un doux reproche; que dites-vous là? Ah! monsieur le comte, vous pour qui il a une si grande considération, dites-lui donc qu'il a mal parlé!

Elle fit quelques pas en avant.

Monte-Christo la regarda si étrangement et avec une expression à la fois si rêveuse et si empreinte d'une affectueuse admiration, qu'elle revint sur ses pas.

Alors elle lui prit la main en même temps qu'elle pressait celle de son fils, et les joignant toutes deux :

— Nous sommes amis, n'est-ce pas? dit-elle.

— Oh! votre ami, madame, je n'ai point cette prétention, dit le comte, mais en tous cas je suis votre bien respectueux serviteur.

La comtesse partit avec un inexprimable serrement de cœur, et, avant qu'elle eût fait dix pas, le comte lui vit mettre son mouchoir à ses yeux.

— Est-ce que vous n'êtes pas d'accord, ma mère et vous? demanda Albert avec étonnement.

— Au contraire, répondit le comte, puisqu'elle vient de me dire devant vous que nous sommes amis.

Et ils regagnèrent le salon, que venaient de quitter Valentine et M. et madame de Villefort.

Il va sans dire que Morrel était sorti derrière eux.

CHAPITRE XIII.

MADAME DE SAINT-MÉRAN.

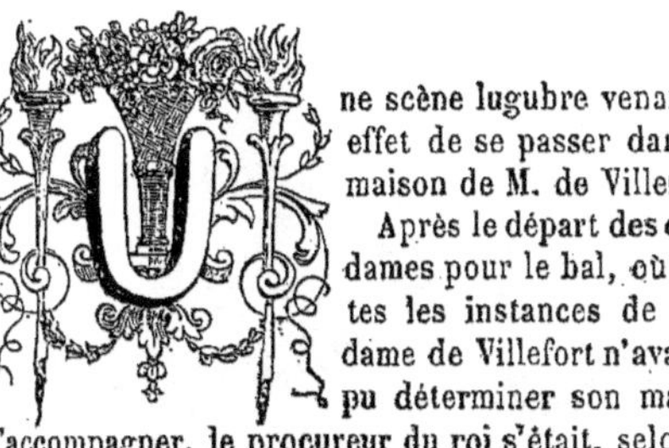

Une scène lugubre venait en effet de se passer dans la maison de M. de Villefort.

Après le départ des deux dames pour le bal, où toutes les instances de madame de Villefort n'avaient pu déterminer son mari à l'accompagner, le procureur du roi s'était, selon sa coutume, enfermé dans son cabinet avec une pile de dossiers qui eussent effrayé tout autre, mais qui, dans les temps ordinaires de sa vie, suffisaient à peine à satisfaire son robuste appétit de travailleur.

Mais cette fois les dossiers étaient chose de forme, Villefort ne s'enfermait point pour travailler, mais pour réfléchir; et, sa porte fermée, l'ordre donné qu'on ne le dérangeât que pour choses d'importance, il s'assit dans son fauteuil et se mit à repasser encore une fois dans sa mémoire tout ce qui, depuis sept à huit jours, faisait déborder la coupe de ses sombres chagrins et de ses amers souvenirs.

Alors, au lieu d'attaquer les dossiers entassés devant lui, il ouvrit un tiroir de son bureau, fit jouer un secret, et tira la liasse de ses notes personnelles, manuscrits précieux, parmi lesquels il avait classé et étiqueté avec des chiffres connus de lui seul les noms de tous ceux qui, dans sa carrière politique, dans ses affaires d'argent, dans ses poursuites de barreau ou dans ses mystérieuses amours, étaient devenus ses ennemis.

Le nombre en était formidable, aujourd'hui qu'il avait commencé à trembler; et cependant tous ces noms, si puissants et si formidables qu'ils fussent, l'avaient fait bien des fois sourire, comme sourit le voyageur qui, du faîte culminant de la montagne, regarde à ses pieds les pics aigus, les chemins impraticables et les arêtes des précipices près desquels il a, pour arriver, si longtemps et si péniblement rampé.

Quand il eut bien repassé tous ces noms dans sa mémoire, quand il les eut bien relus, bien étudiés, bien commentés sur ses listes, il secoua la tête.

— Non, murmura-t-il, aucun de ces ennemis n'aurait attendu patiemment et laborieusement jusqu'au jour où nous sommes pour venir m'écraser maintenant avec ce secret. Quelquefois, comme dit Hamlet, le bruit des choses les plus profondément enfoncées sort de terre, et, comme les feux du phosphore, court follement dans l'air; mais ce sont des flammes qui éclairent un moment pour égarer. L'histoire aura été racontée par le Corse à quelque prêtre, qui l'aura racontée à son tour. M. de Monte-Christo l'aura sue, et pour s'éclaircir...

Mais à quoi bon s'éclaircir, reprenait Villefort après un instant de réflexion; quel intérêt M. de Monte-Christo, M. Zaccone, fils d'un armateur de Malte, exploitateur d'une mine d'argent en Thessalie, venant pour la première fois en France, a-t-il de s'éclaircir d'un fait sombre, mystérieux et inutile comme celui-là? Au milieu des renseignements incohérents qui m'ont été donnés par cet abbé Busoni et par ce lord Wilmore, par cet ami et par cet ennemi, une seule chose ressort claire, précise, patente à mes yeux : c'est que dans aucun temps, dans aucun cas, dans aucune circonstance, il ne peut y avoir eu le moindre contact entre moi et lui.

Mais Villefort se disait ces paroles sans croire lui-même à ce qu'il disait.

Le plus terrible pour lui n'était pas encore la révélation, car il pouvait nier ou même répondre.

Il s'inquiétait peu de ce *Manè, Thecel, Pharès*, qui apparaissait tout à coup en lettres de sang sur la muraille; mais ce qui l'inquiétait, c'était de connaître le corps auquel appartenait la main qui les avait tracées.

Au moment où il essayait de se rassurer lui-même, et où, au lieu de cet avenir politique que, dans ses rêves d'ambition, il avait entrevu quelquefois, il se composait, dans la crainte d'éveiller cet ennemi endormi depuis si longtemps, un avenir restreint aux joies du foyer, un bruit de voiture retentit dans la cour, puis il entendit dans son escalier la marche d'une personne âgée, puis des sanglots et des hélas! comme les domestiques en trouvent lorsqu'ils veulent devenir intéressants par la douleur de leurs maîtres.

Il se hâta de tirer le verrou de son cabinet et bientôt, sans être annoncée, une vieille dame entra, son châle sur le bras et son chapeau à la main.

— Oh! monsieur, dit-elle; oh! monsieur, quel malheur, moi aussi j'en mourrai!

Ses cheveux blanchis découvraient un front mat comme l'ivoire jauni, et ses yeux, à l'angle desquels l'âge avait creusé des rides profondes, disparaissaient presque sous le gonflement des pleurs.

— Oh! monsieur, dit-elle; oh! monsieur, quel malheur, moi aussi j'en mourrai; oh! oui, bien certainement j'en mourrai!

Et, tombant sur le fauteuil le plus proche de la porte, elle éclata en sanglots.

Les domestiques, debout sur le seuil, et n'osant aller plus loin, regardaient le vieux serviteur de Noirtier, qui, ayant entendu ce bruit de la chambre de son maître, était accouru aussi, et se tenait derrière les autres.

Villefort se leva et courut à sa belle-mère, car c'était elle-même.

— Eh! mon Dieu, madame, demanda-t-il, que s'est-il passé? qui vous bouleverse ainsi? et M. de Saint-Méran ne vous accompagne-t-il pas?

— M. de Saint-Méran est mort, dit la vieille marquise, sans préambule, sans expression, et avec une sorte de stupeur.

Villefort recula d'un pas et frappa ses mains l'une contre l'autre.

Marseille.

— Mort!... balbutia-t-il, mort ainsi... subitement?

— Il y a huit jours, continua madame de Saint-Méran, nous montâmes ensemble en voiture après dîner. M. de Saint-Méran était souffrant depuis quelques jours; cependant l'idée de revoir notre chère Valentine le rendait courageux, et, malgré ses douleurs, il avait voulu partir, lorsque, à six lieues de Marseille, il fut pris, après avoir mangé ses pastilles habituelles, d'un sommeil si profond, qu'il ne me semblait pas naturel; cependant j'hésitais à le réveiller, quand il me sembla que son visage rougissait et que les veines de ses tempes battaient plus violemment que d'habitude. Mais cependant, comme la nuit était venue et que je ne voyais plus rien, je le laissai dormir; bientôt il poussa un cri sourd et déchirant comme celui d'un homme qui souffre en rêve, et renversa d'un brusque mouvement sa tête en arrière. J'appelai le valet de chambre, je fis arrêter le postillon, j'appelai M. de Saint-Méran, lui fis respirer mon flacon de sels, tout était fini, il était mort, et ce fut côte à côte avec son cadavre que j'arrivai à Aix.

Villefort demeurait stupéfait et la bouche béante.

 Paris. — Imp. de Edouard Blot, rue S.-Louis, 46

— Et vous appelâtes un médecin, sans doute?

— A l'instant même; mais, comme je vous l'ai dit, il était trop tard.

— Sans doute ; mais au moins pouvait-il reconnaître de quelle maladie le pauvre marquis était mort?

— Mon Dieu oui, monsieur, il me l'a dit; il paraît que c'est d'une apoplexie foudroyante.

— Et que fîtes-vous alors?

— M. de Saint-Méran avait toujours dit que, s'il mourait loin de Paris, il désirait que son corps fût ramené dans le caveau de la famille. Je l'ai fait mettre dans un cercueil de plomb, et je le précède de quelques jours.

— Oh! mon Dieu, pauvre mère! dit Villefort; de pareils soins après un pareil coup, et à votre âge!

— Dieu m'a donné la force jusqu'au bout; d'ailleurs, ce cher marquis, il eût certes fait pour moi ce que j'ai fait pour lui. Il est vrai que, depuis que je l'ai quitté là-bas, je crois que je suis folle. Je ne peux plus pleurer; il est vrai qu'on dit qu'à mon âge on n'a plus de larmes; cependant il me semble que tant qu'on souffre on devrait pouvoir pleurer. Où est Valentine, monsieur? c'est pour elle que nous revenions, je veux voir Valentine.

Villefort pensa qu'il serait affreux de répondre que Valentine était au bal.

Il dit seulement à la marquise que sa petite-fille était sortie avec sa belle-mère, et qu'on allait la prévenir.

— A l'instant même, monsieur, à l'instant même, je vous en supplie, dit la vieille dame.

Villefort mit sous son bras le bras de madame de Saint-Méran, et la conduisit à son appartement.

— Prenez du repos, dit-il, ma mère.

La marquise leva la tête à ce mot, et, voyant cet homme qui lui rappelait cette fille tant regrettée qui revivait pour elle dans Valentine, elle se sentit frappée par ce nom de mère, se mit à fondre en larmes, et tomba à genoux dans un fauteuil où elle ensevelit sa tête vénérable.

Villefort la recommanda aux soins des femmes, tandis que le vieux Barrois remontait tout effaré chez son maître; car rien n'effraye tant les vieillards que lorsque la mort quitte un instant leur côté pour aller frapper un autre vieillard.

Puis, tandis que madame de Saint-Méran, toujours agenouillée, priait du fond du cœur, il envoya chercher une voiture de place et vint lui-même prendre chez madame de Morcerf sa femme et sa fille pour les ramener à la maison.

Il était si pâle lorsqu'il parut à la porte du salon, que Valentine courut à lui en s'écriant:

— Oh! mon père! il est arrivé quelque malheur!

— Votre bonne-maman vient d'arriver, Valentine, dit M. de Villefort.

— Et mon grand-père? demanda la jeune fille toute tremblante.

M. de Villefort ne répondit qu'en offrant son bras à sa fille.

Il était temps.

Valentine, saisie d'un vertige, chancela.

Madame de Villefort se hâta de la soutenir, et aida son mari à l'entraîner vers la voiture en disant:

— Voilà qui est étrange! qui aurait pu se douter de cela? Oh! oui, voilà qui est étrange!

Et toute cette famille désolée s'enfuit ainsi, jetant sa tristesse comme un crêpe noir sur le reste de la soirée.

Au bas de l'escalier, Valentine trouva Barrois qui l'attendait:

— M. Noirtier désire vous voir ce soir, dit-il tout bas.

— Dites-lui que j'irai en sortant de chez ma bonne grand'mère, dit Valentine.

Dans la délicatesse de son âme, la jeune fille avait compris que celle qui avait surtout besoin d'elle à cette heure, c'était madame de Saint-Méran.

Valentine trouva son aïeule au lit.

Muettes caresses, gonflements si douloureux du cœur, soupirs entrecoupés, larmes brûlantes, voilà quels furent les seuls détails racontables de cette entrevue, à laquelle assistait, au bras de son mari, madame de Villefort, pleine de respect, apparent du moins, pour la pauvre veuve.

Au bout d'un instant, elle se pencha à l'oreille de son mari:

— Avec votre permission, dit-elle, mieux vaut que je me retire, car ma vue paraît affliger encore votre belle-mère.

Madame de Saint-Méran l'entendit.

— Oui, oui, dit-elle à l'oreille de Valentine, qu'elle s'en aille; mais reste, toi, reste.

Madame de Villefort sortit, et Valentine demeura seule près du lit de son aïeule, car le procureur du roi, consterné de cette mort imprévue, suivit sa femme.

Cependant Barrois était remonté la première fois près du vieux Noirtier.

Celui-ci avait entendu tout le bruit qui se faisait dans la maison, et il avait envoyé, comme nous l'avons dit, le vieux serviteur s'informer.

A son retour, cet œil si vivant et surtout si intelligent interrogea le messager.

— Hélas! monsieur, dit Barrois, un grand malheur est arrivé : madame de Saint-Méran est arrivée, et son mari est mort.

M. de Saint Méran et Noirtier n'avaient jamais été liés d'une bien profonde amitié; cependant on sait l'effet que fait toujours sur un vieillard l'annonce de la mort d'un autre vieillard.

Noirtier laissa tomber sa tête sur sa poitrine comme un homme accablé ou comme un homme qui pense, puis il ferma un seul œil.

— Mademoiselle Valentine? dit Barrois.

Noirtier fit signe que oui.

— Elle est au bal, monsieur le sait bien, puisqu'elle est venue lui dire adieu en grande toilette.

Noirtier ferma de nouveau l'œil gauche.

— Oui, vous voulez la voir?

Le vieillard fit signe que c'était cela qu'il désirait.

— Eh bien! on va l'aller chercher sans doute chez madame de Morcerf; je l'attendrai à son retour, et je lui dirai de monter chez vous. Est-ce cela?

— Oui, répondit le paralytique.

Barrois guetta donc le retour de Valentine, et, comme nous l'avons vu, à son retour il lui exposa le désir de son grand-père.

En vertu de ce désir, Valentine monta chez Noirtier au sortir de chez madame de Saint-Méran, qui, tout agitée qu'elle était, avait fini par succomber à la fatigue et dormait d'un sommeil fiévreux.

On avait approché à la portée de sa main une petite table sur laquelle était une carafe d'orangeade, sa boisson habituelle, et un verre.

Puis, comme nous l'avons dit, la jeune fille avait quitté le lit de la marquise pour monter chez Noirtier.

Valentine vint embrasser le vieillard, qui la regarda si tendrement, que la jeune fille sentit de nouveau jaillir de ses yeux des larmes dont elle croyait la source tarie.

Le vieillard insistait avec son regard.

— Oui, oui, dit Valentine, tu veux dire que j'ai toujours un bon grand-père, n'est-ce pas?

Le vieillard fit signe qu'effectivement c'était cela que son regard voulait dire.

— Hélas! heureusement, reprit Valentine. Sans cela, que deviendrais-je, mon Dieu!

Il était une heure du matin.

Barrois, qui avait envie de se coucher lui-même, fit observer qu'après une soirée aussi douloureuse tout le monde avait besoin de repos.

Le vieillard ne voulut pas dire que son repos, à lui, c'était de voir son enfant.

Il congédia Valentine, à qui effectivement la douleur et la fatigue donnaient un air souffrant.

Le lendemain, en entrant chez sa grand'mère, elle trouva celle-ci au lit.

La fièvre ne s'était point calmée; au contraire, un feu sombre brillait dans les yeux de la vieille marquise, et elle paraissait en proie à une violente irritation nerveuse.

— Oh! mon Dieu! bonne-maman, souffrez-vous davantage? s'écria Valentine en apercevant tous ces symptômes d'agitation.

— Non, ma fille, non, dit madame de Saint-Méran; mais j'attendais avec impatience que tu fusses arrivée pour envoyer chercher ton père.

— Mon père? demanda Valentine inquiète.

— Oui, je veux lui parler.

Valentine n'osa point s'opposer au désir de son aïeule, dont d'ailleurs elle ignorait la cause, et un instant après Villefort entra.

— Monsieur, dit madame de Saint-Méran sans employer aucune circonlocution et comme si elle eût paru craindre que le temps lui manquât, il est question, m'avez-vous écrit, d'un mariage pour cette enfant?

— Oui, madame, répondit Villefort; c'est même plus qu'un projet, c'est une convention.

— Votre gendre s'appelle M. Franz d'Épinay?

— Oui, madame.

— C'est le fils du général d'Épinay, qui était des nôtres, et qui fut assassiné quelques jours avant que l'usurpateur revînt de l'île d'Elbe?

— C'est cela même.

— Cette alliance avec la petite-fille d'un jacobin ne lui répugne pas?

— Nos dissensions civiles se sont heureusement éteintes, ma mère, dit Villefort; M. d'Épinay était presque un enfant à la mort de son père; il connaît fort peu M. Noirtier, et le verra, sinon avec plaisir, avec indifférence du moins.

— C'est un parti sortable?

— Sous tous les rapports.

— Le jeune homme?

— Jouit de la considération générale.

— Il est convenable?

— C'est un des hommes les plus distingués que je connaisse.

Pendant toute cette conversation, Valentine était restée muette.

— Eh bien! monsieur, dit après quelques secondes de réflexion madame de Saint-Méran, il faut vous hâter, car j'ai peu de temps à vivre.

— Vous, madame! vous, bonne-maman! s'écrièrent ensemble M. de Villefort et Valentine.

— Je sais ce que je dis, reprit la marquise; il faut donc vous hâter, afin que, n'ayant plus de mère, elle ait au moins sa grand'mère pour bénir son mariage. Je suis la seule qui lui reste du côté de ma pauvre Renée, que vous avez si vite oubliée, monsieur.

— Ah! madame, dit Villefort, vous oubliez qu'il fallait donner une mère à cette pauvre enfant, qui n'en avait plus.

— Une belle-mère n'est jamais une mère, monsieur. Mais ce n'est pas de cela qu'il s'agit, il s'agit de Valentine; laissons les morts tranquilles.

Tout cela était dit avec une telle volubilité et un tel accent, qu'il y avait quelque chose dans cette conversation qui ressemblait à un commencement de délire.

— Il sera fait selon votre désir, madame, dit Villefort, et cela d'autant mieux que votre désir est d'accord avec le mien; et aussitôt l'arrivée de M. d'Épinay à Paris...

— Ma bonne-mère, dit Valentine, les convenances, le deuil tout récent... voudriez-vous donc faire un mariage sous d'aussi tristes auspices?

— Ma fille, interrompit vivement l'aïeule, pas de ces raisons banales qui empêchent les esprits faibles de bâtir solidement leur avenir. Moi aussi j'ai été mariée au lit de mort de ma mère, et n'ai certes point été malheureuse pour cela.

— Encore cette idée de mort! madame, reprit Villefort.

— Encore! toujours!... Je vous dis que je vais mourir, entendez-vous? Eh bien! avant de mourir, je veux avoir vu mon gendre; je veux lui ordonner de rendre ma petite-fille heureuse; je veux lire dans ses yeux s'il compte m'obéir; je veux le connaître, enfin, moi! continua l'aïeule avec une expression effrayante, pour le venir trouver du fond de mon tombeau s'il n'était pas ce qu'il doit être, s'il n'était pas ce qu'il faut qu'il soit.

— Madame, dit Villefort, il faut éloigner de vous ces idées exaltées, qui touchent presque à la folie. Les morts, une fois couchés dans leur tombeau, y dorment sans se relever jamais.

— Oh! oui, oui, bonne-mère, calme-toi! dit Valentine.

— Et moi, monsieur, je vous dis qu'il n'en est point ainsi que vous croyez. Cette nuit j'ai dormi d'un sommeil terrible; car je me voyais en quelque sorte dormir comme si mon âme eût déjà plané au-dessus de mon corps: mes yeux, que je m'efforçais d'ouvrir, se refermaient malgré moi; et, cependant, je sais bien que cela va vous paraître impossible, à vous, monsieur, surtout: eh bien! avec mes yeux fermés, j'ai vu, à l'endroit même où vous êtes, venant de cet angle où il y a une porte qui donne dans le cabinet de toilette de madame de Villefort, j'ai vu entrer sans bruit une forme blanche.

Valentine jeta un cri.

— C'était la fièvre qui vous agitait, madame, dit Villefort.

— Doutez si vous voulez, mais je suis sûre de ce que je dis: j'ai vu une forme blanche; et, comme si Dieu eût craint que je récusasse le témoignage d'un seul de mes sens, j'ai entendu remuer mon verre, tenez, tenez, celui-là même qui est ici, là, sur la table.

— Oh! bonne-mère, c'était un rêve.

— C'était si peu un rêve, que j'ai étendu la main vers la sonnette, et qu'à ce geste l'ombre a disparu. La femme de chambre est entrée alors avec une lumière.

— Mais vous n'avez vu personne?

— Les fantômes ne se montrent qu'à ceux qui doivent les voir: c'était l'âme de mon mari. Eh bien! si l'âme de mon mari revient pour m'appeler, pourquoi mon âme à moi ne reviendrait-elle pas pour défendre ma fille? Le lien est encore plus direct, ce me semble.

— Oh! madame, dit Villefort remué malgré lui jusqu'au fond des entrailles, ne donnez pas l'essor à ces lugubres idées; vous vivrez avec nous, vous vivrez longtemps heureuse, aimée, honorée, et nous vous ferons oublier...

— Jamais, jamais, jamais! dit la marquise. Quand revient M. d'Épinay?

— Nous l'attendons d'un moment à l'autre.

— C'est bien; aussitôt qu'il sera arrivé, prévenez moi. Hâtons-nous! hâtons-nous! Puis, je voudrais aussi voir un notaire pour m'assurer que tout notre bien revient à Valentine.

— Oh! ma mère, murmura Valentine en appuyant ses lèvres sur le front brûlant de l'aïeule, vous voulez donc me faire mourir? Mon Dieu! vous avez la fièvre. Ce n'est pas un notaire qu'il faut appeler, c'est un médecin!

— Un médecin? dit-elle en haussant les épaules; je ne souffre pas, j'ai soif, voilà tout.

— Que buvez-vous, bonne-maman?

— Comme toujours, tu sais bien, mon orangeade. Mon verre est là sur cette table; passe-le-moi, Valentine.

Valentine versa l'orangeade de la carafe dans un verre et le prit avec un certain effroi pour le donner à sa grand'mère, car c'était ce même verre qui, prétendait-elle, avait été touché par l'ombre.

La marquise vida le verre d'un seul trait.

Puis elle se retourna sur son oreiller en répétant:

— Le notaire! le notaire!

M. de Villefort sortit, Valentine s'assit près du lit de sa grand'mère.

La pauvre enfant semblait avoir grand besoin elle-même de ce médecin qu'elle avait recommandé à son aïeule

Une rougeur pareille à une flamme brûlait la pommette de ses joues, sa respiration était courte et haletante, et son pouls battait comme si elle avait eu la fièvre.

C'est qu'elle songeait, la pauvre enfant, au désespoir de Maximilien quand il apprendrait que madame de Saint-Méran, au lieu de lui être une

Le notaire, qui était à la porte, entra.

alliée, agissait, sans le connaître, comme si elle lui était ennemie.

Plus d'une fois Valentine avait songé à tout dire à sa grand'mère, et elle n'eût pas hésité un seul instant si Maximilien Morrel s'était appelé Albert de Morcerf ou Raoul de Château-Renaud ; mais Morrel était d'extraction plébéienne, et Valentine savait le mépris que l'orgueilleuse marquise de Saint-Méran avait pour tout ce qui n'était point de race.

Son secret avait donc toujours, au moment où il allait se faire jour, été repoussé dans son cœur par cette triste certitude qu'elle le livrerait inutilement, et qu'une fois ce secret connu de son père et de sa belle mère tout serait perdu.

Deux heures à peu près s'écoulèrent ainsi.

Madame de Saint-Méran dormait d'un sommeil ardent et agité.

On annonça le notaire.

Quoique cette annonce eût été faite très-bas, madame de Saint-Méran se souleva sur son oreiller.

— Le notaire? dit-elle, qu'il vienne, qu'il vienne!

Le notaire était à la porte, il entra.

— Va-t'en, Valentine, dit madame de Saint-Méran, et laisse-moi avec monsieur.

— Mais, ma mère...

— Va, va.

La jeune fille baisa son aïeule au front et sortit le mouchoir sur les yeux.

A la porte elle trouva le valet de chambre, qui lui dit que le médecin attendait au salon.

Valentine descendit rapidement.

Le médecin était un ami de la famille, et en même temps un des hommes les plus habiles de l'époque : il aimait beaucoup Valentine, qu'il avait vue venir au monde.

Il avait une fille de l'âge de mademoiselle de Villefort à peu près, mais née d'une mère poitrinaire ; sa vie était une crainte continuelle à l'égard de son enfant.

— Oh! dit Valentine, cher monsieur d'Avrigny, nous vous attendions avec bien de l'impatience. Mais, avant toute chose, comment se portent Madeleine et Antoinette?

Madeleine était la fille de M. d'Avrigny, et Antoinette sa nièce.

M. d'Avrigny sourit tristement.

— Très-bien Antoinette, dit-il; assez bien Madeleine. Mais vous m'avez envoyé chercher, chère enfant? dit-il. Ce n'est ni votre père, ni madame de Villefort qui est malade? Quant à nous, quoiqu'il soit visible que nous ne pouvons pas nous débarrasser de nos nerfs, je ne présume pas que vous ayez besoin de moi autrement que pour que je vous recommande de ne pas trop laisser notre imagination battre la campagne?

Valentine rougit.

M. d'Avrigny poussait la science de la divination presque jusqu'au miracle, car c'était un de ces médecins qui traitent toujours le physique par le moral.

— Non, dit-elle, c'est pour ma pauvre grand'mère. Vous savez le malheur qui nous est arrivé, n'est-ce pas ?

— Je ne sais rien, dit M. d'Avrigny.

— Hélas ! dit Valentine en comprimant ses sanglots, mon grand-père est mort.

— M. de Saint-Méran?

— Oui.

— Subitement?

— D'une attaque d'apoplexie foudroyante,

— D'une apoplexie ? répéta le médecin.

— Oui. De sorte que ma pauvre grand'mère est frappée de l'idée que son mari, qu'elle n'avait jamais quitté l'appelle, et qu'elle va aller le rejoindre. Oh ! monsieur d'Avrigny, je vous recommande bien ma pauvre grand'mère !

— Où est-elle?

— Dans sa chambre, avec le notaire.

— Et M. Noirtier?

— Toujours le même, une lucidité d'esprit parfaite; mais la même immobilité, le même mutisme.

— Et le même amour pour vous, n'est-ce pas, ma chère enfant?

— Oui, dit Valentine en soupirant, il m'aime bien, lui.

— Qui ne vous aimerait pas?

Valentine sourit tristement.

— Et qu'éprouve votre grand'mère?

— Une excitation nerveuse singulière, un sommeil agité et étrange ; elle prétendait ce matin que, pendant son sommeil, son âme planait au-dessus de son corps qu'elle regardait dormir, c'est du délire ; elle prétend avoir vu un fantôme entrer dans sa chambre, et avoir entendu le bruit que faisait le prétendu fantôme en touchant à son verre.

— C'est singulier, dit le docteur, je ne savais pas madame de Saint-Méran sujette à ces hallucinations.

— C'est la première fois que je l'ai vue ainsi, dit Valentine, et ce matin elle m'a fait grand'peur, je l'ai crue folle; et mon père, certes, monsieur d'Avrigny, vous connaissez mon père pour un esprit sérieux, eh bien ! mon père lui-même a paru fort impressionné.

— Nous allons voir, dit M. d'Avrigny : ce que vous me dites là me semble étrange.

Le notaire descendait, on vint prévenir Valentine que sa grand'mère était seule.

— Montez, dit-elle au docteur.

— Et vous?

— Oh ! moi, je n'ose, elle m'avait défendu de vous envoyer chercher; puis, comme vous le dites, moi-même je suis agitée, fiévreuse, mal disposée, je vais faire un tour au jardin pour me remettre.

Le docteur serra la main à Valentine, et, tandis qu'il montait chez sa grand'mère, la jeune fille descendit le perron.

Nous n'avons pas besoin de dire quelle portion du jardin était la promenade favorite de Valentine.

Après avoir fait deux ou trois tours dans le parterre qui entourait la maison, après avoir cueilli une rose pour mettre à sa ceinture ou dans ses cheveux, elle s'enfonçait sous l'allée sombre qui conduisait au banc, puis, du banc, elle allait à la grille.

Cette fois Valentine fit, selon son habitude, deux ou trois tours au milieu de ses fleurs, mais sans en cueillir.

Le deuil de son cœur, qui n'avait pas encore eu le temps de s'étendre sur sa personne, repoussait ce simple ornement.

Puis elle s'achemina vers son allée.

A mesure qu'elle s'avançait, il lui semblait entendre une voix qui prononçait son nom.

Elle s'arrêta étonnée.

Alors cette voix arriva plus distincte à son oreille, et elle reconnut la voix de Maximilien.

CHAPITRE XIV.

LA PROMESSE.

C'était en effet Morrel, qui, depuis la veille, ne vivait plus.

Avec cet instinct particulier aux amants et aux mères, il avait deviné qu'il allait, à la suite de ce retour de madame de Saint-Méran et de la mort du marquis, se passer quelque chose chez Villefort qui intéresserait son amour pour Valentine.

Comme on va le voir, ses pressentiments s'étaient réalisés, et ce n'était plus une simple inquiétude qui le conduisait si effaré et si tremblant à la grille des marronniers.

Mais Valentine n'était pas prévenue de l'attente de Morrel, ce n'était pas l'heure où il venait ordinairement, et ce fut un pur heureux hasard, ou, si l'on aime mieux, une heureuse sympathie, qui la conduisit au jardin.

Quand elle parut, Morrel l'appela ; elle courut à la grille.

— Hélas ! dit Valentine en comprimant ses sanglots, mon grand-père est mort. — PAGE 86.

— Vous, à cette heure? dit-elle,

— Oui, pauvre amie, répondit Morrel. Je viens chercher et apporter de mauvaises nouvelles.

— C'est donc la maison du malheur! dit Valentine. Parlez, Maximilien. Mais, en vérité, la somme de douleurs est déjà bien suffisante.

— Chère Valentine, dit Morrel, essayant de se remettre de sa propre émotion pour parler convenablement, écoutez-moi bien, je vous prie; car tout ce que je vais vous dire est solennel. A quelle époque compte-t-on vous marier?

— Écoutez, dit à son tour Valentine, je ne veux rien vous cacher, Maximilien. Ce matin on a parlé de mon mariage, et ma grand'mère, sur laquelle j'avais compté comme sur un appui qui ne me manquerait pas, non-seulement s'est déclarée pour ce mariage, mais encore le désire à tel point, que le retour seul de M. d'Épinay le retarde, et que le lendemain de son arrivée le contrat sera signé.

Un pénible soupir ouvrit la poitrine du jeune homme, et il regarda longuement et tristement la jeune fille.

— Hélas! reprit-il à voix basse, il est affreux d'entendre dire tranquillement par la femme qu'on

Valentine tomba à genoux en étreignant son cœur qui se brisait. — Page 92.

aime — « Le moment de votre supplice est fixé : c'est dans quelques heures qu'il aura lieu ; mais, n'importe, il faut que cela soit ainsi, et, de ma part, je n'y apporterai aucune opposition. » Eh bien ! puisque, dites-vous, on n'attend plus que M. d'Épinay pour signer le contrat, puisque vous serez à lui le lendemain de son arrivée, c'est demain que vous serez engagée à M. d'Épinay, car il est arrivé à Paris ce matin.

Valentine poussa un cri.

— J'étais chez le comte de Monte-Christo il y a une heure, dit Morrel ; nous causions, lui de la douleur de votre maison, et moi de votre douleur, quand tout à coup une voiture roule dans la cour. Écoutez. Jusque-là je ne croyais pas aux pressentiments, Valentine ; mais, maintenant, il faut bien que j'y croie. Au bruit de cette voiture, un frisson m'a pris ; bientôt j'ai entendu des pas sur l'escalier. Les pas retentissants du commandeur n'ont pas plus épouvanté don Juan que ces pas ne m'ont épouvanté. Enfin la porte s'ouvre ; Albert de Morcerf entre le premier, et j'allais douter de moi-même, j'allais croire que je m'étais trompé quand derrière lui s'avance un autre jeune homme, et que le comte s'est écrié : — « Ah! M. le baron Franz d'Épinay! » Tout ce que j'ai de force et de courage dans le cœur, je l'ai appelé pour me contenir. Peut-être ai-je pâli, peut-être ai-je tremblé; mais, à coup sûr, je suis resté le sourire sur les lèvres. Mais, cinq minutes après, je suis sorti sans avoir entendu un mot de ce qui s'est dit pendant les cinq minutes; j'étais anéanti.

— Pauvre Maximilien! murmura Valentine.

— Me voilà, Valentine. Voyons, maintenant répondez-moi comme à un homme à qui votre réponse va donner la mort ou la vie. Que comptez-vous faire?

Valentine baissa la tête; elle était accablée.

— Écoutez, dit Morrel, ce n'est pas la première fois que vous pensez à la situation où nous sommes arrivés; elle est grave, elle est pesante, suprême. Je ne pense pas que ce soit le moment de s'abandonner à une douleur stérile : cela est bon pour ceux qui veulent souffrir à l'aise et boire leurs larmes à loisir. Il y a des gens comme cela, et Dieu sans doute leur tiendra compte au ciel de leur résignation sur la terre; mais quiconque se sent la volonté de lutter ne perd pas un temps précieux et rend immédiatement à la fortune le coup qu'il en a reçu. Est-ce votre volonté de lutter contre la mauvaise fortune, Valentine, dites, car c'est cela que je viens vous demander?

Valentine tressaillit, et regarda Morrel avec de grands yeux effarés.

Cette idée de résister à son père, à sa grand'mère, à toute sa famille enfin, ne lui était pas même venue.

— Que me dites-vous, Maximilien? demanda Valentine, et qu'appelez-vous une lutte? Oh! dites un sacrilége. Quoi! moi, je lutterais contre l'ordre de mon père, contre le vœu de mon aïeule mourante? C'est impossible!

Morrel fit un mouvement.

— Vous êtes un trop noble cœur pour ne pas me comprendre, et vous me comprenez si bien, cher Maximilien, que je vous vois réduit au silence. Lutter, moi! Dieu m'en préserve! Non, non; je garde toute ma force pour lutter contre moi-même et pour boire mes larmes, comme vous dites. Quant à affliger mon père, quant à troubler les derniers moments de mon aïeule, jamais!

— Vous avez bien raison, dit flegmatiquement Morrel.

— Comme vous me dites cela, mon Dieu! s'écria Valentine blessée.

— Je vous dis cela comme un homme qui vous admire, mademoiselle, reprit Maximilien.

— Mademoiselle! s'écria Valentine! mademoiselle! oh! l'égoïste! il me voit au désespoir et feint de ne pas me comprendre!

— Vous vous trompez, et je vous comprends parfaitement au contraire. Vous ne voulez pas contrarier M. de Villefort, vous ne voulez pas désobéir à la marquise, et demain vous signerez le contrat qui doit vous lier à votre mari.

— Mais, mon Dieu! puis-je donc faire autrement?

— Il ne faut pas en appeler à moi, mademoiselle, car je suis un mauvais juge dans cette cause, et mon égoïsme m'aveuglera, répondit Morrel, dont la voix sourde et les poings fermés annonçaient l'exaspération croissante

— Que m'eussiez-vous donc proposé, Morrel, si vous m'aviez trouvée disposée à accepter votre proposition? Voyons, répondez. Il ne s'agit pas de dire: Vous faites mal, il faut donner un conseil

— Est-ce sérieusement que vous me dites cela, Valentine, et dois-je le donner, ce conseil, dites?

— Certainement, cher Maximilien, car, s'il est bon, je le suivrai; vous savez bien que je suis dévouée à mes affections.

— Valentine, dit Morrel en achevant d'écarter une planche déjà disjointe, donnez-moi votre main en preuve que vous me pardonnez ma colère; c'est que j'ai la tête bouleversée, voyez-vous, et que, depuis une heure, les idées les plus insensées ont tour à tour traversé mon esprit. Oh! dans le cas où vous refuseriez mon conseil...

— Eh bien! ce conseil?

— Le voici, Valentine.

La jeune fille leva les mains au ciel et poussa un soupir.

— Je suis libre, reprit Maximilien, je suis assez riche pour nous deux : je vous jure que vous serez ma femme avant que mes lèvres se soient posées sur votre front.

— Vous me faites trembler! dit la jeune fille.

— Suivez-moi, continua Morrel; je vous conduis chez ma sœur, qui est digne d'être votre sœur; nous nous embarquerons pour Alger, pour l'Angleterre ou pour l'Amérique, si vous n'aimez pas mieux nous retirer ensemble dans quelque province, où nous attendrons, pour revenir à Paris, que nos amis aient vaincu la résistance de votre famille.

Valentine secoua la tête.

— Je m'y attendais, Maximilien, dit-elle; c'est un conseil d'insensé, et je serais encore plus insensée que vous si je ne vous arrêtais pas à l'instant avec ce seul mot : impossible, Morrel, impossible.

— Vous suivrez donc votre fortune, telle que le sort vous la fera et sans même essayer de la combattre? dit Morrel rembruni.

— Oui, dussé-je en mourir!

— Eh bien! Valentine, reprit Maximilien, je vous répéterai encore que vous avez raison. En effet, c'est moi qui suis un fou, et vous me prouvez que la passion aveugle les esprits les plus justes. Merci donc, à vous qui raisonnez sans passions. Soit donc, c'est une chose entendue; demain vous serez irrévocablement promise à M. Franz d'Épinay, non point par cette formalité de théâtre inventée pour dénouer les pièces de comédie, et qu'on appelle la signature du contrat, mais par votre propre volonté.

— Encore une fois, vous me désespérez, Maximilien, dit Valentine, encore une fois, vous retournez le poignard dans la plaie! Que feriez-vous, dites, si votre sœur écoutait un conseil comme celui que vous me donnez?

— Mademoiselle, reprit Morrel avec un sourire amer, je suis un égoïste, vous l'avez dit, et, dans ma qualité d'égoïste, je ne pense pas à ce que feraient les autres dans ma position, mais à ce que je compte faire, moi. Je pense que je vous connais depuis un an; que j'ai mis, du jour où je vous ai connue, toutes mes chances de bonheur sur votre amour; qu'un jour est venu où vous m'avez dit que vous m'aimiez; que ce jour j'ai mis toutes mes chances d'avenir sur votre possession, c'était ma vie. Je ne pense plus rien maintenant; je me dis seulement que les chances ont tourné, que j'avais cru gagner le ciel et que je l'ai perdu. Cela arrive tous les jours qu'un joueur perd non-seulement ce qu'il a, mais encore ce qu'il n'a pas.

Morrel prononça ces mots avec un calme parfait.

Valentine le regarda un instant de ses grands yeux scrutateurs, essayant de ne pas laisser pénétrer ceux de Morrel jusqu'au trouble qui tourbillonnait déjà au fond de son cœur.

— Mais enfin, qu'allez-vous faire? demanda Valentine.

— Je vais avoir l'honneur de vous dire adieu, mademoiselle, en attestant Dieu, qui entend mes paroles et qui lit au fond de mon cœur, que je vous souhaite une vie assez calme, assez heureuse et assez remplie pour qu'il n'y ait pas place pour mon souvenir.

— Oh! murmura Valentine.

— Adieu, Valentine, adieu! dit Morrel en s'inclinant.

— Où allez-vous? cria en allongeant sa main à travers la grille et en saisissant Maximillien par son habit la jeune fille, qui comprenait, à son agitation intérieure, que le calme de son amant ne pouvait être réel; où allez-vous?

— Je vais m'occuper de ne point apporter un trouble nouveau dans votre famille, et donner un exemple que pourront suivre tous les hommes honnêtes et dévoués qui se trouveront dans ma position.

— Avant de me quitter, dites-moi ce que vous allez faire, Maximilien.

Le jeune homme sourit tristement.

— Oh! parlez! parlez! dit Valentine, je vous en prie!

— Votre résolution a-t-elle changé, Valentine?

— Elle ne peut changer, malheureux! vous le savez bien! s'écria la jeune fille.

— Alors, adieu, Valentine!

Valentine secoua la grille avec une force dont on l'aurait crue incapable, et, comme Morrel s'éloignait, elle passa ses deux mains à travers la grille, et les joignant en se tordant les bras:

— Qu'allez-vous faire? Je veux le savoir! s'écria-t-elle, où allez-vous?

— Oh! soyez tranquille, dit Maximilien en s'arrêtant à trois pas de la porte: mon intention n'est pas de rendre un autre homme responsable des rigueurs que le sort garde pour moi. Un autre vous menacerait d'aller trouver M. Franz, de le provoquer, de se battre avec lui; tout cela serait insensé. Qu'a à faire M. Franz dans tout cela? Il m'a vu ce matin pour la première fois, il a déjà oublié qu'il m'a vu; il ne savait même pas que j'existais lorsque des conventions faites par vos deux familles ont décidé que vous seriez l'un à l'autre. Je n'ai donc point affaire à M. Franz, et, je vous le jure, je ne m'en prendrai point à lui.

— Mais à qui vous en prendrez-vous? à moi?

— A vous, Valentine! Oh! Dieu m'en garde! La femme est sacrée, la femme qu'on aime est sainte!

— A vous-même alors, malheureux! à vous-même!

— C'est moi le coupable, n'est-ce pas? dit Morrel.

— Maximilien, dit Valentine, Maximilien, venez ici, je le veux!

Maximilien se rapprocha avec son doux sourire, et, n'était sa pâleur, on eût pu le croire dans son état ordinaire.

— Écoutez-moi, ma chère, mon adorée Valentine, dit-il de sa voix mélodieuse et grave, les gens comme nous, qui n'ont jamais formé une pensée dont ils aient eu à rougir devant le monde, devant leurs parents et devant Dieu, les gens comme nous peuvent lire dans le cœur l'un de l'autre à livre ouvert. Je n'ai jamais fait de roman, je ne suis pas un héros mélancolique, je ne me pose ni en Manfred ni en Antony: mais, sans paroles, sans protestations, sans serments, j'ai mis ma vie en vous; vous me manquez, et vous avez raison d'agir ainsi, je vous l'ai dit et je vous le répète; mais enfin vous me manquez, et ma vie est perdue. Du moment où vous vous éloignez de moi, Valentine, je reste seul au monde. Ma sœur est heureuse près de son mari; son mari n'est que mon beau-frère, c'est-à-dire un homme que les conventions sociales attachent seules à moi; personne n'a donc besoin sur la terre de mon existence devenue inutile. Voilà ce que je ferai: j'attendrai jusqu'à la dernière seconde que vous soyez mariée, car je ne veux pas perdre l'ombre d'une de ces chances inattendues que nous garde quelquefois le hasard, car enfin d'ici là M. Franz d'Épinay peut mourir ; au moment où vous vous en approcherez, la foudre peut tomber sur l'autel : tout semble croyable au condamné à mort, et pour lui les miracles rentrent dans la classe du possible dès qu'il s'agit du salut de sa vie. J'attendrai donc, dis-je, jusqu'au dernier moment, et, quand mon malheur sera certain, sans remède, sans espérance, j'écrirai une lettre confidentielle à mon beau-frère, une autre lettre au préfet de police pour leur donner avis de mon dessein, et, au coin de quelque bois, sur le revers de quelque fossé, au bord de quelque rivière, je me ferai sauter la cervelle, aussi vrai que je suis le fils du plus honnête homme qui ait jamais vécu en France.

Un tremblement convulsif agita les membres de Valentine.

Elle lâcha la grille qu'elle tenait des deux mains, ses bras retombèrent à ses côtés, et deux grosses larmes roulèrent sur ses joues.

Le jeune homme demeura devant elle sombre et résolu.

— Oh ! par pitié! par pitié! dit-elle, vous vivrez, n'est-ce pas?

— Non! sur mon honneur, dit Maximilien ; mais que vous importe à vous ! vous aurez fait votre devoir, et votre conscience vous restera.

Valentine tomba à genoux en étreignant son cœur qui se brisait.

— Maximilien, dit-elle, Maximilien, mon ami, mon frère sur la terre, mon véritable époux au ciel, je t'en prie, fais comme moi, vis avec la souffrance ; un jour peut-être nous serons réunis.

— Adieu, Valentine, répéta Morrel.

— Mon Dieu! dit Valentine en levant ses deux mains au ciel avec une expression sublime, vous le voyez, j'ai fait tout ce que j'ai pu pour rester fille soumise; j'ai prié, supplié, imploré ; il n'a écouté ni mes prières, ni mes supplications, ni mes pleurs. Eh bien! continua-t-elle en essuyant ses larmes et en reprenant sa fermeté, eh bien! je ne veux pas mourir de remords, j'aime mieux mourir de honte. Vous vivrez, Maximilien, et je ne serai à personne qu'à vous. A quelle heure? à quel moment? est-ce tout de suite? parlez, ordonnez, je suis prête.

Morrel, qui avait de nouveau fait quelques pas pour s'éloigner, était revenu de nouveau, et, pâle de joie, le cœur épanoui, tendant à travers la grille ses deux mains à Valentine :

— Valentine, dit-il, chère amie, ce n'est point ainsi qu'il faut me parler, ou sinon il faut me laisser mourir. Pourquoi donc vous devrais-je à la violence, si vous m'aimez comme je vous aime? Me forcez-vous à vivre par humanité, voilà tout? En ce cas, j'aime mieux mourir.

— Au fait, murmura Valentine, qui est-ce qui m'aime au monde? Lui. Qui m'a consolée de toutes mes douleurs? Lui. Sur qui reposent mes espérances? Sur qui s'arrête ma vue égarée? Sur qui repose mon cœur saignant? Sur lui, lui, toujours lui. Eh bien! tu as raison à ton tour, Maximilien, je te suivrai, je quitterai la maison paternelle, tout. Oh ! ingrate que je suis! s'écria Valentine en sanglotant, tout, même mon bon grand-père que j'oubliais.

— Non! dit Maximilien, tu ne le quitteras pas. M. Noirtier a paru éprouver, dis-tu, de la sympathie pour moi : eh bien! avant de fuir, tu lui diras tout; tu te feras une égide devant Dieu de son consentement ; puis, aussitôt mariés, il viendra avec nous : au lieu d'un enfant, il en aura deux. Tu m'as dit comment il te parlait et comment tu lui répondais, j'apprendrai bien vite cette langue touchante des signes, va, Valentine. Oh! je te le jure, au lieu du désespoir qui nous attend, c'est le bonheur que je te promets.

— Oh! regarde, Maximilien, regarde quelle est ta puissance sur moi, tu me fais presque croire à ce que tu me dis, et cependant ce que tu me dis est insensé, car mon père me maudira, lui; car je le connais, lui, le cœur inflexible, jamais il ne pardonnera. Aussi, écoutez-moi, Maximilien, si par artifice, si par prière, par accident, que sais-je, moi? si, enfin, par un moyen quelconque, je puis retarder le mariage, vous attendrez, n'est-ce pas?

— Oui, je le jure, comme vous me jurez, vous, que cet affreux mariage ne se fera jamais, et que, vous traînât-on devant le magistrat, devant le prêtre, vous direz : Non.

— Je le jure, Maximilien, par ce que j'ai de plus sacré au monde, par ma mère.

— Attendons alors, dit Morrel.

— Oui, attendons, reprit Valentine, qui respirait à ce mot ; il y a tant de choses qui peuvent sauver des malheureux comme nous.

— Je me fie à vous, Valentine, dit Morrel ; tout ce que vous ferez sera bien fait; seulement, si l'on passe outre à vos prières, si votre père, si madame de Saint-Méran exigent que M. d'Épinay soit appelé demain à signer le contrat...

— Alors vous avez ma parole, Morrel.

— Au lieu de signer...

— Je viens vous rejoindre et nous fuyons; mais d'ici là ne tentons pas Dieu, Morrel; ne nous voyons pas : c'est un miracle, c'est une providence que nous n'ayons pas encore été surpris ; si nous étions surpris, si l'on savait comment nous nous voyons, nous n'aurions plus aucune ressource.

— Vous avez raison, Valentine ; mais comment savoir...

— Par le notaire, M. Deschamps.

— Je le connais.

— Et par moi-même : je vous écrirai ; croyez-le

Enfin, vers dix heures du matin, il reçut un petit billet qu'il reconnut pour être de Valentine. — Page 94.

donc bien, mon Dieu! ce mariage, Maximilien, m'est aussi odieux qu'à vous!

— Bien! bien! merci! ma Valentine adorée, reprit Morrel. Alors, tout est dit, une fois que je sais l'heure, j'accours ici, vous franchissez ce mur dans mes bras, la chose vous sera facile; une voiture vous attendra à la porte de l'enclos, vous y monterez avec moi, je vous conduis chez ma sœur; là, inconnus si cela vous convient, faisant éclat si vous le désirez, nous aurons la conscience de notre force et de notre volonté, et nous ne nous laisserons pas égorger comme l'agneau qui ne se défend qu'avec ses soupirs.

— Soit, dit Valentine, à votre tour je vous dirai Maximilien, ce que vous ferez sera bien fait.

— Oh!

— Eh bien! êtes-vous content de votre femme? dit tristement la jeune fille.

— Ma Valentine adorée, c'est bien peu dire que dire oui.

— Dites toujours.

Valentine s'était approchée, ou plutôt avait approché ses lèvres de la grille, et ses paroles glissaient avec son souffle parfumé jusqu'aux lèvres de Morrel, qui collait sa bouche de l'autre côté de la froide et inexorable clôture.

— Au revoir, dit Valentine s'arrachant à ce bonheur, au revoir.

— J'aurai une lettre de vous?

— Oui.

— Merci, chère femme, au revoir.

Le bruit d'un baiser innocent et perdu retentit, et Valentine s'enfuit sous les tilleuls.

Morrel écouta les derniers bruits de sa robe frôlant les charmilles, de ses pieds faisant crier le sable, leva les yeux au ciel avec un ineffable sourire, pour remercier le ciel de ce qu'il permettait qu'il fût aimé ainsi, et disparut à son tour.

Le jeune homme rentra chez lui et attendit pendant tout le reste de la soirée et pendant toute la journée du lendemain sans rien recevoir.

Enfin, ce ne fut que le surlendemain, vers dix heures du matin, comme il allait s'acheminer vers M. Deschamps, notaire, qu'il reçut par la poste un petit billet qu'il reconnut pour être de Valentine, quoiqu'il n'eût jamais vu son écriture.

Il était ainsi conçu :

« Larmes, supplications, prières, n'ont rien fait.

« Hier, pendant deux heures, j'ai été à l'église Saint-Philippe-du-Roule, et pendant deux heures j'ai prié Dieu du fond de l'âme.

« Dieu est insensible comme les hommes, et la signature du contrat est fixée à ce soir neuf heures.

« Je n'ai qu'une parole comme je n'ai qu'un cœur, Morrel, et cette parole vous est engagée, ce cœur est à vous.

« Ce soir donc, à neuf heures moins un quart, à la grille.

« Votre femme,

« VALENTINE DE VILLEFORT.

« *P. S.* — Ma pauvre grand'mère va de plus mal en plus mal ; hier, son exaltation est devenue du délire ; aujourd'hui son délire est presque de la folie.

« Vous m'aimerez bien, n'est-ce pas, Morrel, pour me faire oublier que je l'aurai quittée en cet état?

« Je crois que l'on cache à grand-papa Noirtier que la signature du contrat doit avoir lieu ce soir. »

Morrel ne se borna pas aux renseignements que lui donnait Valentine.

Il alla chez le notaire, qui lui confirma la nouvelle que la signature du contrat était pour neuf heures du soir.

Puis il passa chez Monte-Christo.

Ce fut encore là qu'il en sut le plus.

Franz était venu lui annoncer cette solennité.

De son côté, madame de Villefort avait écrit au comte pour le prier de l'excuser si elle ne l'invitait point ; mais la mort de M. Saint-Méran et l'état où se trouvait sa veuve jetaient sur cette réunion un voile de tristesse dont elle ne voulait pas assombrir le front du comte, auquel elle souhaitait toutes sortes de bonheurs.

La veille, Franz avait été présenté à madame de Saint-Méran, qui avait quitté le lit pour cette présentation, et qui s'y était remise aussitôt.

Morrel, la chose est facile à comprendre, était dans un état d'agitation qui ne pouvait échapper à un œil aussi perçant que l'était l'œil du comte ; aussi Monte-Christo fut-il pour lui plus affectueux que jamais, si affectueux, que deux ou trois fois Maximilien fut sur le point de lui tout dire.

Mais il se rappela la promesse formelle donnée à Valentine, et son secret resta au fond de son cœur.

Le jeune homme relut vingt fois dans la journée la lettre de Valentine.

C'était la première fois qu'elle lui écrivait, et à quelle occasion !

A chaque fois qu'il relisait cette lettre, Maximilien se renouvelait à lui-même le serment de rendre Valentine heureuse.

En effet, quelle autorité n'a pas la jeune fille qui prend une résolution si courageuse ; quel dévouement ne mérite-t-elle pas de la part de celui à qui elle a tout sacrifié !

Comme elle doit être réellement, pour son amant, le premier et le plus digne objet de son culte !

C'est à la fois la reine et la femme, et l'on n'a point assez d'une âme pour la remercier et l'aimer.

Morrel songeait avec une agitation inexprimable à ce moment où Valentine arriverait en disant :

— Me voici, Maximilien, prenez-moi

Il avait organisé toute cette fuite.

Deux échelles avaient été cachées dans la luzerne du clos ; un cabriolet, que devait conduire Maximilien lui-même, attendait ; pas de domestique, pas de lumière ; au détour de la première rue on allumerait des lanternes, car il ne fallait point, par un surcroît de précautions, tomber entre les mains de la police.

De temps en temps des frissonnements passaient par tout le corps de Morrel.

Il songeait au moment où, du faîte de ce mur, il protégerait la descente de Valentine, et où il sentirait, tremblante et abandonnée dans ses bras, celle dont il n'avait jamais pressé que la main et baisé que le bout du doigt.

Mais, quand vint l'après-midi, quand Morrel sentit l'heure s'approcher, il éprouva le besoin d'être seul; son sang bouillait, les simples questions, la seule voix d'un ami, l'eussent irrité; il se renferma chez lui, essayant de lire; mais son regard glissa sur les pages sans y rien comprendre, et il finit par jeter son livre pour en revenir à dessiner, pour la deuxième fois, son plan, ses échelles et son clos.

Enfin l'heure s'approcha.

Jamais homme bien amoureux n'a laissé les horloges faire paisiblement leur chemin.

Morrel tourmenta si bien les siennes, qu'elles finirent par marquer huit heures et demie à six heures.

Il se dit alors qu'il était temps de partir, que neuf heures était bien effectivement l'heure de la signature du contrat, mais que, selon toute probabilité, Valentine n'attendrait pas cette signature inutile.

En conséquence, Morrel, après être parti de la rue Meslay à huit heures et demie à sa pendule, entrait dans le clos comme huit heures sonnèrent à Saint-Philippe-du-Roule.

Le cheval et le cabriolet furent cachés derrière une petite masure en ruines dans laquelle Morrel avait l'habitude de se cacher.

Peu à peu le jour tomba, et les feuillages du jardin se massèrent en grosses touffes d'un noir opaque.

Alors Morrel sortit de la cachette et vint regarder, le cœur palpitant, au trou de la grille : il n'y avait encore personne.

Huit heures et demie sonnèrent.

Une demi-heure s'écoula à attendre.

Morrel se promenait de long en large ; puis, à des intervalles toujours plus rapprochés, venait appliquer son œil aux planches.

Le jardin s'assombrissait de plus en plus, mais dans l'obscurité on cherchait vainement la robe blanche, dans le silence on écoutait inutilement le bruit des pas.

La maison, qu'on apercevait à travers les feuillages, restait sombre, et ne présentait aucun des caractères d'une maison qui s'ouvre pour un événement aussi important que l'est une signature de contrat de mariage.

Morrel consulta sa montre, qui sonna neuf heures trois quarts, mais presque aussitôt cette même voix de l'horloge, déjà entendue deux ou trois fois, rectifia l'erreur de la montre en sonnant neuf heures et demie.

C'était déjà une demi-heure d'attente de plus que Valentine n'avait fixé elle-même : elle avait dit neuf heures, même plus tôt avant qu'après.

Ce fut le moment le plus terrible pour le cœur du jeune homme, sur lequel chaque seconde tombait comme un marteau de plomb.

Le plus faible bruit du feuillage, le moindre cri du vent, appelaient son oreille et faisaient monter la sueur à son front; alors, tout frissonnant, il assujettissait son échelle, et, pour ne pas perdre de temps, posait le pied sur le premier échelon.

Au milieu de ces alternatives de crainte et d'espoir, au milieu de ces dilatations et de ces serrements de cœur, dix heures sonnèrent à l'église.

— Oh ! murmura Maximilien avec terreur, il est impossible que la signature d'un contrat dure aussi longtemps, à moins d'événements imprévus; j'ai pesé toutes les chances, calculé le temps que durent toutes les formalités, il s'est passé quelque chose.

Et alors, tantôt il se promenait avec agitation devant la grille, tantôt il revenait appuyer son front brûlant sur le fer glacé.

Valentine s'était-elle évanouie après le contrat, ou Valentine avait elle été arrêtée dans sa fuite?

C'étaient là les deux seules hypothèses où le jeune homme pouvait s'arrêter, toutes deux désespérantes.

L'idée à laquelle il s'arrêta fut qu'au milieu de sa fuite même la force avait manqué à Valentine, et qu'elle était tombée évanouie au milieu de quelque allée.

— Oh! s'il en est ainsi, s'écria-t-il en s'élançant au haut de l'échelle, je la perdrais, et par ma faute!

Le démon qui lui avait soufflé cette pensée ne le quitta plus, et bourdonna à son oreille avec cette persistance qui fait que certains doutes, au bout d'un instant et par la force du raisonnement, deviennent des convictions.

Ses yeux, qui cherchaient à percer l'obscurité croissante, croyaient sous la sombre allée apercevoir un objet gisant.

Morrel se hasarda jusqu'à appeler, et il lui sembla que le vent apportait jusqu'à lui une plainte inarticulée.

Enfin la demie avait sonné à son tour.

Il était impossible de se contenir plus longtemps, tout était supposable.

Les tempes de Maximilien battaient avec force, des nuages passaient devant ses yeux.

Il enjamba le mur et sauta de l'autre côté.

Il était chez Villefort, il venait d'y entrer par escalade.

Il songea aux suites que pouvait avoir une pareille action, mais il n'était pas venu jusque-là pour reculer.

Il rasa quelque temps le mur, et, traversant l'allée d'un seul bond, il s'élança dans un massif.

En un instant il fut à l'extrémité de ce massif.

Il enjamba le mur et sauta de l'autre côté. — Page 95.

Du point où il était parvenu on découvrait la maison.

Alors Morrel s'assura d'une chose qu'il avait déjà soupçonnée en essayant de glisser son regard à travers les arbres : c'est qu'au lieu des lumières qu'il pensait voir briller à chaque fenêtre, ainsi qu'il est naturel aux jours de cérémonie, il ne vit rien que la masse grise et voilée encore par un grand rideau d'ombre que projetait un nuage immense épandu sur la lune.

Une lumière courait de temps en temps comme éperdue, et passait devant trois fenêtres du premier étage.

Ces trois fenêtres étaient celles de l'appartement de madame de Saint-Méran.

Une autre lumière restait immobile derrière des rideaux rouges.

Ces rideaux rouges étaient ceux de la chambre à coucher de madame de Villefort.

Morrel devina tout cela.

Tant de fois, pour suivre Valentine en pensée à toute heure du jour, tant de fois, disons-nous, il

Le docteur d'Avrigny.

s'était fait faire le plan de cette maison, que, sans l'avoir vue, il la connaissait.

Le jeune homme fut encore plus épouvanté de cette obscurité et de ce silence qu'il ne l'avait été de l'absence de Valentine.

Éperdu, fou de douleur, décidé à tout braver pour revoir Valentine et s'assurer du malheur qu'il pressentait, quel qu'il fût, Morrel gagna la lisière du massif, et s'apprêtait à traverser le plus rapidement possible le parterre complétement découvert, quand un son de voix encore assez éloigné, mais que le vent lui apportait, parvint jusqu'à lui.

A ce bruit il fit un pas en arrière.

Déjà à moitié sorti du feuillage, il s'y enfonça complétement et demeura immobile et muet, enfoui dans son obscurité.

Sa résolution était prise.

Si c'était Valentine seule, il l'avertirait par un mot au passage; si Valentine était accompagnée, il la verrait, au moins, et s'assurerait qu'il ne lui était arrivé aucun malheur; si c'étaient des étrangers, il saisirait quelques mots de leur conversation et arriverait à comprendre ce mystère incompréhensible jusque-là.

Paris. — Imp. de Edouard Blot, rue St-Louis, 46.

La lune alors sortit du nuage qui la cachait, et, sur la porte du perron, Morrel vit apparaître Villefort suivi d'un homme vêtu de noir.

Ils descendirent les marches et s'avancèrent vers le massif.

Ils n'avaient pas fait quatre pas, que, dans cet homme vêtu de noir, Morrel avait reconnu le docteur d'Avrigny.

Le jeune homme, en les voyant venir à lui, recula machinalement devant eux jusqu'à ce qu'il rencontrât le tronc d'un sycomore qui faisait le centre d'un massif; là il fut forcé de s'arrêter.

Bientôt le sable cessa de crier sous les pas des deux promeneurs.

— Ah! cher docteur, dit le procureur du roi, voici le ciel qui se déclare décidément contre notre maison. Quelle horrible mort! quel coup de foudre! N'essayez pas de me consoler; hélas! il n'y a pas de consolation pour un pareil malheur, la plaie est trop vive et trop profonde! Morte! morte!

Une sueur froide glaça le front du jeune homme et fit claquer ses dents. Qui donc était mort dans cette maison que Villefort lui-même disait maudite?

— Mon cher monsieur de Villefort, répondit le médecin avec un accent qui redoubla la terreur du jeune homme, je ne vous ai point amené ici pour vous consoler, tout au contraire.

— Que voulez-vous dire? demanda le procureur du roi effrayé.

— Je veux vous dire que derrière le malheur qui vient de vous arriver il en est un autre plus grand encore peut-être.

— Oh! mon Dieu! murmura Villefort en joignant les mains, qu'allez-vous me dire encore?

— Sommes-nous bien seuls, mon ami?

— Oh! oui, bien seuls. Mais que signifient toutes ces précautions?

— Elles signifient que j'ai une confidence terrible à vous faire, dit le docteur; asseyons-nous.

Villefort tomba plutôt qu'il ne s'assit sur un banc.

Le docteur resta debout devant lui, une main posée sur son épaule.

Morrel, glacé d'effroi, tenait d'une main son front et de l'autre comprimait son cœur dont il craignait qu'on entendît les battements.

— Morte! morte! répétait-il dans sa pensée avec la voix de son cœur.

Et lui-même se sentait mourir.

— Parlez, docteur, j'écoute, dit Villefort; frappez, je suis préparé à tout.

— Madame de Saint-Méran était bien âgée sans doute; mais elle jouissait d'une santé excellente.

Morrel respira pour la première fois depuis dix minutes.

— Le chagrin l'a tuée, dit Villefort; oui, le chagrin, docteur! Cette habitude de vivre depuis quarante ans près du marquis!...

— Ce n'est pas le chagrin, mon cher Villefort, dit le docteur. Le chagrin peut tuer, quoique les cas soient rares; mais il ne tue pas en un jour, mais il ne tue pas en une heure, mais il ne tue pas en dix minutes.

Villefort ne répondit rien; seulement il leva la tête, qu'il avait tenue baissée jusque-là, et régarda le docteur avec des yeux effarés.

— Vous êtes resté là pendant l'agonie? demanda M. d'Avrigny.

— Sans doute, répondit le procureur du roi; vous m'avez dit tout bas de ne pas m'éloigner.

— Avez-vous remarqué les symptômes du mal auquel madame de Saint-Méran a succombé?

— Certainement, madame de Saint-Méran a eu trois attaques successives à quelques minutes les unes des autres, et à chaque fois plus rapprochées et plus graves. Lorsque vous êtes arrivé, déjà depuis quelques minutes madame de Saint-Méran était haletante; elle eut alors une crise que je pris pour une simple attaque de nerfs; mais je ne commençai à m'effrayer réellement que lorsque je la vis se soulever sur son lit, les membres et le cou tendus. Alors, à votre visage, je compris que la chose était plus grave que je ne le croyais. La crise passée, je cherchai vos yeux, mais je ne les rencontrai pas. Vous teniez le pouls, vous en comptiez les battements, et la seconde crise parut que vous ne vous étiez pas encore retourné de mon côté. Cette seconde crise fut plus terrible que la première; les mêmes mouvements nerveux se reproduisirent, et la bouche se contracta et devint violette. A la troisième elle expira. Déjà, depuis la fin de la première, j'avais reconnu le tétanos; vous me confirmâtes dans cette opinion.

— Oui, devant tout le monde, reprit le docteur; mais maintenant nous sommes seuls.

— Qu'allez-vous me dire, mon Dieu?

— Que les symptômes du tétanos et de l'empoisonnement par les matières végétales sont absolument les mêmes.

M. de Villefort se dressa sur ses pieds; puis, après un instant d'immobilité et de silence, il retomba sur son banc.

— Oh! mon Dieu! docteur, dit-il, songez-vous bien à ce que vous me dites là?

Morrel ne savait pas s'il faisait un rêve ou s'il veillait.

— Écoutez, dit le docteur, je connais l'importance de ma déclaration et le caractère de l'homme à qui je la fais.

— Est-ce au magistrat ou à l'ami que vous parlez, demanda Villefort

— A l'ami, à l'ami seul en ce moment; les rapports entre les symptômes du tétanos et les symptômes de l'empoisonnement par les substances végétales sont tellement identiques, que, s'il me fallait signer ce que je dis là, je vous déclare que j'hésiterais. Aussi, je vous le répète, ce n'est point au magistrat que je m'adresse, c'est à l'ami. Eh bien! à l'ami, je dis : pendant les trois quarts d'heure qu'elle a duré, j'ai étudié l'agonie, les convulsions, la mort de madame de Saint-Méran; eh bien! dans ma conviction, non-seulement madame de Saint-Méran est morte empoisonnée, mais encore je dirais, oui, je dirais quel poison l'a tuée

— Monsieur! monsieur!

— Tout y est, voyez-vous : somnolence interrompue par des crises nerveuses, surexcitation du cerveau, torpeur des centres. Madame de Saint-Méran a succombé à une dose violente de brucine ou de strychnine, que par hasard, sans doute, que par erreur peut-être, on lui a administrée.

Villefort saisit la main du docteur.

— Oh! c'est impossible! dit-il. Je rêve, mon Dieu! je rêve! C'est effroyable d'entendre dire des choses pareilles à un homme comme vous! Au nom du ciel! je vous en supplie, cher docteur, dites-moi que vous pouvez vous tromper

— Sans doute, je le puis; mais.

— Mais?

— Mais je ne le crois pas.

— Docteur, prenez pitié de moi; depuis quelques jours il m'arrive tant de choses inouïes, que je crois à la possibilité de devenir fou.

— Un autre que moi a-t-il vu madame de Saint-Méran?

— Personne.

— A-t-on envoyé chez le pharmacien quelque ordonnance qu'on ne m'ait pas soumise?

— Aucune.

— Madame de Saint-Méran avait-elle des ennemis?

— Je ne lui en connais pas.

— Quelqu'un avait-il intérêt à sa mort?

— Mais non, mon Dieu! mais non : ma fille est sa seule héritière, Valentine seule... Oh! si une pareille pensée me pouvait venir, je me poignarderais pour punir mon cœur d'avoir pu un seul instant abriter une pareille pensée.

— Oh! s'écria à son tour M. d'Avrigny, cher ami, à Dieu ne plaise que j'accuse quelqu'un, je ne parle que d'un accident, comprenez-vous bien, d'une erreur. Mais, accident ou erreur, le fait est là qui parle tout bas à ma conscience, et qui veut que ma conscience vous parle tout haut. Informez-vous.

— A qui? comment? de quoi?

— Voyons, Barrois, le vieux domestique, ne se serait-il pas trompé, et n'aurait-il pas donné à madame de Saint-Méran quelque potion préparée pour son maître?

— Pour mon père?

— Oui.

— Mais comment une potion préparée pour M. Noirtier peut-elle empoisonner madame de Saint-Méran?

— Rien de plus simple : vous savez que dans certaines maladies les poisons deviennent un remède; la paralysie est une de ces maladies-là. A peu près depuis trois mois, par exemple, après avoir tout employé pour rendre le mouvement et la parole à M. Noirtier, je me suis décidé à tenter un dernier moyen; depuis trois mois, dis-je, je le traite par la brucine; ainsi, dans la dernière potion que j'ai commandée pour lui, il en entrait six centigrammes; six centigrammes sans action sur les organes paralysés de M. Noirtier, et auxquels d'ailleurs il s'est accoutumé par des doses successives, six centigrammes suffisent pour tuer toute autre personne que lui.

— Mon cher docteur, il n'y a aucune communication entre l'appartement de M. Noirtier et celui de madame de Saint-Méran, et jamais Barrois n'entrait chez ma belle-mère. Enfin, vous le dirai-je, docteur, quoique je vous sache l'homme le plus habile et surtout le plus consciencieux du monde, quoiqu'en toute circonstance votre parole soit pour moi un flambeau qui me guide à l'égal de la lumière du soleil, eh bien! docteur, eh bien! j'ai besoin, malgré cette conviction, de m'appuyer sur cet axiome : *Errare humanum est.*

— Écoutez, Villefort, dit le docteur, existe-t-il un de mes confrères en qui vous ayez autant de confiance qu'en moi?

— Pourquoi cela, dites? Où voulez-vous en venir?

— Appelez-le, je lui dirai ce que j'ai vu, ce que j'ai remarqué, nous ferons l'autopsie.

— Et vous trouverez des traces du poison?

— Non, pas du poison, je n'ai pas dit cela, mais nous constaterons l'exaspération du système nerveux, nous reconnaîtrons l'asphyxie patente, incontestable, et nous vous dirons : Cher Villefort, si c'est par négligence que la chose est arrivée, veillez sur vos serviteurs; si c'est par haine, veillez sur vos ennemis.

— Oh! mon Dieu! que me proposez-vous là, d'Avrigny? répondit Villefort abattu; du moment où il y aura un autre que vous dans le secret, une enquête deviendra nécessaire, et une enquête chez moi, impossible! Pourtant, continua le procureur du roi en se reprenant et en regardant le médecin avec inquiétude, pourtant, si vous le voulez, si vous l'exigez absolument, je le ferai. En effet, peut-être dois-je donner suite à cette affaire; mon caractère me le commande. Mais, docteur, vous me voyez d'avance pénétré de tristesse; introduire dans ma maison tant de scandale après tant de douleur! Oh! ma femme et ma fille en mourront; et moi, moi, docteur, vous le savez, un homme n'en arrive pas où j'en suis, un homme n'a pas été procureur du roi vingt-cinq ans sans s'être [illegible] nemis; les miens sont nombreux. Cette affaire ébruitée sera pour eux un triomphe qui les fera tressaillir de joie, et moi me couvrira de honte. Docteur, pardonnez-moi ces idées mondaines. Si vous étiez un prêtre, je n'oserais vous dire cela; mais vous êtes un homme, mais vous connaissez les autres hommes; docteur, docteur, vous ne m'avez rien dit, n'est-ce pas ?

— Mon cher monsieur de Villefort, répondit le docteur ébranlé, mon premier devoir est l'humanité. J'eusse sauvé madame de Saint-Méran si la science eût eu le pouvoir de le faire; mais elle est morte, je me dois aux vivants. Ensevelissons au plus profond de nos cœurs ce terrible secret. Je permettrai, si les yeux de quelques-uns s'ouvrent là-dessus, qu'on impute à mon ignorance le silence que j'aurai gardé. Cependant, monsieur, cherchez toujours, cherchez activement, car peut-être cela ne s'arrêtera-t-il point là... Et, quand vous aurez trouvé le coupable, si vous le trouvez, c'est moi qui vous dirai : Vous êtes magistrat, faites ce que vous voudrez!

— Oh ! merci, merci, docteur ! dit Villefort avec une joie indicible, je n'ai jamais eu de meilleur ami que vous.

Et, comme s'il eût craint que le docteur d'Avrigny ne revînt sur cette concession, il se leva et entraîna le docteur du côté de la maison.

Ils s'éloignèrent.

Morrel, comme s'il eût eu besoin de respirer, sortit sa tête du taillis, et la lune éclaira ce visage si pâle, qu'on eût pu le prendre pour un fantôme.

— Dieu me protége d'une manifeste mais terrible façon! dit-il; mais Valentine! Valentine! pauvre amie! résistera-t-elle à tant de douleurs?

En disant ces mots, il regardait alternativement la fenêtre aux rideaux rouges et les trois fenêtres aux rideaux blancs.

La lumière avait presque complétement disparu de la fenêtre aux rideaux rouges.

Sans doute madame de Villefort venait d'éteindre sa lampe, et la veilleuse seule envoyait son reflet aux vitres.

A l'extrémité du bâtiment, au contraire, il vit s'ouvrir une des trois fenêtres aux rideaux blancs.

Une bougie placée sur la cheminée jeta au dehors quelques rayons de sa pâle lumière, et une ombre vint un instant s'accouder au balcon.

Morrel frissonna.

Il lui semblait avoir entendu un sanglot.

Il n'était pas étonnant que cette âme, ordinairement si courageuse et si forte, maintenant troublée et exaltée par les deux plus fortes des passions humaines, l'amour et la peur, se fût affaiblie au point de subir des hallucinations superstitieuses.

Quoiqu'il fût impossible, caché comme il l'était, que l'œil de Valentine le distinguât, il crut se voir appeler par l'ombre de la fenêtre.

Son esprit troublé le lui disait, son cœur ardent le lui répétait.

Cette double erreur devenait une réalité irrésistible, et, par un de ces incompréhensibles élans de jeunesse, il bondit hors de sa cachette, et, en deux enjambées, au risque d'être vu, au risque d'effrayer Valentine, au risque de donner l'éveil par quelque cri involontaire échappé à la jeune fille, il franchit ce parterre que la lune faisait large et blanc comme un lac, et, gagnant la rangée de caisses d'orangers qui s'étendaient devant la maison, il atteignit les marches du perron qu'il monta rapidement, et poussa la porte, qui s'ouvrit sans résistance devant lui.

Valentine ne l'avait pas vu.

Ses yeux levés au ciel suivaient un nuage d'argent glissant sur l'azur, et dont la forme était celle d'une ombre qui monte au ciel.

Son esprit poétique et exalté lui disait que c'était l'âme de sa grand'mère.

Cependant, Morrel avait traversé l'antichambre et trouvé la rampe de l'escalier.

Des tapis étendus sur les marches assourdissaient son pas.

D'ailleurs Morrel en était arrivé à ce point d'exaltation que la présence de M. de Villefort lui-même ne l'eût pas effrayé. Si M. de Villefort se fût présenté à sa vue, sa résolution était prise.

Il s'approchait de lui et lui avouait tout, en le priant d'excuser et d'approuver cet amour qui l'unissait à sa fille, et sa fille à lui.

Morrel était fou.

Par bonheur il ne vit personne.

Ce fut alors surtout que cette connaissance qu'il avait prise par Valentine du plan intérieur de la maison lui servit.

Il arriva sans accident au haut de l'escalier, et comme, arrivé là, il s'orientait, un sanglot dont il reconnut l'expression lui indiqua le chemin qu'il avait à suivre, il se retourna.

Une porte entre-bâillée laissait arriver à lui le reflet d'une lumière et le son de la voix gémissante.

Il poussa cette porte et entra.

Au fond d'une alcôve, sous le drap blanc qui recouvrait sa tête et dessinait sa forme, gisait la morte, plus effrayante encore aux yeux de Morrel depuis la révélation du secret dont le hasard l'avait fait possesseur.

A côté du lit, à genoux, la tête ensevelie dans les coussins d'une large bergère, Valentine, frissonnante et soulevée par les sanglots, étendait audessus de sa tête, qu'on ne voyait pas, ses deux mains jointes et roidies.

Elle avait quitté la fenêtre restée ouverte, et priait tout haut avec des accents qui eussent touché le cœur le plus insensible.

La parole s'échappait de ses lèvres, rapide, inco-

Valentine lui montra le cadavre gisant sous le drap funèbre.

hérente, inintelligible, tant la douleur serrait la gorge de ses brûlantes étreintes.

La lune, glissant à travers l'ouverture des persiennes, laissait pâlir la lueur de la bougie, et azurait de ses teintes funèbres ce tableau de désolation

Morrel ne put résister à ce spectacle.

Il n'était pas d'une piété exemplaire, il n'était pas facile à impressionner, mais Valentine souffrant, pleurant, se tordant les bras à sa vue, c'était plus qu'il n'en pouvait supporter en silence.

Il poussa un soupir, murmura un nom, et la tête noyée dans les pleurs et marbrée par le velours du fauteuil, une tête de Madeleine du Corrége, se releva et demeura tournée vers lui.

Valentine le vit et ne témoigna point d'étonnement.

Il n'y a plus d'émotions intermédiaires dans un cœur gonflé par un désespoir suprême.

Morrel tendit la main à son amie.

Valentine, pour toute excuse de ce qu'elle n'avait point été le trouver, lui montra le cadavre gisant sous le drap funèbre, et recommença à sangloter.

Ni l'un ni l'autre n'osaient parler dans cette chambre.

Chacun hésitait à rompre ce silence que semblait commander la mort debout dans quelque coin et le doigt sur les lèvres

Enfin Valentine osa la première.

— Ami, dit-elle, comment êtes-vous ici? Hélas! je vous dirais : Soyez le bienvenu, si ce n'était pas la mort qui vous eût ouvert la porte de cette maison.

— Valentine, dit Morrel d'une voix tremblante et les mains jointes, j'étais là depuis huit heures et demie; je ne vous voyais point venir; l'inquiétude m'a pris, j'ai sauté par-dessus le mur, j'ai pénétré dans le jardin, alors des voix qui s'entretenaient du fatal accident..

— Quelles voix? dit Valentine.

Morrel frémit, car toute la conversation du docteur et de M. de Villefort lui revint à l'esprit, et, à travers le drap, il croyait voir ces bras tordus, ce cou roidi, ces lèvres violettes.

— Les voix de vos domestiques, dit-il, m'ont tout appris.

— Mais venir jusqu'ici, c'est nous perdre, mon ami, dit Valentine sans effroi et sans colère

— Pardonnez-moi, répondit Morrel du même ton, je vais me retirer.

— Non, dit Valentine, on vous rencontrerait. restez

— Mais si l'on venait?

La jeune fille secoua la tête

— Personne ne viendra, dit-elle : soyez tranquille; voilà notre sauvegarde.

Et elle montra la forme du cadavre, moulée par le drap.

— Mais qu'est-il arrivé à M. d'Épinay, dites-moi, je vous en supplie? reprit Morrel.

— M. Franz est arrivé pour signer le contrat au moment où ma bonne grand'mère rendait le dernier soupir

— Hélas! dit Morrel avec un sentiment de joie égoïste; car il songeait en lui-même que cette mort retardait indéfiniment le mariage de Valentine.

— Mais ce qui redouble ma douleur, continua la jeune fille, comme si ce sentiment eût dû recevoir à l'instant même sa punition; c'est que cette pauvre chère aïeule, en mourant, a ordonné qu'on terminât le mariage le plus tôt possible; elle aussi, mon Dieu! en croyant me protéger, elle aussi agissait contre moi.

— Écoutez! dit Morrel.

Les jeunes gens firent silence.

On entendit la porte qui s'ouvrit, et des pas firent craquer le parquet du corridor et les marches de l'escalier.

— C'est mon père qui sort de son cabinet, dit Valentine.

— Et qui reconduit le docteur, ajouta Morrel.

— Comment savez-vous que c'est le docteur? demanda Valentine étonnée.

— Je le présume, dit Morrel.

Valentine regarda le jeune homme.

Cependant, on entendit la porte de la rue se fermer.

M. de Villefort alla donner en outre un tour de clef à celle du jardin, puis il remonta l'escalier.

Arrivé dans l'antichambre, il s'arrêta un instant comme s'il hésitait s'il devait entrer chez lui ou dans la chambre de madame de Saint-Méran.

Morrel se jeta derrière une portière.

Valentine ne fit pas un mouvement.

On eût dit qu'une suprême douleur la plaçait au-dessus des craintes ordinaires.

M. de Villefort rentra chez lui.

— Maintenant, dit Valentine, vous ne pouvez plus sortir ni par la porte du jardin ni par celle de la rue.

Morrel regarda la jeune fille avec étonnement.

— Maintenant, dit-elle, il n'y a plus qu'une issue permise et sûre, c'est celle de l'appartement de mon grand-père

Elle se leva.

— Venez, dit-elle.

— Où cela? demanda Maximilien.

— Chez mon grand-père.

— Moi, chez M. Noirtier!

— Oui

— Y songez-vous, Valentine?

— J'y songe, et depuis longtemps. Je n'ai plus que cet ami au monde, et nous avons tous deux besoin de lui... Venez

— Prenez garde, Valentine, dit Morrel, hésitant à faire ce que lui ordonnait la jeune fille, prenez garde, le bandeau est tombé de mes yeux, en venant ici, j'ai accompli un acte de démence. Avez-vous bien vous-même toute votre raison, chère amie?

— Oui, dit Valentine, et je n'ai qu'un scrupule au monde, c'est de laisser seuls les restes de ma pauvre grand'mère, que je me suis chargée de garder

— Valentine, dit Morrel, la mort est sacrée par elle-même

— Oui, répondit la jeune fille, d'ailleurs ce sera court, venez.

Valentine traversa le corridor et descendit un petit escalier qui conduisait chez Noirtier.

Morrel la suivait sur la pointe du pied.

Arrivés sur le palier de l'appartement, ils trouvèrent le vieux domestique.

— Barrois, dit Valentine, fermez la porte et ne laissez entrer personne.

Elle passa la première.

Noirtier, encore dans son fauteuil, attentif au moindre bruit, instruit par son vieux serviteur de tout ce qui se passait, fixait des regards avides sur l'entrée de la chambre.

Il vit Valentine, et son œil brilla.

Il y avait dans la démarche et dans l'attitude de la jeune fille quelque chose de grave et de solennel qui frappa le vieillard.

Aussi, de brillant qu'il était, son œil devint-il interrogateur.

— Cher père, dit-elle d'une voix brève, écoute-moi bien : tu sais que bonne-maman Saint-Méran est morte il y a une heure, et que maintenant, excepté toi, je n'ai plus personne qui m'aime au monde?

Une expression de tendresse infinie passa dans les yeux du vieillard.

— C'est donc à toi seul, n'est-ce pas, que je dois confier mes chagrins ou mes espérances?

Le paralytique fit signe que oui.

Valentine prit Maximilien par la main.

— Alors, lui dit-elle, regarde bien monsieur.

Le vieillard fixa son œil scrutateur et légèrement étonné sur Morrel.

— C'est M. Maximilien Morrel, dit-elle, le fils de cet honnête négociant de Marseille dont tu as sans doute entendu parler.

— Oui, fit le vieillard.

— C'est un nom irréprochable, que Maximilien est en train de rendre glorieux, car, à trente ans, il est capitaine de spahis, officier de la Légion d'honneur.

Le vieillard fit signe qu'il se le rappelait.

— Eh bien! bon-papa, dit Valentine en se mettant à deux genoux devant le vieillard et en montrant Maximilien d'une main, je l'aime et ne serai qu'à lui! Si l'on me force d'en épouser un autre, je me laisserai mourir ou je me tuerai.

Les yeux du paralytique exprimaient tout un monde de pensées tumultueuses.

— Tu aimes M. Maximilien Morrel, n'est-ce point, bon-papa? demanda la jeune fille.

— Oui, fit le vieillard immobile.

— Et tu peux bien nous protéger, nous qui sommes aussi tes enfants, contre la volonté de mon père?

Noirtier attacha son regard intelligent sur Morrel, comme pour lui dire :

— C'est selon.

Maximilien comprit.

— Mademoiselle, dit-il, vous avez un devoir sacré à remplir dans la chambre de votre aïeule; voulez-vous me permettre d'avoir l'honneur de causer un instant avec M. Noirtier?

— Oui, oui, c'est cela, fit l'œil du vieillard.

Puis il regarda Valentine avec inquiétude.

— Comment il fera pour te comprendre, veux-tu dire, bon père?

— Oui.

— Oh! sois tranquille; nous avons si souvent parlé de toi, qu'il sait bien comment je te parle.

Puis, se tournant vers Maximilien avec un adorable sourire, quoique ce sourire fût voilé par une profond tristesse.

— Il sait tout ce que je sais, dit-elle.

Valentine se releva, approcha un siége pour Morrel, recommanda à Barrois de ne laisser entrer personne, et, après avoir tendrement embrassé son grand-père et dit adieu tristement à Morrel, elle partit.

Alors Morrel, pour prouver à Noirtier qu'il avait la confiance de Valentine et connaissait tous leurs secrets, prit le dictionnaire, la plume et le papier, et plaça le tout sur une table où il y avait une lampe.

— Mais d'abord, dit Morrel, permettez-moi, monsieur, de vous raconter qui je suis, comment j'aime mademoiselle Valentine, et quels sont mes desseins à son égard.

— J'écoute, fit Noirtier.

C'était un spectacle assez imposant que ce vieillard, inutile fardeau en apparence, et qui était devenu le seul protecteur, le seul appui, le seul juge de deux amants jeunes, beaux, forts, et entrant dans la vie.

Sa figure, empreinte d'une noblesse et d'une austérité remarquables, imposait à Morrel, qui commença son récit en tremblant.

Il raconta alors comment il avait connu, comment il avait aimé Valentine, et comment Valentine, dans son isolement et son malheur, avait accueilli l'offre de son dévouement.

Il lui dit quelle était sa naissance, sa position, sa fortune; et, plus d'une fois, lorsqu'il interrogea le regard du paralytique, ce regard lui répondit :

— C'est bien, continuez.

— Maintenant, dit Morrel quand il eut fini cette première partie de son récit, maintenant que je vous ai dit, monsieur, mon amour et mes espérances, dois-je vous dire nos projets?

— Oui, fit le vieillard.

— Eh bien! voilà ce que nous avions résolu.

Et alors il raconta tout à Noirtier; comment un cabriolet attendait dans l'enclos, comment il comptait enlever Valentine, la conduire chez sa sœur, l'épouser, et, dans une respectueuse attente, espérer le pardon de M. de Villefort.

— Non, dit Noirtier.

— Non? reprit Morrel, ce n'est pas ainsi qu'il faut faire?

— Non.

— Ainsi, ce projet n'a point votre assentiment?

— Non.

— Eh bien! il y a un autre moyen, dit Morrel.

Le regard interrogateur du vieillard demanda :

— Lequel?

— Eh bien! bon-papa, dit Valentine à genoux en montrant Maximilien. — Page 103.

— J'irai, continua Maximilien, j'irai trouver M. Franz d'Épinay ; je suis heureux de pouvoir vous dire cela en l'absence de mademoiselle de Villefort, et je me conduirai avec lui de façon à le forcer d'être un galant homme.

Le regard de Noirtier continua d'interroger.

— Ce que je ferai ?

— Oui.

— Le voici. Je l'irai trouver, comme je vous le disais ; je lui raconterai les liens qui m'unissent à mademoiselle Valentine ; si c'est un homme délicat, il prouvera sa délicatesse en renonçant de lui-même à la main de sa fiancée, et mon amitié et mon dévouement lui sont de cette heure acquis jusqu'à la mort ; s'il refuse, soit que l'intérêt le pousse, soit qu'un ridicule orgueil le fasse persister, après lui avoir prouvé qu'il contraindrait ma femme, que Valentine m'aime et ne peut aimer un autre que moi, je me battrai avec lui, en lui donnant tous les avantages, et je le tuerai ou il me tuera ; si je le tue, il n'épousera pas Valentine ; s'il me tue, je serai bien sûr que Valentine ne l'épousera pas.

Noirtier considérait avec un plaisir indicible cette noble et sincère physionomie sur laquelle se pei-

Le convoi. — PAGE 103.

gnaient tous les sentiments que sa langue exprimait, en y ajoutant par l'expression d'un beau visage tout ce que la couleur ajoute à un dessin solide et vrai.

Cependant, lorsque Morrel eut fini de parler, Noirtier ferma les yeux à plusieurs reprises, ce qui était, on le sait, sa manière de dire non.

— Non? dit Morrel. Ainsi, vous désapprouvez ce second projet, comme vous avez déjà désapprouvé le premier?

— Oui, je le désapprouve, fit le vieillard.

— Mais que faire alors, monsieur? demanda Morrel. Les dernières paroles de madame de Saint-Méran ont été pour que le mariage ne se fit point attendre dois-je laisser les choses s'accomplir?

Noirtier resta immobile.

— Oui, je comprends, dit Morrel, je dois attendre.

— Oui

— Mais tout délai nous perdra, monsieur, reprit le jeune homme. Seule, Valentine est sans force, et on la contraindra comme un enfant. Entré ici miraculeusement pour savoir ce qui s'y passe, admis miraculeusement devant vous, je ne puis raisonna-

Paris. — Imp. de Edouard Blot, rue S -Louis, 46

blement espérer que ces bonnes chances se renouvellent. Croyez-moi, il n'y a que l'un ou l'autre des partis que je vous propose, pardonnez cette vanité à ma jeunesse, qui soit le bon ; dites-moi celui des deux que vous préférez : autorisez-vous mademoiselle Valentine à se confier à mon honneur?

— Non.

— Préférez-vous que j'aille trouver M. d'Épinay?

— Non.

— Mais, mon Dieu! de qui nous viendra le secours que nous attendons du ciel?

Le vieillard sourit des yeux comme il avait l'habitude de sourire quand on lui parlait du ciel. Il était toujours resté un peu d'athéisme dans les idées du vieux jacobin.

— Du hasard? reprit Morrel

— Non.

— De vous?

— Oui.

— De vous?

— Oui, répéta le vieillard.

— Vous comprenez bien ce que je vous demande, monsieur? Excusez mon insistance, car ma vie est dans votre réponse; notre salut nous viendra de vous?

— Oui.

— Vous en êtes sûr?

— Oui.

— Vous en répondez?

— Oui.

Et il y avait, dans le regard qui donnait cette affirmation, une telle fermeté, qu'il n'y avait pas moyen de douter de la volonté, sinon de la puissance.

— Oh! merci, monsieur, merci cent fois! Mais comment, à moins qu'un miracle du Seigneur ne vous rende la parole, le geste, le mouvement, comment pourrez-vous, vous, enchaîné dans ce fauteuil, vous, muet et immobile, comment pourrez-vous vous opposer à ce mariage?

Un sourire éclaira le visage du vieillard, sourire étrange que celui des yeux sur un visage immobile.

— Ainsi, je dois attendre? demanda le jeune homme.

— Oui.

— Mais le contrat?

Le même sourire reparut.

— Voulez-vous donc me dire qu'il ne sera pas signé?

— Oui, dit Noirtier

— Ainsi le contrat ne sera même pas signé! s'écria Morrel. Oh! pardonnez, monsieur! à l'annonce d'un grand bonheur, il est bien permis de douter. Le contrat ne sera pas signé?

— Non, dit le paralytique.

Malgré cette assurance, Morrel hésitait à croire. Cette promesse d'un vieillard impotent était si étrange, qu'au lieu de venir d'une force de volonté, elle pouvait émaner d'un affaiblissement des organes.

N'est-il pas naturel que l'insensé qui ignore sa folie prétende réaliser des choses au-dessus de sa puissance?

Le faible parle des fardeaux qu'il soulève, le timide des géants qu'il affronte, le pauvre des trésors qu'il manie; le plus humble paysan, au compte de son orgueil, s'appelle Jupiter.

Soit que Noirtier eût compris l'indécision du jeune homme, soit qu'il n'ajoutât pas complétement foi à la docilité qu'il avait montrée, il le regarda fixement.

— Que voulez-vous, monsieur? demanda Morrel, que je vous renouvelle ma promesse de ne rien faire?

Le regard de Noirtier demeura fixe et ferme, comme pour dire qu'une promesse ne lui suffisait pas; puis il passa du visage à la main.

— Voulez-vous que je jure, monsieur? demanda Maximilien.

— Oui, fit le paralytique avec la même solennité, je le veux.

Morrel comprit que le vieillard attachait une grande importance à ce serment.

Il étendit la main.

— Sur mon honneur, dit-il, je vous jure d'attendre ce que vous aurez décidé pour agir contre M. d'Épinay.

— Bien, fit des yeux le vieillard.

— Maintenant, monsieur, demanda Morrel, ordonnez-vous que je me retire?

— Oui.

— Sans revoir mademoiselle Valentine?

— Oui.

Morrel fit signe qu'il était prêt à obéir.

— Maintenant, continua Morrel, permettez-vous, monsieur, que votre fils vous embrasse comme l'a fait tout à l'heure votre fille?

Il n'y avait pas à se tromper à l'expression des yeux de Noirtier.

Le jeune homme posa sur le front du vieillard ses lèvres au même endroit où la jeune fille avait posé les siennes.

Puis il salua une seconde fois le vieillard et sortit.

Sur le carré, il trouva le vieux serviteur prévenu par Valentine.

Celui-ci attendait Morrel et le guida par les détours d'un corridor sombre qui conduisait à une petite porte donnant sur le jardin.

Arrivé là, Morrel gagna la grille.

Par la charmille, il fut en un instant au haut du mur, et, par son échelle, en une seconde il fut dans l'enclos à la luzerne, où son cabriolet l'attendait toujours.

Il y monta, et, brisé par tant d'émotions, mais le cœur plus libre, il rentra vers minuit rue Meslay, se jeta sur son lit et dormit comme s'il eût été plongé dans une profonde ivresse.

CHAPITRE XV.

LE CAVEAU DE LA FAMILLE VILLEFORT.

A deux jours de là, une foule considérable se trouvait rassemblée, vers dix heures du matin, à la porte de M. de Villefort, et l'on avait vu s'avancer une longue file de voitures de deuil et de voitures particulières tout le long du faubourg Saint-Honoré et de la rue de la Pépinière.

Parmi ces voitures, il y en avait une d'une forme singulière et qui paraissait avoir fait un long voyage.

C'était une espèce de fourgon peint en noir et qui, un des premiers, s'était trouvé au funèbre rendez-vous.

Alors on s'était informé, et l'on avait appris que, par une coïncidence étrange, cette voiture renfermait le corps de M. le marquis de Saint-Méran, et que ceux qui étaient venus pour un seul convoi suivraient deux cadavres.

Le nombre de ceux-là était grand.

M. le marquis de Saint-Méran, l'un des dignitaires les plus zélés et les plus fidèles du roi Louis XVIII et du roi Charles X, avait conservé grand nombre d'amis, qui, joints aux personnes que les convenances sociales mettaient en relation avec Villefort, formaient une troupe considérable.

On fit prévenir aussitôt les autorités, et l'on obtint que les deux convois se feraient en même temps.

Une seconde voiture, parée avec la même pompe mortuaire, fut amenée devant la porte de M. de Villefort et le cercueil transporté du fourgon de poste sur le carrosse funèbre.

Les deux corps devaient être inhumés dans le cimetière du Père-Lachaise, où, depuis longtemps, M. de Villefort avait fait élever le caveau destiné à la sépulture de toute sa famille.

Dans ce caveau avait déjà été déposé le corps de la pauvre Renée, que son père et sa mère venaient rejoindre après dix années de séparation.

Paris, toujours curieux, toujours ému des pompes funéraires, vit avec un religieux silence passer le cortége splendide qui accompagnait à leur dernière demeure deux des noms de cette vieille aristocratie les plus célèbres pour l'esprit traditionnel, pour la sûreté du commerce et le dévouement obstiné aux principes.

Dans la même voiture de deuil, Beauchamp, Albert et Château-Renaud s'entretenaient de cette mort presque subite.

— J'ai vu madame de Saint-Méran, l'an dernier encore, à Marseille, disait Château-Renaud; je revenais d'Algérie. C'était une femme destinée à vivre cent ans, grâce à sa santé parfaite, à son esprit toujours présent et à son activité toujours prodigieuse. Quel âge avait-elle?

— Soixante-six ans, répondit Albert, du moins à ce que Franz m'a assuré. Mais ce n'est point l'âge qui l'a tuée, c'est le chagrin qu'elle a ressenti de la mort du marquis. Il paraît que, depuis cette mort, qui l'avait violemment ébranlée, elle n'a pas repris complétement la raison.

— Mais, enfin, de quoi est-elle morte? demanda Beauchamp.

— D'une congestion cérébrale, à ce qu'il paraît; ou d'une apoplexie foudroyante. N'est-ce pas la même chose?

— Mais à peu près.

— D'apoplexie, dit Beauchamp ; c'est difficile à croire. Madame de Saint-Méran, que j'ai vue aussi une fois ou deux dans ma vie, était petite, grêle de formes et d'une constitution bien plus nerveuse que sanguine. Elles sont rares les apoplexies produites par le chagrin sur un corps d'une constitution pareille à celui de madame de Saint-Méran.

— En tout cas, dit Albert, quelle que soit la maladie ou le médecin qui l'a tuée, voilà M. de Villefort, ou plutôt mademoiselle Valentine, ou plutôt encore notre ami Franz, en possession d'un magnifique héritage, quatre-vingt mille livres de rente, je crois.

— Héritage qui sera presque doublé à la mort de ce vieux jacobin de Noirtier.

— En voilà un grand-père tenace! dit Beauchamp. *Tenacem propositi virum.* Il a parié contre la mort, je crois, qu'il enterrerait tous ses héritiers. Il y réussira, ma foi. C'est bien le vieux conventionnel de 93, qui disait à Napoléon en 1814 :

« Vous baissez, parce que votre empire est une jeune tige fatiguée par sa croissance ; prenez la République pour tuteur, retournons avec une bonne constitution sur les champs de bataille, et je vous promets cinq cent mille soldats, un autre Marengo et un second Austerlitz.

« Les idées ne meurent pas, sire ; elles sommeillent quelquefois, mais elles se réveillent plus fortes qu'avant de s'endormir. »

— Il paraît, dit Albert, que, pour lui, les hommes sont comme les idées ; seulement une chose m'inquiète, c'est de savoir comment Franz d'Épinay s'accommodera d'un grand-beau-père qui ne peut se passer de sa femme ; mais où est-il, Franz?

— Mais il est dans la première voiture, avec M. de Villefort, qui le considère déjà comme étant de la famille.

Dans chacune des voitures qui suivaient le deuil, la conversation était à peu près pareille ; on s'étonnait de ces deux morts si rapprochées et si rapides, mais dans aucune on ne soupçonnait le terrible secret qu'avait, dans sa promenade nocturne, révélé M. d'Avrigny à M. de Villefort.

Au bout d'une heure de marche à peu près, on arriva à la porte du cimetière

Il faisait un temps calme, mais sombre, et, par conséquent, assez en harmonie avec la funèbre cérémonie qu'on y venait accomplir.

Parmi les groupes qui se dirigèrent vers le caveau de famille, Château-Renaud reconnut Morrel, qui était venu tout seul et en cabriolet.

Il marchait seul, très-pâle et silencieux sur le petit chemin bordé d'ifs.

— Vous ici? dit Château-Renaud en passant son bras sous celui du jeune capitaine ; vous connaissez donc M. de Villefort? Comment se fait-il donc, en ce cas, que je ne vous aie jamais vu chez lui?

— Ce n'est pas M. de Villefort que je connais, répondit Morrel, c'est madame de Saint-Méran que je connaissais.

En ce moment, Albert les rejoignit avec Franz.

— L'endroit est mal choisi pour une présentation, dit Albert; mais, n'importe, nous ne sommes pas superstitieux. Monsieur Morrel, permettez que je vous présente M. Franz d'Épinay, un excellent compagnon de voyage, avec lequel j'ai fait le tour de l'Italie. Mon cher Franz, M. Maximilien Morrel,

Il salua Franz en se contenant.

un excellent ami, que je me suis acquis en ton absence, et dont tu entendras revenir le nom dans ma conversation toutes les fois que j'aurai à parler de cœur, d'esprit et d'amabilité.

Morrel eut un moment d'indécision.

Il se demanda si ce n'était pas une condamnable hypocrisie que ce salut presque amical adressé à l'homme qu'il combattait sourdement; mais son serment et la gravité des circonstances lui revinrent en mémoire.

Il s'efforça de ne rien laisser paraître sur son visage, et salua Franz en se contenant.

— Mademoiselle de Villefort est bien triste, n'est-ce pas? dit Debray à Franz.

— Oh! monsieur, répondit Franz, d'une tristesse inexprimable; ce matin elle était si défaite, que je l'ai à peine reconnue.

Ces mots, si simples en apparence, brisèrent le cœur de Morrel.

Cet homme avait donc vu Valentine, il lui avait donc parlé?

Ce fut alors que le jeune et bouillant officier eut besoin de toute sa force pour résister au désir de violer son serment.

Il prit le bras de Château-Renaud et l'entraîna rapidement vers le caveau, devant lequel les employés des pompes funèbres venaient de déposer les deux cercueils.

— Magnifique habitation, dit Beauchamp en jetant les yeux sur le mausolée, palais d'été; palais d'hiver. Vous y demeurerez à votre tour, mon cher d'Épinay, car vous voilà bientôt de la famille. Moi, en ma qualité de philosophe, je veux une petite maison de campagne, un cottage là-bas, sous les arbres, et pas tant de pierre de taille sur mon pauvre corps. En mourant, je dirai à ceux qui m'entoureront ce que Voltaire écrivait à Piron : *Eo rus*, et tout sera fini... Allons, morbleu ! Franz, du courage; votre femme hérite.

— En vérité, Beauchamp, dit Franz, vous êtes insupportable. Les affaires politiques vous ont donné l'habitude de rire de tout, et les hommes qui mènent les affaires ont l'habitude de ne croire à rien. Mais enfin, Beauchamp, quand vous avez l'honneur de vous trouver avec des hommes ordinaires, et le bonheur de quitter un instant la politique, tâchez donc de reprendre votre cœur que vous laissez au bureau des cannes de la Chambre des députés ou de la Chambre des pairs.

— Eh ! mon Dieu, dit Beauchamp, qu'est-ce que la vie ? une halte dans l'antichambre de la mort.

— Je prends Beauchamp en grippe, dit Albert.

Et il se retira à quatre pas en arrière avec Franz, laissant Beauchamp continuer ses dissertations philosophiques avec Debray.

Le caveau de la famille de Villefort formait un carré de pierres blanches d'une hauteur de vingt pieds environ.

Une séparation intérieure divisait en deux compartiments la famille Saint-Méran et la famille Villefort, et chaque compartiment avait sa porte d'entrée.

On ne voyait pas, comme dans les autres tombeaux, ces ignobles tiroirs superposés dans lesquels une économe distribution enferme les morts avec inscription qui ressemble à une étiquette; tout ce que l'on apercevait d'abord par la porte de bronze était une antichambre sévère et sombre, séparée par un mur du véritable tombeau.

C'était au milieu de ce mur que s'ouvraient les deux portes dont nous parlions tout à l'heure, et qui communiquaient aux sépultures Villefort et Saint-Méran.

Là, pouvaient s'exhaler en liberté les douleurs, sans que les promeneurs folâtres, qui font d'une visite au Père-Lachaise partie de campagne ou rendez-vous d'amour, vinssent troubler par leur chant, par leurs cris ou par leurs courses, la muette contemplation ou la prière baignée de larmes de l'habitant du caveau.

Les deux cercueils entrèrent dans le caveau de droite : c'était celui de la famille de Saint-Méran; ils furent placés sur des tréteaux préparés, et qui attendaient d'avance leur dépôt mortel.

Villefort, Franz et quelques proches parents pénétrèrent seuls dans le sanctuaire.

Comme les cérémonies religieuses avaient été accomplies à la porte, et qu'il n'y avait pas de discours à prononcer, les assistants se séparèrent aussitôt.

Château-Renaud, Albert et Morrel se retirèrent de leur côté, et Debray et Beauchamp du leur.

Franz resta avec M. de Villefort.

A la porte du cimetière, Morrel s'arrêta sous le premier prétexte venu.

Il vit sortir Franz et M. de Villefort dans une voiture de deuil, et il conçut un mauvais présage de ce tête-à-tête.

Il revint donc à Paris, et, quoique lui-même fût dans la même voiture que Château-Renaud et Albert, il n'entendit pas un mot de ce que dirent les deux jeunes gens.

En effet, au moment où Franz allait quitter M. de Villefort.

— Monsieur le baron, avait dit celui-ci, quand vous reverrai-je ?

— Quand vous voudrez, monsieur, avait répondu Franz.

— Le plus tôt possible.

— Je suis à vos ordres, monsieur ; vous plaît-il que nous revenions ensemble ?

— Si cela ne vous cause aucun dérangement ?

— Aucun.

Ce fut ainsi que le futur beau-père et le futur gendre montèrent dans la même voiture, et que Morrel, en les voyant passer, conçut avec raison de graves inquiétudes.

Villefort et Franz revinrent au faubourg Saint-Honoré.

Le procureur du roi, sans entrer chez personne, sans parler ni à sa femme ni à sa fille, fit passer le jeune homme dans son cabinet, et lui montrant une chaise :

— Monsieur d'Épinay, lui dit-il, je dois vous rappeler, et le moment n'est peut-être pas si mal choisi qu'on pourrait le croire au premier abord, car l'obéissance aux morts est la première offrande qu'il faut déposer sur le cercueil ; je dois donc vous rappeler le vœu qu'exprimait avant-hier madame de Saint-Méran sur son lit d'agonie, c'est que le mariage de Valentine ne souffre pas de retard. Vous savez que les affaires de la défunte sont parfaitement en règle ; que son testament assure à Valentine toute la fortune des Saint-Méran ; le notaire m'a montré hier les actes qui permettent de rédiger d'une manière définitive le contrat de mariage. Vous pouvez voir le notaire et vous faire de ma part communiquer ces actes. Le notaire, c'est

M. Deschamps, place Beauveau, faubourg Saint-Honoré

— Monsieur, répondit d'Épinay, ce n'est pas le moment peut-être pour mademoiselle Valentine, plongée comme elle est dans la douleur, de songer à un époux; en vérité, je craindrais..

— Valentine, interrompit M. de Villefort, n'aura pas de plus vif désir que celui de remplir les dernières intentions de sa grand'mère ; ainsi les obstacles ne viendront pas de ce côté, je vous en réponds.

— En ce cas, monsieur, répondit Franz, comme ils ne viendront pas non plus du mien, vous pouvez faire à votre convenance ; ma parole est engagée, et je l'acquitterai, non-seulement avec plaisir, mais encore avec bonheur.

— Alors, dit Villefort, rien ne nous arrête plus; le contrat devait être signé il y a trois jours, nous le trouverons donc tout préparé : on peut le signer aujourd'hui même.

— Mais le deuil! dit en hésitant Franz.

— Soyez tranquille, monsieur, reprit Villefort, ce n'est point dans ma maison que les convenances sont négligées. Mademoiselle de Villefort pourra se retirer pendant les trois mois voulus dans sa terre de Saint-Méran; je dis sa terre, car cette propriété est à elle. Là, dans huit jours, si vous le voulez bien, sans éclat, sans faste, le mariage civil sera conclu. C'était un désir de madame de Saint-Méran que sa petite-fille se mariât dans cette terre. Le mariage conclu, monsieur, vous pourrez revenir à Paris, tandis que votre femme passera le temps de son deuil avec sa belle-mère.

— Comme il vous plaira, monsieur, dit Franz.

— Alors, reprit M. de Villefort, prenez la peine d'attendre une demi-heure; Valentine va descendre au salon. J'enverrai chercher M. Deschamps; nous lirons et signerons le contrat séance tenante, et, dès ce soir, madame de Villefort conduira Valentine à sa terre, où, dans huit jours, nous irons les rejoindre.

— Monsieur, dit Franz, j'ai une seule demande à vous faire.

— Laquelle?

— Je désire qu'Albert de Morcerf et Raoul de Château-Renaud soient présents à cette signature; vous savez qu'ils sont mes témoins.

— Une demi-heure suffit pour les prévenir; voulez-vous les aller chercher vous-même? Voulez-vous les envoyer chercher?

— Je préfère y aller, monsieur.

— Je vous attendrai donc dans une demi-heure, baron; et, dans une demi-heure, Valentine sera prête.

Franz salua M. de Villefort et sortit.

A peine la porte de la rue se fut-elle refermée derrière le jeune homme, que Villefort envoya prévenir Valentine qu'elle eût à descendre au salon dans une demi-heure, parce qu'on attendait le notaire et les témoins de M. d'Épinay.

Cette nouvelle inattendue produisit une grande sensation dans la maison.

Madame de Villefort n'y voulut pas croire, et Valentine en fut écrasée comme d'un coup de foudre.

Elle regarda tout autour d'elle comme pour chercher à qui elle pouvait demander secours.

Elle voulut descendre chez son grand-père, mais elle rencontra sur l'escalier de M. de Villefort, qui la prit par le bras et l'amena dans le salon.

Dans l'antichambre, Valentine rencontra Barrois, et jeta au vieux serviteur un regard désespéré.

Un instant après Valentine, madame de Villefort entra au salon avec le petit Édouard.

Il était visible que la jeune femme avait eu sa part des chagrins de famille.

Elle était pâle et semblait horriblement fatiguée.

Elle s'assit, prit Édouard sur ses genoux, et de temps en temps pressait avec des mouvements presque convulsifs, sur sa poitrine, cet enfant sur lequel semblait se concentrer sa vie tout entière.

Bientôt on entendit le bruit de deux voitures qui entraient dans la cour.

L'une était celle du notaire, l'autre celle de Franz et de ses amis.

En un instant, tout le monde fut réuni au salon.

Valentine était si pâle, que l'on voyait les veines bleues de ses tempes se dessiner autour de ses yeux et courir le long de ses joues.

Franz ne pouvait se défendre d'une émotion assez vive.

Château-Renaud et Albert se regardaient avec étonnement.

La cérémonie qui venait de finir ne leur semblait pas plus triste que celle qui allait commencer.

Madame de Villefort s'était placée dans l'ombre, derrière un rideau de velours, et, comme elle était constamment penchée sur son fils, il était difficile de lire sur son visage ce qui se passait dans son cœur.

M. de Villefort était, comme toujours, impassible.

Le notaire, après avoir, avec la méthode ordinaire aux gens de loi, rangé les papiers sur la table, avoir pris place dans son fauteuil et avoir relevé ses lunettes, se retourna vers Franz :

— C'est vous, dit-il, qui êtes M. Franz de Quesnel, baron d'Épinay? demanda-t-il, quoiqu'il le sût parfaitement.

— Oui, monsieur, répondit Franz.

Le notaire s'inclina.

— Je dois donc vous prévenir, monsieur, dit-il, et cela de la part de M. de Villefort, que votre mariage projeté avec mademoiselle de Villefort a changé

Elle pressait Édouard contre sa poitrine avec des mouvements presque convulsifs. — Page 111.

les dispositions de M. Noirtier envers sa petite-fille, et qu'il aliène entièrement la fortune qu'il devait lui transmettre. Hâtons-nous d'ajouter, continua le notaire, que le testateur n'ayant le droit d'aliéner qu'une partie de sa fortune, et ayant aliéné le tout, le testament ne résistera point à l'attaque, mais sera déclaré nul et non avenu.

— Oui, dit Villefort : seulement je préviens d'avance M. d'Épinay que, de mon vivant, jamais le testament de mon père ne sera attaqué, ma position me défendant jusqu'à l'ombre d'un scandale.

— Monsieur, dit Franz, je suis fâché qu'on ait devant mademoiselle Valentine soulevé une pareille question. Je ne me suis jamais informé du chiffre de sa fortune, qui, si réduite qu'elle soit, sera plus considérable encore que la mienne. Ce que ma famille a recherché dans l'alliance de M. de Villefort, c'est la considération ; ce que je recherche, c'est le bonheur.

Valentine fit un signe imperceptible de remercîment, tandis que deux larmes silencieuses roulaient le long de ses joues.

— D'ailleurs, monsieur, dit Villefort s'adressant

Barrois obéit et présenta une liasse de papiers noués avec un ruban noir. — Page 115

à son futur gendre, à part cette perte d'une portion de vos espérances, ce testament inattendu n'a rien qui doive personnellement vous blesser : elle s'explique par la faiblesse d'esprit de M. Noirtier. Ce qui déplaît à mon père, ce n'est point que mademoiselle de Villefort vous épouse, c'est que Valentine se marie : une union avec tout autre lui eût inspiré le même chagrin. La vieillesse est égoïste, monsieur, et mademoiselle de Villefort faisait à M. Noirtier une fidèle compagnie que ne pourra plus lui faire madame la baronne d'Épinay. L'état malheureux dans lequel se trouve mon père fait qu'on lui parle rarement d'affaires sérieuses, que la faiblesse de son esprit ne lui permettrait pas de suivre, et je suis parfaitement convaincu qu'à cette heure, tout en conservant le souvenir que sa petite-fille se marie, M. Noirtier a oublié jusqu'au nom de celui qui va devenir son petit-fils.

A peine M. de Villefort achevait-il ces paroles, auxquelles Franz répondit par un salut, que la porte du salon s'ouvrit et que Barrois parut.

— Messieurs, dit-il d'une voix étrangement ferme pour un serviteur qui parle à ses maîtres dans une circonstance si solennelle, messieurs. M. Noirtier de Villefort désire parler sur-le-champ à M. Franz de Quesnel, baron d'Épinay.

Lui aussi, comme le notaire, et afin qu'il ne pût y avoir erreur de personnes, donnait tous ses titres au fiancé.

Villefort tressaillit, madame de Villefort laissa glisser son fils de dessus ses genoux, Valentine se leva pâle et muette comme une statue

Albert et Château-Renaud échangèrent un second regard plus étonné encore que le premier.

Le notaire regarda Villefort.

— C'est impossible, dit le procureur du roi; d'ailleurs M. d'Épinay ne peut quitter le salon en ce moment.

— C'est justement en ce moment, reprit Barrois avec la même fermeté, que M. Noirtier, mon maître, désire parler d'affaires importantes à M. Franz d'Épinay.

— Il parle donc à présent, bon-papa Noirtier? demanda Édouard avec son impertinence habituelle.

Mais cette saillie ne fit pas même sourire madame de Villefort, tant les esprits étaient préoccupés, tant la situation paraissait solennelle.

— Dites à M. Noirtier, reprit Villefort, que ce qu'il demande ne se peut pas.

— Alors M. Noirtier prévient ces messieurs, reprit Barrois, qu'il va se faire apporter lui-même au salon.

L'étonnement fut à son comble.

Une espèce de sourire se dessina sur le visage de madame de Villefort. Valentine, comme malgré elle, leva les yeux au plafond pour remercier le ciel.

— Valentine, dit M. de Villefort, allez un peu savoir, je vous prie, ce que c'est que cette nouvelle fantaisie de votre grand-père.

Valentine fit vivement quelques pas pour sortir, mais M. de Villefort se ravisa.

— Attendez, dit-il, je vous accompagne.

— Pardon, monsieur, dit Franz à son tour, il me semble que, puisque c'est moi que M. Noirtier fait demander, c'est surtout à moi de me rendre à ses désirs; d'ailleurs je serai heureux de lui présenter mes respects, n'ayant point encore eu l'occasion de solliciter cet honneur.

— Oh! mon Dieu! dit Villefort avec une inquiétude visible, ne vous dérangez donc pas.

— Excusez-moi, monsieur, dit Franz du ton d'un homme qui a pris sa résolution. Je désire ne point manquer cette occasion de prouver à M. Noirtier combien il aurait tort de concevoir contre moi des répugnances que je suis décidé à vaincre, quelles qu'elles soient, par mon dévouement.

Et, sans se laisser retenir plus longtemps par Villefort, Franz se leva à son tour et suivit Valentine, qui déjà descendait l'escalier avec la joie d'un naufragé qui met la main sur une roche.

M. de Villefort les suivit tous deux.

Château-Renaud et Morcerf échangèrent un troisième regard plus étonné encore que les deux premiers.

CHAPITRE XVI.

LE PROCÈS-VERBAL.

oirtier attendait, vêtu de noir et installé dans son fauteuil.

Lorsque les trois personnes qu'il comptait voir venir furent entrées, il regarda la porte, que son valet de chambre ferma aussitôt.

— Faites attention, dit Villefort bas à Valentine qui ne pouvait céler sa joie, que, si M. Noirtier veut vous communiquer des choses qui empêchent votre mariage, je vous défends de le comprendre.

Valentine rougit, mais ne répondit pas.

Villefort s'approcha de Noirtier.

— Voici M. Franz d'Épinay, lui dit-il ; vous l'avez mandé, monsieur, et il se rend à vos désirs. Sans doute nous souhaitons cette entrevue depuis longtemps, et je serai charmé qu'elle vous prouve combien votre opposition au mariage de Valentine était peu fondée

Noirtier ne répondit que par un regard qui fit courir le frisson dans les veines de Villefort.

Il fit de l'œil signe à Valentine de s'approcher.

En un moment, grâce aux moyens dont elle avait l'habitude de se servir dans les conversations avec son père, elle eut trouvé le mot *clef*.

Alors elle consulta le regard du paralytique, qui se fixa sur le tiroir d'un petit meuble placé entre les deux fenêtres.

Elle ouvrit le tiroir et trouva effectivement une clef.

Quand elle eut cette clef, et que le vieillard lui eut fait signe que c'était bien celle-là qu'il demandait, les yeux du paralytique se dirigèrent vers un vieux secrétaire oublié depuis bien des années, et qui ne renfermait, croyait-on, que des paperasses inutiles.

— Faut-il que j'ouvre le secrétaire? demanda Valentine.

— Oui, fit le vieillard.

— Faut-il que j'ouvre les tiroirs?

— Oui.

— Ceux des côtés?

— Non.

— Celui du milieu?

— Oui.

— Valentine l'ouvrit et en tira une liasse.

— Est-ce là ce que vous désirez, bon père? dit-elle.

— Non.

Elle tira successivement tous les autres papiers, jusqu'à ce qu'il ne restât plus rien absolument dans le tiroir.

— Mais le tiroir est vide maintenant, dit-elle.

Les yeux de Noirtier étaient fixés sur le dictionnaire.

— Oui, bon père, je vous comprends, dit la jeune fille.

Et elle répéta l'une après l'autre chaque lettre de l'alphabet.

A l'S, Noirtier l'arrêta.

Elle ouvrit le dictionnaire, et chercha jusqu'au mot *secret*.

— Ah! il y a un secret, dit Valentine.

— Oui, fit Noirtier.

— Et qui connaît ce secret?

Noirtier regarda la porte par laquelle était sorti le domestique,

— Barrois? dit-elle.

— Oui, fit Noirtier.

— Faut-il que je l'appelle?

— Oui.

Valentine alla à la porte et appela Barrois.

Pendant ce temps, la sueur de l'impatience ruisselait sur le front de Villefort, et Franz demeurait stupéfait d'étonnement.

Le vieux serviteur parut.

— Barrois, dit Valentine, mon grand-père m'a commandé de prendre la clef dans cette console, d'ouvrir ce secrétaire et de tirer ce tiroir; maintenant, il y a un secret à ce tiroir. Il paraît que vous le connaissez, ouvrez-le.

Barrois regarda le vieillard.

— Obéissez, dit l'œil intelligent de Noirtier.

Barrois obéit.

Un double fond s'ouvrit et présenta une liasse de papiers nouée avec un ruban noir.

— Est-ce cela que vous désirez, monsieur? demanda Barrois.

— Oui, fit Noirtier.

— A qui faut-il remettre ces papiers? à M. de Villefort?

— Non.

— A mademoiselle Valentine?

— Non.

— A M. Franz d'Épinay?

— Oui.

Franz, étonné, fit un pas en avant.

— A moi, monsieur? dit-il.

— Oui.

Franz reçut les papiers des mains de Barrois, et, jetant les yeux sur la couverture, il lut :

« Pour être déposé, après ma mort, chez mon ami le général Durand, qui lui-même, en mourant, léguera ce paquet à son fils, avec injonction de le conserver comme renfermant un papier de la plus grande importance. »

— Eh bien ! monsieur, demanda Franz, que voulez-vous que je fasse de ce papier?

— Que vous le conserviez cacheté comme il est, sans doute, dit le procureur du roi.

— Non, non, répondit vivement Noirtier.

— Vous désirez peut-être que monsieur le lise? demanda Valentine.

— Oui, répondit le vieillard.

— Vous entendez, monsieur le baron, mon père vous prie de lire ce papier, dit Valentine.

— Alors, asseyons-nous, fit Villefort avec impatience, car cela durera quelque temps.

— Asseyez-vous, fit l'œil du vieillard.

Villefort s'assit, mais Valentine resta debout à côté de son père, appuyée sur son fauteuil, et Franz debout.

Il tenait le mystérieux papier à la main.

— Lisez, dirent les yeux du vieillard.

Franz défit l'enveloppe, et un grand silence se fit dans la chambre.

Au milieu de ce silence, il lut :

« *Extrait des procès-verbaux d'une séance du club bonapartiste de la rue Saint-Jacques, tenue le 5 février* 1815. »

Franz s'arrêta.

— Le 5 février 1815, c'est le jour où mon père a été assassiné!

Valentine et Villefort restèrent muets.

L'œil du vieillard dit clairement :

— Continuez.

— Mais c'est en sortant de ce club, continua Franz, que mon père a disparu!

Le regard de Noirtier continua de dire :

— Lisez.

Il reprit :

« Les soussignés Louis-Jacques Beaurepaire, lieutenant-colonel d'artillerie; Étienne Duchampy, général de brigade, et Claude Lecharpal, directeur des eaux et forêts,

« Déclarent que, le 4 février 1815, une lettre arriva de l'île d'Elbe, qui recommandait à la bienveillance et à la confiance des membres du club bonapartiste le général Flavien de Quesnel, qui, ayant servi l'empereur depuis 1804 jusqu'en 1815, devait être tout dévoué à la dynastie napoléonienne, malgré le titre de baron que Louis XVIII venait d'attacher à sa terre d'Épinay.

« En conséquence, un billet fut adressé au général de Quesnel, qui le priait d'assister à la séance du lendemain 5.

« Le billet n'indiquait ni la rue ni le numéro de la maison où devait se tenir la réunion; il ne portait aucune signature, mais il annonçait au général que, s'il voulait se tenir prêt, on le viendrait prendre à neuf heures du soir.

« Les séances avaient lieu de neuf heures du soir à minuit.

« A neuf heures, le président du club se présenta chez le général : le général était prêt.

« Le président lui dit qu'une des conditions de son introduction était qu'il ignorerait éternellement le lieu de la réunion, et qu'il se laisserait bander les yeux en jurant de ne point chercher à soulever le bandeau.

« Le général de Quesnel accepta la condition, et promit sur l'honneur de ne point chercher à voir où on le conduirait.

« Le général avait fait préparer sa voiture, mais le président lui dit qu'il lui était impossible que l'on s'en servît, attendu que ce n'était pas la peine qu'on bandât les yeux du maître si le cocher demeurait les yeux ouverts et reconnaissait les rues par lesquelles on passerait.

« — Comment faire, alors? demanda le général.

« — J'ai ma voiture, dit le président.

« — Êtes-vous donc si sûr de votre cocher, que vous lui confiiez un secret que vous jugez imprudent de dire au mien?

« — Notre cocher est un membre du club, dit le président; nous serons conduits par un conseiller d'État.

« — Alors, dit en riant le général, nous courons un autre risque, celui de verser.

« Nous consignons cette plaisanterie comme preuve que le général n'a pas été le moins du monde forcé d'assister à la séance, et qu'il y est venu de son plein gré.

« Une fois monté dans la voiture, le président rappela au général la promesse faite par lui de se laisser bander les yeux.

« Le général ne mit aucune opposition à cette formalité : un foulard, préparé à cet effet dans la voiture, fit l'affaire.

Arrivé au milieu de la salle, le général fut invité à ôter son bandeau.

« Pendant la route, le président crut s'apercevoir que le général cherchait à regarder sous son bandeau.

« Il lui rappela son serment.

« — Ah! c'est vrai, dit le général.

« La voiture s'arrêta devant une allée de la rue Saint-Jacques.

« Le général descendit en s'appuyant au bras du président, dont il ignorait la dignité, et qu'il prenait pour un simple membre du club.

« On traversa l'allée, on monta un étage, et l'on entra dans la chambre des délibérations.

« La séance était commencée.

« Les membres du club, prévenus de l'espèce de présentation qui devait avoir lieu ce soir-là, se trouvaient au grand complet.

« Arrivé au milieu de la salle, le général fut invité à ôter son bandeau.

« Il se rendit aussitôt à l'invitation, et parut fort étonné de trouver un si grand nombre de figures de connaissance dans une société dont il n'avait pas même soupçonné l'existence jusqu'alors.

« On l'interrogea sur ses sentiments, mais il se

contenta de répondre que les lettres de l'île d'Elbe avaient dû les faire connaître… »

Franz s'interrompit.

— Mon père était royaliste, dit-il ; on n'avait pas besoin de l'interroger sur ses sentiments, ils étaient connus.

— Et, de là, dit Villefort, venait ma liaison avec votre père, mon cher monsieur Franz ; on se lie facilement quand on partage les mêmes opinions.

— Lisez, continua de dire l'œil du vieillard.

Franz continua.

« Le président prit alors la parole pour engager le général à s'expliquer plus explicitement ; mais M. de Quesnel répondit qu'il désirait avant tout savoir ce que l'on désirait de lui.

« Il fut alors donné communication au général de cette même lettre de l'île d'Elbe qui le recommandait au club comme un homme sur le concours duquel on pouvait compter.

« Un paragraphe tout entier exposait le retour probable de l'île d'Elbe, et promettait une nouvelle lettre et de plus amples détails à l'arrivée du *Pharaon*, bâtiment appartenant à l'armateur Morrel, de Marseille, et dont le capitaine était à l'entière dévotion de l'empereur.

« Pendant toute cette lecture, le général, sur lequel on avait cru pouvoir compter comme sur un frère, donna au contraire des signes de mécontentement et de répugnance visibles.

« La lecture terminée, il demeura silencieux et le sourcil froncé.

« — Eh bien ! demanda le président, que dites-vous de cette lettre, monsieur le général ?

« — Je dis qu'il y a bien peu de temps, répondit-il, qu'on a prêté serment au roi Louis XVIII, pour le violer déjà au bénéfice de l'ex-empereur.

« Cette fois la réponse était trop claire pour que l'on pût se tromper à ses sentiments.

« — Général, dit le président, il n'y a pas plus pour nous de roi Louis XVIII qu'il n'y a d'ex-empereur. Il n'y a que Sa Majesté l'empereur et roi, éloigné depuis dix mois de la France, son État, par la violence et la trahison.

« — Pardon, messieurs, dit le général, il se peut qu'il n'y ait pas pour vous de roi Louis XVIII, mais il y en a un pour moi, attendu qu'il m'a fait baron et maréchal de camp, et que je n'oublierai jamais que c'est à son heureux retour en France que je dois ces deux titres.

« — Monsieur, dit le président du ton le plus sérieux et en se levant, prenez garde à ce que vous dites ; vos paroles nous démontrent clairement que l'on s'est trompé sur votre compte à l'île d'Elbe, et qu'on nous a trompés ! La communication qui vous a été faite tient à la confiance qu'on avait en vous, et par conséquent à un sentiment qui vous honore. Maintenant nous étions dans l'erreur ; un titre et un grade vous ont rallié au nouveau gouvernement que nous voulons renverser. Nous ne vous contraindrons pas à nous prêter votre concours ; nous n'enrôlons personne contre sa conscience et sa volonté ; mais nous vous contraindrons à agir comme un galant homme, même au cas où vous n'y seriez point disposé.

« — Vous appelez être un galant homme connaître votre conspiration et ne pas la révéler ! J'appelle cela être votre complice, moi. Vous voyez que je suis encore plus franc que vous… »

— Ah ! mon père, dit Franz s'interrompant, je comprends maintenant pourquoi ils t'ont assassiné.

Valentine ne put s'empêcher de jeter un regard sur Franz.

Le jeune homme était vraiment beau dans son enthousiasme filial.

Villefort se promenait de long en large derrière lui.

Noirtier suivait des yeux l'expression de chacun, et conservait son attitude digne et sévère.

Franz revint au manuscrit et continua :

« — Monsieur, dit le président, on vous a prié de vous rendre au sein de l'assemblée, on ne vous y a point traîné de force ; on vous a proposé de vous bander les yeux, vous avez accepté. Quand vous avez accédé à cette double demande, vous saviez parfaitement que nous ne nous occupions pas d'assurer le trône de Louis XVIII, sans quoi nous n'eussions pas pris tant de soin de nous cacher à la police. Maintenant, vous le comprenez, il serait trop commode de mettre un masque à l'aide duquel on surprend le secret des gens, et de n'avoir ensuite qu'à ôter ce masque pour perdre ceux qui se sont fiés à vous. Non, non, vous allez d'abord dire franchement si vous êtes pour le roi de hasard qui règne en ce moment, ou pour Sa Majesté l'empereur.

« — Je suis royaliste, répondit le général ; j'ai fait serment à Louis XVIII, je tiendrai mon serment.

« Ces mots furent suivis d'un murmure général, et l'on put voir, par les regards d'un grand nombre de membres du club, qu'ils agitaient la question de faire repentir M. d'Épinay de ces imprudentes paroles.

« Le président se leva de nouveau et imposa silence.

« — Monsieur, lui dit-il, vous êtes un homme trop grave et trop sensé pour ne pas comprendre les conséquences de la situation où nous nous trouvons les uns en face des autres, et votre franchise même nous dicte les conditions qu'il nous reste à vous faire : vous allez donc jurer sur l'honneur de ne rien révéler de ce que vous avez entendu.

« Le général porta la main à son épée, et s'écria :

« — Si vous parlez d'honneur, commencez par ne pas méconnaître ses lois, et n'imposez rien par la violence.

« — Et vous, monsieur, continua le président avec un calme plus terrible peut-être que la colère du général, ne touchez pas votre épée, c'est un conseil que je vous donne.

« Le général tourna autour de lui des regards qui décelaient un commencement d'inquiétude.

« Cependant, il ne fléchit pas encore ; au contraire, rappelant toute sa force :

« — Je ne jurerai pas, dit-il.

« — Alors, monsieur, vous mourrez, répondit tranquillement le président.

« Monsieur d'Épinay devint fort pâle : il regarda une seconde fois tout autour de lui ; plusieurs membres du club chuchotaient et cherchaient des armes sous leur manteau.

« Général, dit le président, soyez tranquille ; vous êtes parmi des gens d'honneur qui essayeront de tous les moyens de vous convaincre avant de se porter contre vous à la dernière extrémité ; mais aussi vous l'avez dit, vous êtes parmi des conspirateurs, vous tenez notre secret, il faut nous le rendre.

« Un silence plein de signification suivit ces paroles, et comme le général ne répondait rien :

« — Fermez les portes, dit le président aux huissiers.

« Le même silence de mort succéda à ces paroles.

« Alors le général s'avança en faisant un violent effort sur lui-même :

« — J'ai un fils, dit-il, et je dois songer à lui en me trouvant parmi des assassins.

« — Général, dit avec noblesse le chef de l'assemblée, un seul homme a toujours le droit d'en insulter cinquante ; c'est le privilége de la faiblesse. Seulement, il a tort d'user de ce droit. Croyez-moi, général, jurez et ne nous insultez pas.

« Le général, encore une fois dompté par cette supériorité du chef de l'assemblée, hésita un instant ; mais enfin, s'avançant jusqu'au bureau du président.

« — Quelle est la formule? demanda-t-il.

« — La voici :

« — Je jure sur l'honneur de ne jamais révéler à « qui que ce soit au monde ce que j'ai vu et en« tendu, le 5 février 1815, entre neuf et dix heures « du soir, et je déclare mériter la mort si je viole « mon serment. »

« Le général parut éprouver un frémissement nerveux qui l'empêcha de répondre pendant quelques secondes ; enfin, surmontant une répugnance manifeste, il prononça le serment exigé, mais d'une voix si basse, qu'à peine si on l'entendit : aussi plusieurs membres exigèrent-ils qu'il le répétât à voix plus haute et plus distincte, ce qui fut fait.

« — Maintenant, je désire me retirer, dit le général, suis-je enfin libre?

« Le président se leva, désigna trois membres de l'assemblée pour l'accompagner, et monta en voiture avec le général, après lui avoir bandé les yeux.

« Au nombre de ces trois membres était le cocher qui les avaient amenés.

« Les autres membres du club se séparèrent en silence.

« — Où voulez-vous que nous vous reconduisions? demanda le président.

« — Partout où je pourrai être délivré de votre présence, répondit M. d'Épinay.

« — Monsieur, reprit alors le président, prenez garde, vous n'êtes plus ici dans l'assemblée, vous n'avez plus affaire qu'à des hommes isolés ; ne les insultez pas si vous ne voulez pas être rendu responsable de l'insulte.

« Mais, au lieu de comprendre ce langage, M. d'Épinay répondit :

« — Vous êtes toujours aussi brave dans votre voiture que dans votre club, par la raison, monsieur, que quatre hommes sont toujours plus forts qu'un seul.

« — Le président fit arrêter la voiture.

« On était juste à l'endroit du quai des Ormes où se trouve l'escalier qui descend à la rivière.

« — Pourquoi faites-vous arrêter ici? demanda M. d'Épinay.

« — Parce que, monsieur, dit le président, vous avez insulté un homme, et que cet homme ne veut pas faire un pas de plus sans vous demander loyalement réparation.

« — Encore une manière d'assassiner, dit le général en haussant les épaules.

« — Pas de bruit, monsieur, répondit le président, si vous ne voulez pas que je vous regarde vous-même comme un de ces hommes que vous désigniez tout à l'heure, c'est-à-dire comme un lâche qui prend sa faiblesse pour un bouclier. Vous êtes seul, un seul vous répondra ; vous avez une épée au côté, j'en ai une dans cette canne ; vous n'avez pas de témoin, un de ces messieurs sera le vôtre. Maintenant, si cela vous convient, vous pouvez ôter votre bandeau.

« Le général arracha à l'instant même le mouchoir qu'il avait sur les yeux.

« — Enfin, dit-il, je vais donc savoir à qui j'ai affaire.

« On ouvrit la voiture ; les quatre hommes descendirent... »

Franz s'interrompit encore une fois.

A la lueur de cette lanterne, on examina les armes.

Il essuya une sueur froide qui coulait sur son front.

Il y avait quelque chose d'effrayant à voir ce fils, tremblant et pâle, lisant tout haut les détails ignorés jusqu'alors de la mort de son père.

Valentine joignait les mains comme si elle eût été en prière.

Noirtier regardait Villefort avec une expression presque sublime de mépris et d'orgueil.

Franz continua :

« On était, comme nous l'avons dit, au 5 février

« Depuis trois jours, il gelait à cinq ou six degrés; l'escalier était tout roide de glaçons; le général était gros et grand, le président lui offrit le côté de la rampe pour descendre.

« Les deux témoins suivaient par derrière.

« Il faisait une nuit sombre, le terrain de l'escalier à la rivière était humide de neige et de givre, on voyait l'eau s'écouler, noire, profonde et charriant quelques glaçons.

« Un des témoins alla chercher une lanterne dans un bateau à charbon, et, à la lueur de cette lanterne, on examina les armes.

« L'épée du président, qui était simplement,

Puis, ouvrant son habit, il fit voir son flanc entamé par une troisième blessure. — PAGE 122.

comme il l'avait dit, une épée qu'il portait dans une canne, était plus courte de cinq pouces que celle de son adversaire et n'avait pas de garde.

« Le général d'Épinay proposa de tirer au sort les deux épées, mais le président répondit que c'était lui qui avait provoqué, et qu'en provoquant il avait prétendu que chacun se servît de ses armes.

« Les témoins essayèrent d'insister; le président leur imposa silence.

« On posa la lanterne à terre : les deux adversaires se mirent de chaque côté; le combat commença.

« La lumière faisait des deux épées deux éclairs. Quant aux hommes, à peine si on les apercevait, tant l'ombre était épaisse.

« M. le général passait pour une des meilleures lames de l'armée. Mais il fut pressé si vivement dès les premières bottes, qu'il rompit; en rompant, il tomba.

« Les témoins le crurent tué; mais son adversaire, qui savait ne l'avoir point touché, lui offrit la main pour l'aider à se relever.

« Cette circonstance, au lieu de le calmer, irrita le général, qui fondit à son tour sur son adversaire.

« Mais son adversaire ne rompit pas d'une semelle. Le recevant sur son épée, trois fois le général recula, se trouvant trop engagé, et revint à la charge.

« A la troisième fois, il tomba encore.

« On crut qu'il glissait comme la première fois.

« Cependant les témoins, voyant qu'il ne se relevait pas, s'approchèrent de lui et tentèrent de le remettre sur ses pieds ; mais celui qui l'avait pris à bras-le-corps sentit sous sa main une chaleur humide.

« C'était du sang.

« Le général, qui était à peu près évanoui, reprit ses sens

« — Ah! dit-il, on m'a dépêché quelque spadassin, quelque maître d'armes de régiment.

« Le président, sans répondre, s'approcha de celui des deux témoins qui tenait la lanterne, et, relevant sa manche, il montra son bras percé de deux coups d'épée; puis, ouvrant son habit et déboutonnant son gilet, il fit voir son flanc entamé par une troisième blessure.

« Cependant il n'avait pas même poussé un soupir.

« Le général d'Épinay entra en agonie et expira cinq minutes après... »

Franz lut ces derniers mots d'une voix si étranglée, qu'à peine on put les entendre, et, après les avoir lus, il s'arrêta, passant sa main sur ses yeux comme pour en chasser un nuage.

Mais, après un instant de silence, il continua.

« Le président remonta l'escalier, après avoir repoussé son épée dans sa canne; une trace de sang marquait son chemin sur la neige.

Il n'était pas encore en haut de l'escalier, qu'il entendit un clapotement sourd dans l'eau.

« C'était le corps du général que les témoins venaient de précipiter dans la rivière, après avoir constaté la mort.

« Le général a donc succombé dans un duel loyal, et non dans un guet-apens, comme on pourrait le dire.

« En foi de quoi nous avons signé le présent, pour établir la vérité des faits, de peur qu'un moment n'arrive où quelqu'un des acteurs de cette scène terrible ne se trouve accusé de meurtre avec préméditation ou de forfaiture aux lois de l'honneur.

« Signé : BEAUREGARD, DUCHAMPY,
et LECHARPAL. »

Quand Franz eut terminé cette lecture si terrible pour un fils, quand Valentine, pâle d'émotion, eut essuyé une larme, quand Villefort, tremblant et blotti dans un coin, eut essayé de conjurer l'orage par des regards suppliants adressés au vieillard implacable :

— Monsieur, dit d'Épinay à Noirtier, puisque vous connaissez cette terrible histoire dans tous ses détails, puisque vous l'avez fait attester par des signatures honorables, puisque enfin vous semblez vous intéresser à moi, quoique votre intérêt ne se soit encore révélé que par la douleur, ne me refusez pas une dernière satisfaction, dites-moi le nom du président du club, que je connaisse enfin celui qui a tué mon pauvre père !

Villefort chercha, comme égaré, le bouton de la porte.

Valentine, qui avait compris avant tout le monde la réponse du vieillard, et qui souvent avait remarqué sur son avant-bras la trace de deux coups d'épée, recula d'un pas en arrière.

— Au nom du ciel! mademoiselle, dit Franz, s'adressant à sa fiancée, joignez-vous à moi, que je sache le nom de cet homme qui m'a fait orphelin à deux ans !

Valentine resta immobile et muette.

— Tenez, monsieur, dit Villefort, croyez-moi, ne prolongez pas cette horrible scène ; les noms d'ailleurs ont été cachés à dessein. Mon père lui-même ne connaît pas ce président, et, s'il le connaît, il ne saurait le dire : les noms propres ne se trouvent pas dans le dictionnaire.

— Oh! malheur! s'écria Franz; le seul espoir qui m'a soutenu pendant toute cette lecture et qui m'a donné la force d'aller jusqu'au bout, c'était de connaître au moins le nom de celui qui a tué mon père! Monsieur! monsieur! s'écria-t-il en se retournant vers Noirtier, au nom du ciel! faites ce que vous pourrez..... arrivez, je vous en supplie, à m'indiquer, à me faire comprendre...

— Oui, répondit Noirtier.

— Oh! mademoiselle! mademoiselle! s'écria Franz, votre père a fait signe qu'il pouvait m'indiquer... cet homme... Aidez-moi... vous le comprenez... prêtez-moi votre concours.

Noirtier regarda le dictionnaire.

Franz le prit avec un tremblement nerveux et prononça successivement les lettres de l'alphabet jusqu'à l'M.

A cette lettre, le vieillard fit signe que oui.

— M? répéta Franz.

Le doigt du jeune homme glissa sur les mots, mais, à tous les mots, Noirtier répondait par un signe négatif.

Valentine cachait sa tête entre ses mains.

Enfin Franz arriva au mot MOI.

— Oui, fit le vieillard.

— Vous! s'écria Franz, dont les cheveux se dressèrent sur sa tête; vous, monsieur Noirtier, c'est vous qui avez tué mon père?

— Oui, répondit Noirtier en fixant sur le jeune homme un majestueux regard.

Franz tomba sans force sur un fauteuil.

Villefort ouvrit la porte et s'enfuit, car l'idée lui venait d'étouffer ce peu d'existence qui restait encore dans le cœur du terrible vieillard.

CHAPITRE XVII.

LES PROGRÈS DE CAVALCANTI FILS.

Cependant M. Cavalcanti père était parti pour aller reprendre son service, non pas dans l'armée de Sa Majesté l'empereur d'Autriche, mais à la roulette des bains de Lucques, dont il était un des plus assidus courtisans.

Il va sans dire qu'il avait emporté avec la plus scrupuleuse exactitude jusqu'au dernier paul de la somme qui lui avait été allouée pour son voyage et pour la récompense de la façon majestueuse et solennelle avec laquelle il avait joué son rôle de père.

M. Andrea avait hérité à ce départ de tous les papiers qui constataient qu'il avait bien l'honneur d'être le fils du marquis Bartholomeo Cavalcanti et de la marquise Leonora Corsinari.

Il était donc à peu près ancré dans cette société parisienne si facile à recevoir les étrangers et à les traiter, non pas d'après ce qu'ils sont, mais d'après ce qu'ils veulent être.

D'ailleurs que demande-t-on à un jeune homme à

Paris? De parler à peu près sa langue, d'être habillé convenablement, d'être beau joueur et de payer en or.

Il va sans dire qu'on est moins difficile encore pour un étranger que pour un Parisien.

Andrea avait donc pris en une quinzaine de jours une assez belle position : on l'appelait M. le comte; on disait qu'il avait cinquante mille livres de rentes, et on parlait des trésors immenses de M. son père, enfouis, disait-on, dans les carrières de Saravezza.

Un savant, devant qui on mentionnait cette dernière circonstance comme un fait, déclara avoir vu les carrières dont il était question, ce qui donna un grand poids à des assertions jusqu'alors flottantes à l'état de doute, et qui, dès lors, prirent la consistance de la réalité.

On en était là dans ce cercle de la société parisienne où nous avons introduit nos lecteurs, lorsque Monte-Christo vint un soir faire visite à M. Danglars.

M. Danglars était sorti, mais on proposa au comte de l'introduire près de la baronne, qui était visible, ce qu'il accepta.

Ce n'était jamais sans une espèce de tressaillement nerveux que, depuis le dîner d'Auteuil et les événements qui en avaient été la suite, madame Danglars entendait prononcer le nom de Monte-Christo

Si la présence du comte ne suivait pas le bruit de son nom, la sensation douloureuse devenait plus intense; si, au contraire, le comte paraissait, sa figure ouverte, ses yeux brillants, son amabilité, sa galanterie même pour madame Danglars, chassaient bientôt jusqu'à la dernière impression de crainte, il paraissait à la baronne impossible qu'un homme si charmant à la surface pût nourrir contre elle de mauvais desseins; d'ailleurs, les cœurs les plus corrompus ne peuvent croire au mal qu'en le faisant reposer sur un intérêt quelconque; le mal inutile et sans cause répugne comme une anomalie.

Lorsque Monte-Christo entra dans le boudoir où nous avons déjà une fois introduit nos lecteurs, et où la baronne suivait d'un œil assez inquiet des dessins que lui passait sa fille après les avoir regardés avec M. Cavalcanti fils, sa présence produisit son effet ordinaire, et ce fut en souriant que, après avoir été quelque peu bouleversée par son nom, la baronne reçut le comte.

Celui-ci, de son côté, embrassa toute la scène d'un coup d'œil.

Près de la baronne, à peu près couchée sur une causeuse, Eugénie se tenait assise, et Cavalcanti debout.

Cavalcanti, habillé de noir comme un héros de Goëthe, en souliers vernis et en bas de soie blancs à jour, passait une main blanche et assez soignée dans ses cheveux blonds, au milieu desquels scintillait un diamant que, malgré les conseils de Monte-Christo, le vaniteux jeune homme n'avait pu résister au désir de se passer au petit doigt.

Ce mouvement était accompagné de regards assassins lancés sur mademoiselle Danglars, et de soupirs envoyés à la même adresse que les regards.

Mademoiselle Danglars était toujours la même, c'est-à-dire belle, froide et railleuse.

Pas un de ces regards, pas un de ces soupirs d'Andrea ne lui échappaient.

On eût dit qu'ils glissaient sur la cuirasse de Minerve, cuirasse que quelques philosophes prétendent recouvrir parfois la poitrine de Sapho.

Eugénie salua froidement le comte, et profita des premières préoccupations de la conversation pour se retirer dans son salon d'études, d'où bientôt deux voix, s'exhalant rieuses et bruyantes, mêlées aux premiers accords d'un piano, firent savoir à Monte-Christo que mademoiselle Danglars venait de préférer à la sienne et à celle de M. Cavalcanti la société de mademoiselle Louise d'Armilly, sa maîtresse de chant.

Ce fut alors surtout que, tout en causant avec madame Danglars et en paraissant absorbé par le charme de la conversation, le comte remarqua la sollicitude de M. Andrea Cavalcanti, sa manière d'aller écouter la musique à la porte qu'il n'osait franchir, et de manifester son admiration.

Bientôt le banquier rentra.

Son premier regard fut pour Monte-Christo, c'est vrai, mais le second fut pour Andrea.

Quant à sa femme, il la salua à la façon dont certains maris saluent leur femme, et dont les célibataires ne pourront se faire une idée que lorsqu'on aura publié un code très-étendu de la conjugalité.

— Est-ce que ces demoiselles ne vous ont pas invité à faire de la musique avec elles? demanda Danglars à Andrea.

— Hélas! non, monsieur, répondit Andrea avec un soupir encore plus remarquable que les autres.

Danglars s'avança aussitôt vers la porte de communication et l'ouvrit.

On vit alors les deux jeunes filles assises sur le même siége devant le même piano.

Elles accompagnaient chacune d'une main, exercice auquel elles s'étaient habituées par fantaisie et où elles étaient devenues d'une force remarquable.

Mademoiselle d'Armilly, qu'on apercevait alors, formant, avec Eugénie, grâce au cadre de la porte, un de ces tableaux vivants comme on en fait si souvent en Allemagne, était d'une beauté assez remarquable, ou plutôt d'une gentillesse exquise.

C'était une petite femme mince et blonde comme une fée, avec de grands cheveux bouclés tombant

— Eh bien! demanda le banquier à sa fille, nous sommes donc exclus, nous autres?

sur un cou un peu trop long, comme Pérugin en donne parfois à ses Vierges, et des yeux voilés par la fatigue.

On disait qu'elle avait la poitrine faible, et que, comme Antonia du *Violon de Crémone*, elle mourrait un jour en chantant.

Monte-Christo plongea dans le gynécée un regard rapide et curieux.

C'était la première fois qu'il voyait mademoiselle d'Armilly, dont si souvent il avait entendu parler dans la maison.

— Eh bien! demanda le banquier à sa fille, nous sommes donc exclus, nous autres?

Alors il mena le jeune homme dans le petit salon, et, soit hasard, soit adresse, derrière Andrea la porte fut repoussée de manière à ce que, de l'endroit où ils étaient assis, Monte-Christo et la baronne ne pussent plus rien voir.

Mais, comme le banquier avait suivi Andrea, madame Danglars ne parut pas même remarquer cette circonstance.

Bientôt après, le comte entendit la voix d'Andrea

résonner aux accords du piano, accompagnant une chanson corse.

Pendant que le comte écoutait en souriant cette chanson, qui lui faisait oublier Andrea pour lui rappeler Benedetto, madame Danglars vantait à Monte-Christo la force d'âme de son mari, qui le matin encore avait, dans une faillite milanaise, perdu trois ou quatre cent mille francs.

Et, en effet, l'éloge était mérité : car, si le comte ne l'eût su par la baronne ou peut-être par un des moyens qu'il avait de tout savoir, la figure du baron ne lui en eût pas dit un mot.

— Bon ! pensa Monte-Christo, il en est déjà à cacher ce qu'il perd; il y a un mois, il s'en vantait.

Puis tout haut

— Oh ! madame, dit le comte, M. Danglars connaît si bien la Bourse, qu'il rattrapera toujours là ce qu'il pourra perdre ailleurs.

— Je vois que vous partagez l'erreur commune, dit madame Danglars

— Et quelle est cette erreur? dit Monte-Christo.

— C'est que M. Danglars joue, tandis qu'au contraire il ne joue jamais.

— Ah ! oui, c'est vrai, madame, je me rappelle que M. Debray m'a dit... A propos, mais que devient donc M. Debray? Il y a trois ou quatre jours que je ne l'ai aperçu.

— Et moi aussi, dit madame Danglars avec un aplomb miraculeux. Mais vous avez commencé une phrase qui est restée inachevée.

— Laquelle?

— M. Debray vous a dit, prétendiez-vous...

— Ah ! c'est vrai; M. Debray m'a dit que c'était vous qui sacrifiiez au démon du jeu.

— J'ai eu ce goût pendant quelque temps, je l'avoue, dit madame Danglars, mais je ne l'ai plus.

— Et vous avez tort, madame. Eh! mon Dieu ! les chances de la fortune sont précaires, et, si j'étais femme, et que le hasard eût fait de cette femme celle d'un banquier, quelque confiance que j'aie dans le bonheur de mon mari, car, en spéculation, vous le savez, tout est heur et malheur, eh bien! dis-je, quelque confiance que j'aie dans le bonheur de mon mari, je commencerais toujours par m'assurer une fortune indépendante, dussé-je acquérir cette fortune en mettant mes intérêts dans des mains qui lui seraient inconnues.

Madame Danglars rougit malgré elle.

— Tenez, dit Monte-Christo, comme s'il n'avait rien vu, on parle d'un beau coup qui a été fait hier sur les bons de Naples.

— Je n'en ai pas, dit vivement la baronne, et je n'en ai même jamais eu; mais, en vérité, c'est assez parler Bourse comme cela, monsieur le comte, nous avons l'air de deux agents de change; parlons un peu de ces pauvres Villefort, si tourmentés en ce moment par la fatalité.

— Que leur arrive-t-il donc? demanda Monte-Christo avec une parfaite naïveté.

— Mais vous le savez; après avoir perdu M. de Saint-Méran trois ou quatre jours après son départ, ils viennent de perdre la marquise trois ou quatre jours après son arrivée.

— Ah ! c'est vrai, dit Monte-Christo, j'ai appris cela; mais, comme dit Clodius à Hamlet, c'est une loi de la nature : leurs pères étaient morts avant eux, et ils les avaient pleurés; ils mourront avant leurs fils, et leurs fils les pleureront.

— Mais ce n'est pas le tout.

— Comment ce n'est pas le tout !

— Non; vous saviez qu'ils allaient marier leur fille...

— A M. Franz d'Épinay. Est-ce que le mariage est manqué?

— Hier matin, à ce qu'il paraît, Franz leur a rendu sa parole.

— Ah! vraiment... Et connaît-on les causes de cette rupture?

— Non.

— Que m'annoncez-vous là, bon Dieu! madame... Et M. de Villefort, comment accepte-t-il tous ces malheurs?

— Comme toujours, en philosophe.

En ce moment, Danglars rentra seul.

— Eh bien! dit la baronne, vous laissez M. Cavalcanti avec votre fille?

— Et mademoiselle d'Armilly, dit le banquier, pour qui la prenez-vous donc?

Puis, se retournant vers Monte-Christo :

— Charmant jeune homme, n'est-ce pas, monsieur le comte; que le prince Cavalcanti?... Seulement, est-il bien prince?

— Je n'en réponds pas, dit Monte-Christo. On m'a présenté son père comme marquis, il serait comte, mais je crois que lui-même n'a pas grande prétention à ce titre.

— Pourquoi? dit le banquier. S'il est prince, il a tort de ne pas s'en vanter. Chacun son droit. Je n'aime pas qu'on renie son origine, moi.

— Oh! vous êtes un démocrate pur, dit Monte-Christo en souriant

— Mais, voyez, dit la baronne, à quoi vous vous exposez; si M. de Morcerf venait par hasard, il trouverait M. Cavalcanti dans une chambre où lui, fiancé d'Eugénie, n'a jamais eu la permission d'entrer.

— Vous faites bien de dire par hasard, reprit le banquier, car, en vérité, on dirait, tant on le voit rarement, que c'est effectivement le hasard qui nous l'amène.

— Enfin s'il venait, et qu'il trouvât ce jeune homme près de votre fille, il pourrait être mécontent.

— Lui ! oh ! mon Dieu ! vous vous trompez, M. Albert ne nous fait pas l'honneur d'être jaloux de sa fiancée, il ne l'aime point assez pour cela. D'ailleurs, que m'importe qu'il soit mécontent ou non?

— Cependant, au point où nous en sommes...

— Oui, au point où nous en sommes : voulez-vous le savoir le point où nous en sommes? c'est qu'au bal de sa mère il a dansé une seule fois avec ma fille, que M. Cavalcanti a dansé trois fois avec elle, et qu'il ne l'a pas même remarqué.

— M. le vicomte Albert de Morcerf! annonça le valet de chambre.

La baronne se leva vivement.

Elle allait passer au salon d'étude pour avertir sa fille quand Danglars l'arrêta par le bras.

— Laissez, dit-il.

Elle le regarda étonnée.

Monte-Christo feignit de ne pas avoir vu ce jeu de scène.

Albert entra.

Il était fort beau et fort gai.

Il salua la baronne avec aisance, Danglars avec familiarité, Monte-Christo avec affection.

Puis, se retournant vers la baronne :

— Voulez-vous me permettre, madame, lui dit-il, de vous demander comment se porte mademoiselle Danglars?

— Fort bien, monsieur, répondit vivement Danglars; elle fait en ce moment de la musique dans son petit salon avec M. Cavalcanti.

Albert conserva son air calme et indifférent : peut-être éprouvait-il quelque dépit intérieur; mais il sentait le regard de Monte-Christo fixé sur lui.

— M. Cavalcanti a une très-belle voix de ténor, dit-il, et mademoiselle Eugénie un magnifique soprano, sans compter qu'elle joue du piano comme Thalberg. Ce doit être un charmant concert.

— Le fait est, dit Danglars, qu'ils s'accordent à merveille.

Albert parut n'avoir pas compris cette équivoque, si grossière cependant, que madame Danglars en rougit.

— Moi aussi, continua le jeune homme, je suis musicien, à ce que disaient mes maîtres, du moins; eh bien! chose étrange, je n'ai jamais pu encore accorder ma voix avec aucune voix, et avec les voix de soprano surtout encore moins qu'avec les autres.

Danglars fit un petit sourire qui signifiait :

— Mais fâche-toi donc! Aussi, dit-il, espérant sans doute arriver au but qu'il désirait, le prince et ma fille ont-ils fait hier l'admiration générale. N'étiez-vous pas là hier, monsieur de Morcerf?

— Quel prince? demanda Albert.

— Le prince Cavalcanti, reprit Danglars, qui s'obstinait toujours à donner ce titre au jeune homme.

— Ah! pardon, dit Albert, j'ignorais qu'il fût prince. Ah! le prince Cavalcanti a chanté hier avec mademoiselle Eugénie? En vérité, ce devait être ravissant, et je regrette bien vivement de ne pas avoir entendu cela. Mais je n'ai pu me rendre à votre invitation, j'étais forcé d'accompagner madame de Morcerf chez la baronne de Château-Renaud la mère, où chantaient les Allemands.

Puis, après un silence, et comme s'il n'eût été question de rien :

— Me sera-t-il permis, répéta Morcerf, de présenter mes hommages à mademoiselle Danglars?

— Oh! attendez, attendez, je vous en supplie, dit le banquier en arrêtant le jeune homme; entendez-vous la délicieuse cavatine, ta, ta, ta, ti, ta, ti, ta, ta; c'est ravissant, cela va être fini... une seule seconde, parfait! bravo! bravi! brava!

Et le banquier se mit à applaudir avec frénésie.

— En effet, dit Albert, c'est exquis, et il est impossible de mieux comprendre la musique de son pays que ne le fait le prince Cavalcanti. Vous avez dit prince, n'est-ce pas? D'ailleurs, s'il n'est pas prince, on le fera prince, c'est facile en Italie. Mais, pour en revenir à nos adorables chanteurs, vous devriez nous faire un plaisir, monsieur Danglars : sans la prévenir qu'il y a là un étranger, vous devriez prier mademoiselle Danglars et M. Cavalcanti de commencer un autre morceau. C'est une chose si délicieuse que de jouir de la musique d'un peu loin, dans une pénombre, sans être vu, sans voir, et, par conséquent, sans gêner le musicien, qui peut ainsi se livrer à tout l'instinct de son génie ou à tout l'élan de son cœur.

Cette fois, Danglars fut démonté par le flegme du jeune homme.

Il prit Monte-Christo à part.

— Eh bien! lui dit-il, que dites-vous de notre amoureux?

— Dame! il me paraît froid, c'est incontestable; mais que voulez-vous? vous êtes engagé!

— Sans doute, je suis engagé, mais de donner ma fille à un homme qui l'aime, et non à un homme qui ne l'aime pas. Voyez celui-ci, froid comme un marbre, orgueilleux comme un paon; s'il était riche, encore, s'il avait la fortune des Cavalcanti, on passerait par là-dessus. Ma foi, je n'ai pas consulté ma fille, mais si elle avait bon goût...

— Oh! dit Monte-Christo, je ne sais si c'est mon amitié pour lui qui m'aveugle, mais je vous assure, moi, que M. de Morcerf est un jeune homme charmant, là, qui rendra votre fille heureuse, et qui arrivera tôt ou tard à quelque chose; car enfin la position de son père est excellente.

— Hum! fit Danglars.

— Pourquoi ce doute?

— Il y a toujours le passé... ce passé obscur.

— Mais le passé du père ne regarde pas le fils.

— Si fait! si fait!

— Voyons, ne vous montez pas la tête. Il y a un mois, vous trouviez excellent de faire ce mariage...

La baronne se leva vivement. — Page 127.

Vous comprenez, moi, je suis désespéré : c'est chez moi que vous avez vu ce jeune Cavalcanti, que je ne connais pas, je vous le répète.

— Je le connais, moi, dit Danglars; cela suffit.

— Vous le connaissez! Avez-vous donc pris des renseignements sur lui? demanda Monte-Christo.

— Est-il besoin de cela, et à la première vue ne sait-on pas à qui on a affaire? Il est riche, d'abord.

— Je ne l'assure pas.

— Vous répondez pour lui, cependant.

— De cinquante mille livres, d'une misère.

— Il a une éducation distinguée.

— Hum! fit à son tour Monte-Christo.

— Il est musicien.

— Tous les Italiens le sont.

— Tenez, comte, vous n'êtes pas juste pour ce jeune homme.

— Eh bien! oui, je l'avoue, je vois avec peine que, connaissant vos engagements avec les Morcerf, il vienne ainsi se jeter en travers et abuser de sa fortune.

Ali parut avec deux chibouques. — Page 132.

Danglars se mit à rire.

— Oh! que vous êtes puritain! dit-il; mais cela se fait tous les jours dans le monde

— Vous ne pouvez cependant rompre ainsi, mon cher monsieur Danglars; les Morcerf comptent sur ce mariage.

— Y comptent-ils?

— Positivement.

— Alors qu'ils s'expliquent. Vous devriez glisser deux mots de cela au père, mon cher comte, vous qui êtes si bien dans la maison.

— Moi! Et où diable avez-vous vu cela?

— Mais à leur bal, ce me semble. Comment! la comtesse, la fière Mercédès, la dédaigneuse Catalane, qui daigne à peine ouvrir la bouche à ses plus vieilles connaissances, vous a pris par le bras, est sortie avec vous dans le jardin, a pris les petites allées, et n'a reparu qu'une demi-heure après.

— Ah! baron, baron, dit Albert, vous nous empêchez d'entendre. Pour un mélomane comme vous, quelle barbarie!

— C'est bien, c'est bien, monsieur le railleur, dit Danglars.

Puis, se retournant vers Monte-Christo :

— Vous chargez-vous de lui dire cela, au père?

— Volontiers, si vous le désirez.

— Mais que pour cette fois cela se fasse d'une manière explicite et définitive; surtout qu'il me demande ma fille, qu'il fixe une époque, qu'il déclare ses conditions d'argent, enfin que l'on s'entende ou qu'on se brouille; mais, vous comprenez, plus de délais.

— Eh bien ! la démarche sera faite.

— Je ne vous dirai pas que je l'attends avec plaisir, mais enfin je l'attends : un banquier, vous le savez, doit être esclave de sa parole.

Et Danglars poussa un de ces soupirs que poussait Cavalcanti fils une demi-heure auparavant.

— Bravi ! bravo ! brava ! cria Morcerf parodiant le banquier et applaudissant la fin du morceau.

Danglars commençait à regarder Albert de travers, lorsqu'on vint lui dire deux mots tout bas.

— Je reviens, dit le banquier à Monte-Christo, attendez-moi, j'aurai peut-être quelque chose à vous dire tout à l'heure.

Et il sortit.

La baronne profita de l'absence de son mari pour repousser la porte du salon d'étude de sa fille, et l'on vit se dresser comme un ressort M. Andrea, qui était assis devant le piano avec mademoiselle Eugénie.

Albert salua en souriant mademoiselle Danglars, qui, sans paraître aucunement troublée, lui rendit un salut aussi froid que d'habitude.

Cavalcanti parut évidemment embarrassé.

Il salua Morcerf, qui lui rendit son salut de l'air le plus impertinent du monde.

Alors Albert commença de se confondre en éloges sur la voix de mademoiselle Danglars, et sur le regret qu'il éprouvait, d'après ce qu'il venait d'entendre, de n'avoir pas assisté à la soirée de la veille.

Cavalcanti, laissé à lui-même, prit à part Monte-Christo.

— Voyons, dit madame Danglars, assez de musique et de compliments comme cela, venez prendre le thé.

— Viens, Louise, dit mademoiselle Danglars à son amie.

On passa dans le salon voisin, où, effectivement, le thé était préparé.

Au moment où l'on commençait à laisser, à la manière anglaise, les cuillers dans les tasses, la porte se rouvrit, et Danglars reparut visiblement fort agité.

Monte-Christo surtout remarqua cette agitation, et interrogea le banquier du regard.

— Eh bien ! dit Danglars, je viens de recevoir mon courrier de Grèce.

— Ah ! ah ! dit le comte, c'est pour cela qu'on vous avait appelé ?

— Oui.

— Comment se porte le roi Othon? demanda Albert du ton le plus enjoué.

Danglars le regarda de travers sans lui répondre, et Monte-Christo se détourna pour cacher l'expression de pitié qui venait de paraître sur son visage et qui s'effaça presque aussitôt.

— Nous nous en irons ensemble, n'est-ce pas? dit Albert au comte.

— Oui, si vous voulez, répondit celui-ci.

Albert ne pouvait rien comprendre à ce regard du banquier ; aussi, se retournant vers Monte-Christo, qui avait parfaitement compris :

— Avez-vous vu, dit-il, comme il m'a regardé ?

— Oui, répondit le comte ; mais trouvez-vous quelque chose de particulier dans son regard ?

— Je le crois bien ; mais que veut-il dire avec ses nouvelles de Grèce ?

— Comment voulez-vous que je sache cela?

— Parce qu'à ce que je présume vous avez des intelligences dans le pays.

Monte-Christo sourit comme on sourit toujours quand on veut se dispenser de répondre.

— Tenez, dit Albert, le voilà qui s'approche de vous ; je vais faire compliment à mademoiselle Danglars sur son camée ; pendant ce temps, le père aura le temps de vous parler.

— Si vous lui faites compliment, faites-lui compliment sur sa voix, au moins, dit Monte-Christo.

— Non pas, c'est ce que ferait tout le monde.

— Mon cher vicomte, dit Monte-Christo, vous avez la fatuité dans l'impertinence.

Albert s'avança vers Eugénie le sourire sur les lèvres.

Pendant ce temps, Danglars se pencha à l'oreille du comte :

— Vous m'avez donné un excellent conseil, dit-il, et il y a toute une histoire horrible sur ces deux mots : Fernand et Janina.

— Ah bah ! fit Monte-Christo.

— Oui, je vous conterai cela ; mais emmenez le jeune homme ; je serais trop embarrassé de rester maintenant avec lui.

— C'est ce que je fais, il m'accompagne ; maintenant, faut-il toujours que je vous envoie le père ?

— Plus que jamais.

— Bien.

— Le comte fit un signe à Albert.

Tous deux saluèrent les dames et sortirent : Albert avec un air parfaitement indifférent pour les mépris de mademoiselle Danglars, Monte-Christo en réitérant à madame Danglars ses conseils sur la prudence que doit avoir une femme de banquier d'assurer son avenir.

M. Cavalcanti demeura maître du champ de bataille.

CHAPITRE XVIII.

HAYDEE.

A peine les chevaux du comte avaient-ils tourné l'angle du boulevard qu'Albert se retourna vers le comte en éclatant d'un rire trop bruyant pour ne pas être un peu forcé.

— Eh bien ! lui dit-il, je vous demanderai comme le roi Charles IX demandait à Catherine de Médicis après la Saint-Barthélemy : Comment trouvez-vous que j'ai joué mon petit rôlet ?

— A quel propos? demanda Monte-Christo.

— Mais à propos de l'installation de mon rival chez M. Danglars...

— Quel rival?

— Pardieu ! quel rival ! votre protégé, M. Andrea Cavalcanti.

— Oh! pas de mauvaises plaisanteries, vicomte ; je ne protége nullement M. Andrea, du moins près de M. Danglars.

— Et c'est le reproche que je vous ferais si le jeune homme avait besoin de protection. Mais, heureusement pour moi, il peut s'en passer.

— Comment ! vous croyez qu'il fait sa cour?

— Je vous en réponds : il roule des yeux de soupirant et module des sons d'amoureux ; il aspire à la main de la fière Eugénie. Tiens, je viens de faire un vers! parole d'honneur, ce n'est pas de ma faute. N'importe, je le répète : « Il aspire à la main de la fière Eugénie. »

— Qu'importe, si l'on ne pense qu'à vous?

— Ne dites pas cela, mon cher comte, on me rudoie des deux côtés.

— Comment, des deux côtés?

— Sans doute : mademoiselle Eugénie m'a répondu à peine, et mademoiselle d'Armilly, sa confidente, ne m'a pas répondu du tout.

— Oui, mais le père vous adore, dit Monte-Christo.

— Lui? mais, au contraire, il m'a enfoncé mille poignards dans le cœur ; poignards rentrant dans le manche, il est vrai, poignards de tragédie, mais qu'il croyait bel et bien réels.

— La jalousie indique l'affection.

— Oui, mais moi je ne suis pas jaloux.

— Il l'est, lui.

— De qui? de Debray?

— Non, de vous.

— De moi? je gage qu'avant huit jours il m'a fermé la porte au nez.

— Vous vous trompez, mon cher vicomte.

— Une preuve?

— La voulez-vous?

— Oui.

— Je suis chargé de prier M. le comte de Morcerf de faire une démarche définitive près du baron.

— Par qui?

— Par le baron lui-même.

— Oh! dit Albert avec toute la câlinerie dont il était capable, vous ne ferez pas cela, n'est-ce pas, mon cher comte?

— Vous vous trompez, Albert, je le ferai, puisque je l'ai promis.

— Allons, dit Albert avec un soupir, il paraît que vous tenez absolument à me marier.

— Je tiens à être bien avec tout le monde ; mais, à propos de Debray, je ne le vois plus chez la baronne.

— Il y a de la brouille.

— Avec madame?

— Non, avec monsieur.

— Il s'est donc aperçu de quelque chose?

— Ah! la bonne plaisanterie!

— Vous croyez qu'il s'en doutait? fit Monte-Christo avec une naïveté charmante.

— Ah çà! mais d'où venez-vous donc, mon cher comte?

— Du Congo, si vous voulez.

— Ce n'est pas d'assez loin encore.

— Est-ce que je connais vos Parisiens?

— Eh! mon cher comte, les maris sont les mêmes partout ; du moment où vous avez étudié l'individu dans un pays quelconque, vous connaissez la race.

— Mais alors quelle cause a pu brouiller Danglars et Debray? ils paraissaient si bien s'entendre, dit Monte-Christo avec un renouvellement de naïveté.

— Ah! voilà, nous rentrons dans les mystères d'Isis, et je ne suis pas initié. Quand M. Cavalcanti fils sera de la famille, vous lui demanderez cela.

La voiture s'arrêta.

— Nous voilà arrivés, dit Monte-Christo ; il n'est que dix heures et demie, montez donc.

— Bien volontiers.

— Ma voiture vous conduira.

— Non, merci, mon coupé a dû nous suivre.

— En effet, le voilà, dit Monte-Christo en sautant à terre.

Tous deux entrèrent dans la maison ; le salon était éclairé, ils y entrèrent.

— Vous allez nous faire du thé, Baptistin, dit Monte-Christo.

Baptistin sortit sans souffler le mot.

Deux secondes après, il reparut avec un plateau tout servi, et qui, comme les collations des pièces féeriques, semblait sortir de terre.

— En vérité, dit Morcerf, ce que j'admire en vous, mon cher comte, ce n'est pas votre richesse, peut-être y a-t-il des gens plus riches que vous ; ce n'est pas votre esprit, Beaumarchais n'en avait pas plus, mais il en avait autant ; c'est votre manière d'être servi, sans qu'on vous réponde un mot, à la minute, à la seconde, comme si l'on devinait, à la manière dont vous sonnez, ce que vous désirez avoir et comme si ce que vous désirez avoir était toujours prêt.

— Ce que vous dites est un peu vrai. On sait mes habitudes. Par exemple, vous allez voir. Ne désirez-vous pas faire quelque chose en buvant votre thé?

— Pardieu! je désire fumer.

Monte-Christo s'approcha du timbre et frappa un coup.

Au bout d'une seconde, une porte particulière s'ouvrit, et Ali parut avec deux chibouques toutes bourrées d'excellent latakié.

— Merveilleux! dit Morcerf.

— Mais, non, c'est tout simple, reprit Monte-Christo ; Ali sait qu'en prenant le thé ou le café je fume ordinairement : il sait que j'ai demandé le thé, il sait que je suis rentré avec vous, il entend que je l'appelle, il se doute de la cause, et, comme il est d'un pays où l'hospitalité s'exerce avec la pipe surtout, au lieu d'une chibouque, il en apporte deux.

— Certainement, c'est une explication comme une autre ; mais il n'en est pas moins vrai qu'il n'y

Il lui tendit sa main sur laquelle elle appuya ses lèvres. — Page 134.

a que vous... Oh! mais, qu'est-ce que j'entends?

Et Morcerf s'inclina vers la porte par laquelle entraient effectivement des sons correspondant à ceux d'une guitare.

— Ma foi, mon cher vicomte, vous êtes voué à la musique ce soir; vous n'échappez au piano de mademoiselle Danglars, que pour tomber dans la guzla d'Haydée.

— Haydée! quel adorable nom! Il y a donc des femmes qui s'appellent véritablement Haydée autre part que dans les poëmes de lord Byron?

— Certainement; Haydée est un nom fort rare en France, mais assez commun en Albanie et en Épire; c'est comme si vous disiez, par exemple, chasteté, pudeur, innocence; c'est une espèce de nom de baptême, comme disent vos Parisiens.

— Oh! que c'est charmant! dit Albert; comme je voudrais voir nos Françaises s'appeler mademoiselle Bonté, mademoiselle Silence, mademoiselle Charité chrétienne! Dites donc, si mademoiselle Danglars, au lieu de s'appeler Claire-Marie-Eugénie, comme on la nomme, s'appelait mademoiselle Chasteté-Pudeur-Innocence Danglars, peste, quel effet cela ferait dans une publication de bans!

— Fou! dit le comte, ne plaisantez pas si haut, Haydée pourrait vous entendre.

— Et elle se fâcherait?

— Non pas, dit le comte avec son air hautain.

— Elle est bonne personne? demanda Albert.

— Ce n'est pas bonté, c'est devoir : une esclave ne se fâche pas contre son maître.

— Allons donc! ne plaisantez pas vous-même. Est-ce qu'il y a encore des esclaves?

— Sans doute, puisque Haydée est la mienne.

— En effet, vous ne faites rien et vous n'avez rien comme un autre, vous. Esclave de M. le comte de Monte-Christo! c'est une position en France. A la façon dont vous remuez l'or, c'est une place qui doit valoir cent mille écus par an.

— Cent mille écus! la pauvre enfant en possédait plus que cela : elle est venue au monde couchée sur des trésors près desquels ceux des *Mille et une Nuits* sont bien peu de chose.

— C'est donc vraiment une princesse?

— Vous l'avez dit, et même une des plus grandes de son pays.

— Je m'en étais douté. Mais comment une grande princesse est-elle devenue esclave?

— Comment Denys le Tyran est-il devenu maître d'école? Le hasard de la guerre, mon cher vicomte, le caprice de la fortune.

— Et son nom est un secret?

— Pour tout le monde, oui; mais pas pour vous, cher vicomte, qui êtes de mes amis, et qui vous tairez, n'est-ce pas, si vous me promettez de vous taire?

— Oh! parole d'honneur!

— Vous connaissez l'histoire du pacha de Janina?

— D'Ali-Tebelin? sans doute, puisque c'est à son service que mon père a fait fortune.

— C'est vrai! Je l'avais oublié.

— Eh bien! qu'est Haydée à Ali-Tebelin?

— Sa fille, tout simplement.

— Comment! la fille d'Ali-Pacha?

— Et de la belle Vasiliki.

— Et elle est votre esclave?

— Oh! mon Dieu oui.

— Comment cela?

— Dame! un jour que je passais sur le marché de Constantinople, je l'ai achetée.

— C'est splendide! Avec vous, mon cher comte, on ne vit pas, on rêve. Maintenant, écoutez, c'est bien indiscret ce que je vais vous demander là.

— Dites toujours.

— Mais, puisque vous sortez avec elle, puisque vous la conduisez à l'Opéra ..

— Après?

— Je puis bien me risquer à vous demander cela.

— Vous pouvez vous risquer à tout me demander.

— Eh bien! mon cher comte, présentez-moi à votre princesse.

— Volontiers, mais à deux conditions.

— Je les accepte d'avance.

— La première, c'est que vous ne confierez jamais à personne cette présentation.

— Très-bien! (Morcerf étendit la main.) Je le jure.

— La seconde, c'est que vous ne lui direz pas que votre père a servi le sien.

— Je le jure encore.

— A merveille! vicomte; vous vous rappellerez ces deux serments, n'est-ce pas?

— Oh! fit Albert.

— Très-bien. Je vous sais homme d'honneur.

Le comte frappa de nouveau sur le timbre; Ali reparut :

— Préviens Haydée, lui dit-il, que je vais aller prendre le café chez elle, et fais-lui comprendre que je demande la permission de lui présenter un de mes amis.

Ali s'inclina et sortit.

— Ainsi, c'est convenu, pas de questions directes, cher vicomte. Si vous désirez savoir quelque chose, demandez-le à moi, et je le demanderai à elle.

— C'est convenu.

Ali reparut pour la troisième fois et tint la portière soulevée pour indiquer à son maître et à Albert qu'ils pouvaient passer.

— Entrons, dit Monte-Christo.

Albert passa une main dans ses cheveux et frisa sa moustache.

Le comte reprit son chapeau, mit ses gants et précéda Albert dans l'appartement que gardait, comme une sentinelle avancée, Ali, et que défendaient, comme un poste, les trois femmes de chambre françaises commandées par Myrtho.

Haydée attendait dans la première pièce, qui était le salon, avec de grands yeux dilatés par la surprise; car c'était la première fois qu'un autre homme que Monte-Christo pénétrait jusqu'à elle.

Elle était assise sur un sopha dans un angle, les jambes croisées sous elle, et s'était fait, pour ainsi dire, un nid dans les étoffes de soie rayées et brodées, les plus riches de l'Orient.

Près d'elle était l'instrument dont les sons l'avaient dénoncée.

Elle était charmante ainsi.

En apercevant Monte-Christo, elle se souleva avec ce double sourire de fille et d'amante qui n'appartenait qu'à elle.

Monte-Christo alla à elle et lui tendit la main, sur laquelle, comme d'habitude, elle appuya ses lèvres.

Albert était resté près de la porte, sous l'empire

de cette beauté étrange qu'il voyait pour la première fois, et dont on ne pouvait se faire aucune idée en France.

— Qui m'amènes-tu? demanda en romaïque la jeune fille à Monte-Christo; un frère, un ami, une simple connaissance, ou un ennemi?

— Un ami, dit Monte-Christo dans la même langue.

— Son nom?

— Le vicomte Albert; c'est le même que j'ai tiré des mains des bandits à Rome

— Dans quelle langue veux-tu que je lui parle?

Monte-Christo se retourna vers Albert :

— Savez-vous le grec moderne? demanda-t-il au jeune homme.

— Hélas! dit Albert, pas même le grec ancien, mon cher comte; jamais Homère et Platon n'ont eu de plus pauvre, et j'oserai même dire de plus dédaigneux écolier.

— Alors, dit Haydée, prouvant par la demande qu'elle faisait elle-même qu'elle venait d'entendre la question de Monte-Christo et la réponse d'Albert, je parlerai en français ou en italien, si toutefois mon seigneur veut que je parle.

Monte-Christo réfléchit un instant :

— Tu parleras en italien, dit-il.

Puis, se tournant vers Albert :

— C'est fâcheux que vous n'entendiez pas le grec moderne ou le grec ancien, qu'Haydée parle tous deux admirablement; la pauvre enfant va être forcée de vous parler italien, ce qui vous donnera peut-être une fausse idée d'elle.

Il fit un signe à Haydée.

— Sois le bienvenu, ami, qui viens avec mon seigneur et maître, dit la jeune fille en excellent toscan, avec ce doux accent romain qui fait la langue du Dante aussi sonore que la langue d'Homère. Ali! du café et des pipes.

Et Haydée fit de la main signe à Albert de s'approcher, tandis que Ali se retirait pour exécuter les ordres de sa jeune maîtresse.

Monte-Christo montra à Albert deux pliants, et chacun alla chercher le sien pour l'approcher d'une espèce de guéridon, dont un narguillé faisait le centre, et que chargeaient des fleurs naturelles, des dessins, des albums de musique.

Ali rentra, apportant le café et les chibouques; quant à M. Baptistin, cette partie de l'appartement lui était interdite.

Albert repoussa la pipe que lui présentait le Nubien.

— Oh! prenez, prenez, dit Monte-Christo; Haydée est presque aussi civilisée qu'une Parisienne : le havane lui est désagréable, parce qu'elle n'aime pas les mauvaises odeurs; mais le tabac d'Orient est un parfum, vous le savez

Ali sortit.

Les tasses de café étaient préparées; seulement on avait, pour Albert, ajouté un sucrier.

Monte-Christo et Haydée prenaient la liqueur arabe à la manière des Arabes, c'est-à-dire sans sucre.

Haydée allongea la main et prit du bout de ses petits doigts roses et effilés la tasse de porcelaine du Japon qu'elle porta à ses lèvres avec le naïf plaisir d'un enfant qui boit ou mange une chose qu'il aime.

En même temps deux femmes entrèrent, portant deux autres plateaux chargés de glaces et de sorbets, qu'elles déposèrent sur deux petites tables destinées à cet usage.

— Mon cher hôte, et vous, signora, dit Albert en italien, excusez ma stupéfaction. Je suis tout étourdi, et c'est assez naturel; voici que je retrouve l'Orient, l'Orient véritable, non point malheureusement tel que je l'ai vu, mais tel que je l'ai rêvé, au sein de Paris; tout à l'heure j'entendais rouler les omnibus et tinter les sonnettes des marchands de limonade. Oh! signora, que ne sais-je parler le grec! votre conversation, jointe à cet entourage féerique, me composerait une soirée dont je me souviendrais toujours!

— Je parle assez bien l'italien pour parler avec vous, monsieur, dit tranquillement Haydée, et je ferai de mon mieux, si vous aimez l'Orient, pour que vous le retrouviez ici.

— De quoi puis-je parler? demanda tout bas Albert à Monte-Christo.

— Mais de tout ce que vous voudrez : de son pays, de sa jeunesse, de ses souvenirs; puis, si vous l'aimez mieux, de Rome, de Naples ou de Florence.

— Oh! dit Albert, ce ne serait pas la peine d'avoir une Grecque devant soi pour lui parler de tout ce dont on parlerait à une Parisienne; laissez-moi lui parler de l'Orient.

— Faites, mon cher Albert, c'est la conversation qui lui est la plus agréable.

Albert se retourna vers Haydée.

— A quel âge la signora a-t-elle quitté la Grèce? demanda-t-il.

— A cinq ans, répondit Haydée.

— Et vous vous rappelez votre patrie? demanda Albert.

— Quand je ferme les yeux, je revois tout ce que j'ai vu. Il y a deux regards : le regard du corps et le regard de l'âme. Le regard du corps peut oublier parfois, mais celui de l'âme se souvient toujours.

— Et quel est le temps le plus loin dont vous puissiez vous souvenir?

— Je marchais à peine; ma mère, que l'on appelait Vasiliki (Vasiliki veut dire royale, ajouta la jeune fille en relevant la tête), ma mère me prenait par la main, et, toutes deux couvertes d'un voile, après

Ali Tebelin, pacha de Janina

avoir mis au fond de la bourse tout l'or que nous possédions, nous allions demander l'aumône pour les prisonniers, en disant : « Celui qui donne aux pauvres prête à l'Éternel (1). » Puis, quand notre bourse était pleine, nous rentrions au palais, et, sans rien dire à mon père, nous envoyions tout cet argent qu'on nous avait donné, nous prenant pour de pauvres femmes, à l'égoumenos du couvent, qui le répartissait entre les prisonniers.

— Et à cette époque, quel âge aviez-vous?

— Trois ans, dit Haydée.

— Alors, vous vous souvenez de tout ce qui s'est passé autour de vous depuis l'âge de trois ans?

— De tout.

— Comte, dit tout bas Morcerf à Monte-Christo, vous devriez permettre à la signora de nous raconter quelque chose de son histoire. Vous m'avez défendu de lui parler de mon père, mais peut-être m'en parlera-t-elle, et vous n'avez pas idée combien je serais heureux d'entendre sortir son nom d'une si jolie bouche.

Monte-Christo se tourna vers Haydée, et, par un

(1) Proverbe XIX.

Il marchait le dernier, tenant à la main sa carabine. — PAGE 138.

signe de sourcil qui lui indiquait d'accorder la plus grande attention à la recommandation qu'il allait lui faire, il lui dit en grec :

— Πατρος μεν ατην, μη δε ονομα προδοτου και προδοσιαν, ειπε ημιν (1).

Haydée poussa un long soupir, et un nuage sombre passa sur son front si pur.

— Que lui dites-vous? demanda tout bas Morcerf.

— Je lui répète que vous êtes un ami, et qu'elle n'a point à se cacher vis-à-vis de vous.

— Ainsi, dit Albert, ce pieux pèlerinage pour les prisonniers est votre premier souvenir; quel est l'autre?

— L'autre? Je me vois sous l'ombre des sycomores, près d'un lac dont j'aperçois encore, à travers le feuillage, le miroir tremblant; contre le plus vieux et le plus touffu, mon père était assis sur des coussins, et moi, faible enfant, tandis que ma mère était couchée à ses pieds, je jouais avec sa barbe blanche qui descendait sur sa poitrine, et, avec le

(1) Mot à mot : « De ton père le sort, mais pas le nom du traître, ni la trahison, raconte-nous. »

cangiar à la poignée de diamant passé à sa ceinture; puis de temps en temps venait à lui un Albanais qui lui disait quelques mots auxquels je ne faisais pas attention, et auxquels il répondait du même son de voix : — Tuez! ou : Faites grâce!

— C'est étrange, dit Albert, d'entendre sortir de pareilles choses de la bouche d'une jeune fille, autre part que sur un théâtre, et en se disant : — Ceci n'est point une fiction. Et, demanda Albert, comment, avec cet horizon si poétique, comment, avec ce lointain merveilleux, trouvez-vous la France?

— Je crois que c'est un beau pays, dit Haydée, mais je la vois, la France, telle qu'elle est, car je vois avec des yeux de femme, tandis qu'il me semble, au contraire, que mon pays, que je n'ai vu qu'avec mes yeux d'enfant, est toujours enveloppé d'un brouillard lumineux ou sombre, selon que mes yeux le font une douce patrie ou un lieu d'amères souffrances.

— Si jeune, signora, dit Albert, cédant malgré lui à la puissance de la banalité, comment avez-vous pu souffrir?

Haydée tourna les yeux vers Monte-Christo, qui, avec un signe imperceptible, murmura :

— Εἰπέ (1).

— Rien ne compose le fond de l'âme comme les premiers souvenirs, et, à part les deux que je viens de vous dire, tous les souvenirs de ma jeunesse sont tristes.

— Parlez, parlez, signora, dit Albert, je vous jure que je vous écoute avec un inexprimable bonheur.

Haydée sourit tristement.

— Vous voulez donc que je passe à mes autres souvenirs? dit-elle.

— Je vous en supplie! dit Albert.

— Eh bien! j'avais quatre ans quand un soir je fus réveillée par ma mère. Nous étions au palais de Janina; elle me prit sur les coussins où je reposais, et, en ouvrant mes yeux, je vis les siens remplis de grosses larmes.

Elle m'emporta sans rien dire.

En la voyant pleurer, j'allais pleurer aussi.

— Silence! enfant, dit-elle.

Souvent, malgré les consolations ou les menaces maternelles, capricieuse comme tous les enfants, je continuais de pleurer; mais, cette fois, il y avait dans la voix de ma pauvre mère une telle intonation de terreur, que je me tus à l'instant même.

Elle m'emportait rapidement.

Je vis alors que nous descendions un large escalier.

Devant nous, toutes les femmes de ma mère, portant des coffres, des sachets, des objets de parure, des bijoux, des bourses d'or, descendaient le même escalier ou plutôt se précipitaient.

(1) Raconte.

Derrière les femmes venait une garde de vingt hommes, armés de longs fusils et de pistolets, et revêtus de ce costume que vous connaissez en France depuis que la Grèce est redevenue une nation.

Il y avait quelque chose de sinistre, croyez-moi, ajouta Haydée en secouant la tête et en pâlissant à cette seule mémoire, dans cette longue file d'esclaves et de femmes à demi alourdies par le sommeil, ou du moins je me le figurais ainsi, moi, qui peut-être croyais les autres endormis, parce que j'étais mal réveillée.

Dans l'escalier couraient des ombres gigantesques que des torches de sapin faisaient trembler aux voûtes.

« Qu'on se hâte! » dit une voix au fond de la galerie.

Cette voix fit courber tout le monde comme le vent en passant sur la plaine fait courber un champ d'épis.

Moi, elle me fit tressaillir.

Cette voix, c'était celle de mon père.

Il marchait le dernier, revêtu de ses splendides habits, tenant à la main sa carabine que votre empereur lui avait donnée; et, appuyé sur son favori Sélim, il nous poussait devant lui comme un pasteur fait d'un troupeau éperdu.

Mon père, dit Haydée en relevant la tête, était un homme illustre que l'Europe a connu sous le nom d'Ali-Tebelin, pacha de Janina, et devant lequel la Turquie a tremblé.

Albert, sans savoir pourquoi, frissonna en entendant ces paroles prononcées avec un indéfinissable accent de hauteur et de dignité; il lui sembla que quelque chose de sombre et d'effrayant rayonnait dans les yeux de la jeune fille, lorsque, pareille à une pythonisse qui évoque un spectre, elle réveilla le souvenir de cette sanglante figure que sa mort terrible fit apparaître gigantesque aux yeux de l'Europe contemporaine.

— Bientôt, continua Haydée, la marche s'arrêta; nous étions au bas de l'escalier et au bord d'un lac. Ma mère me pressait contre sa poitrine bondissante, et je vis à deux pas derrière nous mon père qui jetait de tous côtés des regards inquiets.

Devant nous s'étendaient quatre degrés de marbre, et, au bas du dernier degré, ondulait une barque.

D'où nous étions, on voyait se dresser au milieu du lac une masse noire; c'était le kiosque où nous nous rendions.

Ce kiosque me paraissait à une distance considérable, peut-être à cause de l'obscurité

Nous descendîmes dans la barque.

Je me souviens que les rames ne faisaient aucun bruit en touchant l'eau, je me penchai pour les regarder.

Elles étaient enveloppées avec les ceintures de nos Palicares.

Il n'y avait, outre les rameurs, dans la barque, que des femmes, mon père, ma mère, Sélim et moi.

Les Palicares étaient restés au bord du lac, agenouillés sur le dernier degré, et se faisant, dans le cas où ils eussent été poursuivis, un rempart des trois autres.

Notre barque allait comme le vent.

— Pourquoi la barque va-t-elle si vite? demandai-je à ma mère.

— Chut! mon enfant, dit-elle, c'est que nous fuyons.

Je ne compris pas.

Pourquoi mon père fuyait-il? lui le tout-puissant, lui devant qui, d'ordinaire, fuyaient les autres, lui qui avait pris pour devise :

Ils me haïssent, donc ils me craignent!

En effet, c'était une fuite que mon père opérait sur le lac.

Il m'a dit depuis que la garnison du château de Janina, fatiguée d'un long service...

Ici Haydée arrêta son regard expressif sur Monte-Christo, dont l'œil ne quitta plus ses yeux.

La jeune fille continua donc lentement, comme quelqu'un qui invente ou qui supprime.

— Vous disiez, signora, reprit Albert qui accordait la plus grande attention à ce récit, que la garnison de Janina, fatiguée d'un long service...

— Avait traité avec le séraskier Kourchid, envoyé par le sultan pour s'emparer de mon père; c'était alors que mon père avait pris la résolution de se retirer, après avoir envoyé au sultan un officier franc, auquel il avait toute confiance, dans l'asile que lui-même s'était préparé depuis longtemps, et qu'il appelait Kataphygion, c'est-à-dire son refuge.

— Et cet officier, demanda Albert, vous rappelez-vous son nom, signora?

Monte-Christo échangea avec la jeune fille un regard rapide comme un éclair, et qui resta inaperçu de Morcerf.

— Non, dit-elle, je ne me le rappelle pas; mais peut-être plus tard me le rappellerai-je, et je le dirai.

Albert allait prononcer le nom de son père, lorsque Monte-Christo leva doucement le doigt en signe de silence

Le jeune homme se rappela son serment et se tut.

— C'était vers ce kiosque que nous voguions.

Un rez-de-chaussée orné d'arabesques baignant ses terrasses dans l'eau, et un premier étage donnant sur le lac, voici tout ce que le palais offrait de visible aux yeux.

Mais au-dessous du rez-de-chaussée, se prolongeant dans l'île, était un souterrain, vaste caverne où l'on nous conduisit, ma mère, moi et nos femmes, et où gisaient, formant un seul monceau, soixante mille bourses et deux cents tonneaux; il y avait dans ces bourses vingt-cinq millions en or, et dans les barils trente mille livres de poudre.

Près de ces barils se tenait Sélim, ce favori de mon père dont je vous ai parlé; il veillait jour et nuit, une lance, au bout de laquelle brûlait une mèche allumée, à la main.

Il avait l'ordre de faire tout sauter, kiosque, gardes, pacha, femmes et or, au premier signe de mon père.

Je me rappelle que nos esclaves, connaissant ce redoutable voisinage, passaient les jours et les nuits à prier, à pleurer, à gémir.

Quant à moi, je vois toujours le jeune soldat au teint pâle et à l'œil noir, et, quand l'ange de la mort descendra vers moi, je suis sûre que je reconnaîtrai Sélim.

Je ne pourrais dire combien de temps nous restâmes ainsi : à cette époque, j'ignorais encore ce que c'était que le temps.

Quelquefois, mais rarement, mon père nous faisait appeler, ma mère et moi, sur la terrasse du palais.

C'étaient mes heures de plaisir à moi, qui ne voyais dans le souterrain que des ombres gémissantes et la lance enflammée de Sélim.

Mon père, assis devant une grande ouverture, attachait un regard sombre sur les profondeurs de l'horizon, interrogeant chaque point noir qui apparaissait sur le lac, tandis que ma mère, à demi couchée près de lui, appuyait sa tête sur son épaule, et que moi je me jouais à ses pieds, admirant, avec ces étonnements de l'enfance qui grandissent encore les objets, les escarpements du Pinde qui se dressait à l'horizon, les châteaux de Janina, sortant blancs et anguleux des eaux bleues du lac, les touffes immenses de verdure noire, attachées comme des lichens aux rocs de la montagne, qui, de loin, semblaient des mousses, et qui de près sont des sapins gigantesques et des myrtes immenses.

Un matin mon père nous envoya chercher; nous le trouvâmes assez calme, mais plus pâle que d'habitude.

— Prends patience, Vasiliki, aujourd'hui tout sera fini, aujourd'hui arrive le firman du maître, et mon sort sera décidé. Si la grâce est entière, nous retournerons triomphants à Janina; si la nouvelle est mauvaise, nous fuirons cette nuit.

— Mais s'ils ne nous laissent pas fuir? dit ma mère.

— Oh! sois tranquille, répondit Ali en souriant; Sélim et sa lance allumée me répondent d'eux. Ils voudraient que je fusse mort, mais pas à la condition de mourir avec moi.

Ma mère ne répondit que par des soupirs à ces consolations qui ne partaient pas du cœur de mon père.

Elle lui prépara l'eau glacée qu'il buvait à chaque instant, car depuis sa retraite dans le kiosque il était brûlé par une fièvre ardente.

Elle parfuma sa barbe blanche et alluma la chibouque dont quelquefois, pendant des heures entières, il suivait distraitement des yeux la fumée se volatilisant dans l'air.

Tout à coup il fit un mouvement si brusque, que je fus saisie de peur.

Puis, sans détourner les yeux du point qui fixait son attention, il demanda sa longue-vue.

Ma mère la lui passa, plus blanche que le stuc contre lequel elle s'appuyait.

Je vis la main de mon père trembler.

— Une barque !... deux !... trois !.. murmura mon père; quatre !...

Et il se leva, saisissant ses armes, et versant, je m'en souviens, de la poudre dans le bassinet de ses pistolets.

— Vasiliki, dit-il à ma mère avec un tressaillement visible, voici l'instant qui va décider de nous; dans une demi-heure nous saurons la réponse du sublime empereur; retire-toi dans le souterrain avec Haydée.

— Je ne veux pas vous quitter, dit Vasiliki, si vous mourez, mon maître, je veux mourir avec vous.

— Allez près de Sélim ! cria mon père.

— Adieu, seigneur ! murmura ma mère obéissante et pliée en deux comme par l'approche de la mort.

— Emmenez Vasiliki ! dit mon père à ses Palicares.

Mais moi, qu'on oubliait, je courus à lui et j'étendis mes mains de son côté; il me vit, et, se penchant vers moi, il pressa mon front de ses lèvres.

Oh ! ce baiser, ce fut le dernier, et il est là encore sur mon front.

En descendant, nous distinguions à travers les treilles de la terrasse les barques qui grandissaient sur le lac, et qui, pareilles naguère à des points noirs, semblaient déjà des oiseaux rasant la surface des ondes.

Pendant ce temps, dans le kiosque, vingt Palicares, assis aux pieds de mon père et cachés par la boiserie, épiaient d'un œil sanglant l'arrivée de ces bateaux, et tenaient prêts leurs longs fusils incrustés de nacre et d'argent.

Des cartouches en grand nombre étaient semées sur le parquet.

Mon père regardait à sa montre et se promenait avec angoisse.

Voilà ce qui me frappa quand je quittai mon père après le dernier baiser que j'eus reçu de lui.

Nous traversâmes, ma mère et moi, le souterrain.

Sélim était toujours à son poste; il nous sourit tristement.

Nous allâmes chercher des coussins de l'autre côté de la caverne, et nous vînmes nous asseoir près de Sélim.

Dans les grands périls, les cœurs dévoués se cherchent, et, tout enfant que j'étais, je sentais instinctivement qu'un grand malheur planait sur nos têtes.

Albert avait souvent entendu raconter, non point par son père, qui n'en parlait jamais, mais par des étrangers, les derniers moments du vizir de Janina.

Il avait lu différents récits de sa mort; mais cette histoire, devenue vivante dans la personne et par la voix de la jeune fille, cet accent vivant et cette lamentable élégie, le pénétraient tout à la fois d'un charme et d'une horreur inexprimables.

Quant à Haydée, toute à ses terribles souvenirs, elle avait cessé un instant de parler; son front, comme une fleur qui se penche un jour d'orage, s'était incliné sur sa main, et ses yeux, perdus vaguement, semblaient voir encore à l'horizon le Pinde verdoyant et les eaux bleues du lac de Janina, miroir magique qui reflétait le sombre tableau qu'elle esquissait.

Monte-Christo la regardait avec une indéfinissable expression d'intérêt et de pitié.

— Continue, ma fille, dit le comte en langue romaïque.

Haydée releva le front, comme si les mots sonores que venait de prononcer Monte-Christo l'eussent tirée d'un rêve, et elle reprit :

— Il était quatre heures du soir ; mais, bien que le jour fût pur et brillant au dehors, nous étions, nous, plongés dans l'ombre du souterrain.

Une seule lueur brillait dans la caverne, pareille à une étoile tremblant au fond d'un ciel noir : c'était la mèche de Sélim.

Ma mère était chrétienne, et elle priait.

Sélim répétait de temps en temps ces paroles consacrées :

— Dieu est grand !

Cependant, ma mère avait encore quelque espérance.

En descendant, elle avait cru reconnaître le Franc qui avait été envoyé à Constantinople, et dans lequel mon père avait toute confiance, car il savait que les soldats du sultan français sont d'ordinaire nobles et généreux.

Elle s'avança de quelques pas vers l'escalier et écouta.

— Ils approchent, dit-elle; pourvu qu'ils apportent la paix et la vie.

Sélim tomba percé de quatre coups de poignard. — PAGE 143.

— Que crains-tu, Vasiliki? répondit Sélim avec sa voix si suave et si fière à la fois ; s'ils n'apportent pas la paix, nous leur donnerons la mort.

Et il ravivait la flamme de sa lance avec un geste qui le faisait ressembler au Dyonysos de l'antique Crète.

Mais moi, qui étais si enfant et si naïve, j'avais peur de ce courage que je trouvais féroce et insensé, et je m'effrayais de cette mort épouvantable dans l'air et dans la flamme.

Ma mère éprouvait les mêmes impressions, car je la sentais frissonner.

— Mon Dieu! mon Dieu! maman, m'écriai-je, est-ce que nous allons mourir?

Et à ma voix les pleurs et les prières des esclaves redoublèrent.

— Enfant, me dit Vasiliki, Dieu te préserve d'en venir à désirer cette mort que tu crains aujourd'hui!

Puis, tout bas :

— Sélim, dit elle, quel est l'ordre du maître?

— S'il m'envoie son poignard, c'est que le sultan refuse de le recevoir en grâce, et je mets le feu ;

s'il m'envoie son anneau, c'est que le sultan lui pardonne, et je livre la poudrière.

— Ami, reprit ma mère, lorsque l'ordre du maître arrivera, si c'est le poignard qu'il envoie, au lieu de nous tuer toutes deux de cette mort qui nous épouvante, nous te tendrons la gorge et tu nous tueras avec ce poignard.

— Oui, Vasiliki, répondit tranquillement Sélim.

Soudain nous entendîmes comme de grands cris.

Nous écoutâmes : c'étaient des cris de joie.

Le nom du Franc qui avait été envoyé à Constantinople retentissait répété par nos Palicares.

Il était évident qu'il rapportait la réponse du sublime empereur, et que la réponse était favorable.

— Et vous ne vous rappelez pas ce nom ? dit Morcerf tout prêt à aider la mémoire de la narratrice.

Monte-Christo lui fit un signe.

— Je ne me le rappelle pas, répondit Haydée.

Le bruit redoublait; des pas plus rapprochés retentirent : on descendait les marches du souterrain.

Sélim apprêta sa lance.

Bientôt une ombre apparut dans le crépuscule bleuâtre que formaient les rayons du jour pénétrant jusqu'à l'entrée du souterrain.

— Qui es-tu ? s'écria Sélim. Mais, qui que tu sois, ne fais pas un pas de plus.

— Gloire au sultan! dit l'ombre. Toute grâce est accordée au vizir Ali; et non-seulement il a la vie sauve, mais on lui rend sa fortune et ses biens.

Ma mère poussa un cri de joie et me serra contre son cœur.

— Arrête! lui dit Sélim, voyant qu'elle s'élançait déjà pour sortir; tu sais qu'il me faut l'anneau.

— C'est juste! dit ma mère.

Et elle tomba à genoux en me soulevant vers le ciel, comme si, en même temps qu'elle priait Dieu pour moi, elle voulait encore me soulever vers lui.

Et, pour la seconde fois, Haydée s'arrêta vaincue par une émotion telle, que la sueur coulait de son front pâli, et que sa voix étranglée semblait ne pouvoir franchir son gosier aride.

Monte-Christo versa un peu d'eau glacée dans un verre et le lui présenta en disant avec une douceur où perçait une nuance de commandement :

— Du courage, ma fille.

Haydée essuya ses yeux et son front, et continua :

— Pendant ce temps, nos yeux, habitués à l'obscurité, avaient reconnu l'envoyé du pacha : c'était un ami.

Sélim l'avait reconnu ; mais le brave jeune homme ne savait qu'une chose : obéir!

— En quel nom viens-tu ? dit-il.

— Je viens au nom de notre maître, Ali-Tebelin.

— Si tu viens au nom d'Ali, tu sais ce que tu dois me remettre ?

— Oui, dit l'envoyé, et je t'apporte son anneau.

En même temps il éleva sa main au-dessus de sa tête ; mais il était trop loin, et il ne faisait pas assez clair pour que Sélim pût, d'où nous étions, distinguer et reconnaître l'objet qu'il lui présentait.

— Je ne vois pas ce que tu tiens, dit Sélim.

— Approche, dit le messager, ou je m'approcherai, moi.

— Ni l'un ni l'autre, répondit le jeune soldat; dépose à la place où tu es, et sous ce rayon de lumière, l'objet que tu me montres, et retire-toi jusqu'à ce que je l'aie vu.

— Soit, dit le messager.

Et il se retira après avoir déposé le signe de reconnaissance à l'endroit indiqué.

Et notre cœur palpitait; car l'objet nous paraissait être effectivement un anneau. Seulement, était-ce l'anneau de mon père?

Sélim, tenant toujours à la main sa mèche enflammée, vint à l'ouverture, s'inclina radieux sous le rayon de lumière et ramassa le signe.

— L'anneau du maître, dit-il en le baisant, c'est bien!

Et, renversant la mèche contre terre, il marcha dessus et l'éteignit.

Le messager poussa un cri de joie et frappa dans ses mains.

A ce signal, quatre soldats du séraskier Kourchid accoururent, et Sélim tomba percé de quatre coups de poignard.

Chacun avait donné le sien.

Et cependant, ivres de leur crime, quoique encore pâles de peur, ils se ruèrent dans le souterrain, cherchant partout s'il y avait du feu, et se roulant sur les sacs d'or.

Pendant ce temps, ma mère me saisit entre ses bras, et, agile, bondissant par des sinuosités connues de nous seules, elle arriva jusqu'à un escalier dérobé du kiosque, dans lequel régnait un tumulte effrayant.

Les salles basses étaient entièrement peuplées par les Tchodoars de Kourchid, c'est-à-dire par nos ennemis.

Au moment où ma mère allait pousser la petite porte, nous entendîmes retentir, terrible et menaçante, la voix du pacha.

Ma mère colla son œil aux fentes des planches ; une ouverture se trouva par hasard devant le mien, et je regardai.

— Que voulez-vous? disait mon père à des gens qui tenaient un papier avec des caractères d'or à la main.

— Ce que nous voulons, répondit l'un d'eux, c'est te communiquer la volonté de Sa Hautesse. Vois-tu ce firman?

— Je le vois, dit mon père.

— Eh bien! lis; il demande ta tête.

Mon père poussa un éclat de rire plus effrayant que n'eût été une menace, et il n'avait pas encore cessé, que deux coups de pistolet étaient partis de ses mains et avaient tué deux hommes.

Les Palicares, qui étaient couchés tout autour de mon père, la face contre le parquet, se levèrent alors et firent feu.

La chambre se remplit de bruit et de fumée.

A l'instant même, le feu commença de l'autre côté, et les balles vinrent trouer les planches tout autour de nous.

Oh! qu'il était beau, qu'il était grand, le vizir Ali-Tebelin, mon père, au milieu des balles, le cimeterre au poing, le visage noir de poudre! Comme ses ennemis fuyaient!

— Sélim! Sélim! criait-il, gardien du feu, fais ton devoir!

— Sélim est mort! répondit une voix qui semblait sortir des profondeurs du kiosque, et toi, mon seigneur Ali, tu es perdu!

En même temps, une détonation sourde se fit entendre, et le plancher vola en éclats tout autour de mon père.

Les Tchodoars tiraient à travers le parquet.

Trois ou quatre Palicares tombèrent frappés de bas en haut par des blessures qui leur labouraient tout le corps.

Mon père rugit, enfonça ses doigts par les trous des balles et arracha une planche tout entière.

Mais en même temps, par cette ouverture, vingt coups de feu éclatèrent, et la flamme, sortant comme du cratère d'un volcan, gagna les tentures, qu'elle dévora.

Au milieu de tout cet affreux tumulte, au milieu de ces cris terribles, deux coups plus distincts entre tous, deux cris plus déchirants par-dessus tous les cris, me glacèrent de terreur.

Ces deux explosions avaient frappé mortellement mon père, et c'était lui qui avait poussé ces deux cris.

Cependant, il était resté debout, cramponné à une fenêtre.

Ma mère secouait la porte pour aller mourir avec lui.

Mais la porte était fermée en dedans.

Tout autour de lui, les Palicares se tordaient dans les convulsions de l'agonie; deux ou trois, qui étaient sans blessures ou blessés légèrement, s'élancèrent par les fenêtres.

En même temps, le plancher tout entier craqua brisé en dessous.

Mon père tomba sur un genou.

En même temps, vingt bras s'allongèrent, armés de sabres, de pistolets, de poignards, vingt coups frappèrent à la fois un seul homme, et mon père disparut dans un tourbillon de feu attisé par ces démons rugissants, comme si l'enfer se fût ouvert sous ses pieds.

Je me sentis rouler à terre . c'était ma mère qui s'abîmait évanouie.

Haydée laissa tomber ses deux bras en poussant un gémissement et en regardant le comte comme pour lui demander s'il était satisfait de son obéissance.

Le comte se leva, vint à elle, lui prit la main et lui dit en romaïque :

— Repose-toi, chère enfant, et reprends courage en songeant qu'il y a un Dieu qui punit les traîtres.

— Voilà une épouvantable histoire, comte, dit Albert tout effrayé de la pâleur d'Haydée, et je me reproche maintenant d'avoir été si cruellement indiscret.

— Ce n'est rien, dit Monte-Christo.

Puis, posant sa main sur la tête de la jeune fille :

— Haydée, continua-t-il, est une femme courageuse; elle a quelquefois trouvé du soulagement dans le récit de ses douleurs.

— Parce que, mon seigneur, dit vivement la jeune fille, parce que mes douleurs me rappellent tes bienfaits.

Albert la regarda avec curiosité, car elle n'avait point encore raconté ce qu'il désirait le plus savoir, c'est-à-dire comment elle était devenue l'esclave du comte.

Haydée vit à la fois dans les regards du comte et dans ceux d'Albert le même désir exprimé.

Elle continua :

— Quand ma mère reprit ses sens, dit-elle, nous étions devant le séraskier.

— Tuez-moi, dit-elle, mais épargnez l'honneur de la veuve d'Ali.

— Ce n'est point à moi qu'il faut t'adresser, dit Kourchid.

— A qui donc?

— C'est à ton nouveau maître.

— Quel est-il?

— Le voici.

Et Kourchid nous montra un de ceux qui avaient le plus contribué à la mort de mon père, continua la jeune fille avec une colère sombre.

— Alors, demanda Albert, vous devîntes la propriété de cet homme.

— Non, répondit Haydée; il n'osa nous garder, il nous vendit à des marchands d'esclaves qui allaient à Constantinople. Nous traversâmes la Grèce,

Ali-Tebelin au milieu des balles — PAGE 145.

et nous arrivâmes mourantes à la porte impériale, encombrée de curieux qui s'ouvraient pour nous laisser passer, quand tout à coup ma mère suit des yeux la direction de leurs regards, jette un cri et tombe en me montrant une tête au-dessus de cette porte.

Au-dessus de cette tête étaient écrits ces mots :

« Celle-ci est la tête d'Ali-Tebelin, pacha de Janina. »

J'essayai, en pleurant, de relever ma mère : elle était morte !

Je fus menée au bazar.

Un riche Arménien m'acheta, me fit instruire, me donna des maîtres, et, quand j'eus treize ans, me vendit au sultan Mahmoud.

— Auquel, dit Monte-Christo, je la rachetai, comme je vous l'ai dit, Albert, pour cette émeraude pareille à celle où je mets mes pastilles de hatchis.

— Oh ! tu es bon ! tu es grand ! mon seigneur, dit Haydée en baisant la main de Monte-Christo, et je suis bien heureuse de t'appartenir.

Le bazar d'esclaves. — Page [illegible].

Albert était resté tout étourdi de ce qu'il venait d'entendre.

— Achevez donc votre tasse de café, lui dit le comte; l'histoire est finie.

Paris. — Imp. [illegible] et Blot, rue St-Lou[illegible] 46

CHAPITRE XIX.

ON NOUS ÉCRIT DE JANINA.

Franz était sorti de la chambre de Noirtier si chancelant et si égaré, que Valentine elle-même avait eu pitié de lui.

Villefort, qui n'avait articulé que quelques mots sans suite, et qui s'était enfui de son cabinet, reçut deux heures après la lettre suivante.

« Après ce qui a été révélé ce matin, M. Noirtier de Villefort ne peut supposer qu'une alliance soit possible entre sa famille et celle de M. Franz d'Épinay.

« M. Franz d'Épinay a horreur de songer que M. de Villefort, qui paraissait connaître les événements racontés ce matin, ne l'ait pas prévenu dans cette pensée. »

Quiconque eût vu en ce moment le magistrat ployé sous le coup n'eût pas cru qu'il le prévoyait.

En effet, jamais il n'eût pensé que son père eût poussé la franchise, ou plutôt la rudesse, jusqu'à raconter une pareille histoire.

Il est vrai que jamais M. Noirtier, assez dédaigneux qu'il était de l'opinion de son fils, ne s'était préoccupé d'éclaircir le fait aux yeux de Villefort, et que celui-ci avait toujours cru que le général de Quesnel, ou le baron d'Épinay, selon qu'on voudra l'appeler, ou du nom qu'il s'était fait ou du nom qu'on lui avait fait, était mort assassiné et non tué loyalement en duel.

Cette lettre si dure d'un jeune homme si respectueux jusqu'alors était mortelle pour l'orgueil d'un homme comme Villefort.

A peine était-il dans son cabinet, que sa femme entra.

La sortie de Franz, appelé par M. Noirtier, avait tellement étonné tout le monde, que la position de madame de Villefort, restée seule avec le notaire et les témoins, devint de moment en moment plus embarrassante.

Alors madame de Villefort avait pris son parti, et elle était sortie en annonçant qu'elle allait aux nouvelles.

M. de Villefort se contenta de lui dire qu'à la suite d'une explication entre lui, M. Noirtier et M. d'Épinay, le mariage de Valentine avec Franz était rompu.

C'était difficile à reporter à ceux qui attendaient; aussi madame de Villefort, en rentrant, se contenta-t-elle de dire que M. Noirtier, ayant eu au commencement de la conférence une espèce d'attaque d'apoplexie, le contrat était naturellement remis à quelques jours.

Cette nouvelle, toute fausse qu'elle était, arrivait si singulièrement à la suite de deux malheurs du même genre, que les auditeurs se regardèrent étonnés et se retirèrent sans dire une parole.

Pendant ce temps, Valentine, heureuse et épouvantée à la fois, après avoir embrassé et remercié le faible vieillard qui venait de briser ainsi d'un seul coup une chaîne qu'elle regardait déjà comme indissoluble, avait demandé à se retirer chez elle pour se remettre, et Noirtier lui avait, de l'œil, accordé la permission qu'elle sollicitait.

Mais, au lieu de remonter chez elle, Valentine, une fois sortie, prit le corridor, et, sortant par la petite porte, s'élança dans le jardin.

Au milieu de tous les événements qui venaient de s'entasser les uns sur les autres, une terreur sourde avait constamment comprimé son cœur.

Elle s'attendait d'un moment à l'autre à voir apparaître Morrel pâle et menaçant comme le laird de Ravenswood au contrat de Lucie de Lammermoor.

En effet, il était temps qu'elle arrivât à la grille.

Maximilien, qui s'était douté de ce qui allait se passer en voyant Franz quitter le cimetière avec M. de Villefort, l'avait suivi, puis, après l'avoir vu entrer, l'avait vu sortir encore et rentrer de nouveau avec Albert et Château-Renaud.

Pour lui, il n'y avait donc plus de doute.

Il s'était alors jeté dans son enclos, prêt à tout événement, et bien certain qu'au premier moment de liberté qu'elle pourrait saisir Valentine accourrait à lui.

Il ne s'était pas trompé.

Son œil, collé aux planches, vit en effet apparaître la jeune fille, qui, sans prendre aucune des précautions d'usage, accourait à la grille.

Au premier coup d'œil qu'il jeta sur elle, Maximilien fut rassuré.

Au premier mot qu'elle prononça, il bondit de joie.

— Sauvés! dit Valentine.

— Sauvés! répéta Morrel, ne pouvant croire à un pareil bonheur; mais par qui sauvés?

— Par mon grand-père. Oh! aimez-le bien, Morrel.

Morrel jura d'aimer le vieillard de toute son âme, et ce serment ne lui coûtait point à faire, car dans ce moment il ne se contentait pas de l'aimer comme un ami ou comme un père, il l'adorait comme un dieu.

— Mais comment cela se fait-il? demanda Morrel; quel moyen étrange a-t-il employé?

Valentine ouvrait la bouche pour tout raconter, mais elle songea qu'il y avait au fond de tout cela un secret terrible qui n'était point à son grand-père seulement.

— Plus tard, dit-elle, je vous raconterai tout cela.

— Mais quand?

— Quand je serai votre femme.

C'était mettre la conversation sur un chapitre qui rendait Morrel facile à tout entendre : aussi il entendit même qu'il devait se contenter de ce qu'il savait, et que c'était assez pour un jour.

Cependant il ne consentit à se retirer que sur la promesse qu'il verrait Valentine le lendemain soir.

Valentine promit ce que voulut Morrel.

Tout était changé à ses yeux, et certes il lui était moins difficile de croire maintenant qu'elle épouserait Maximilien que de croire une heure auparavant qu'elle n'épouserait pas Franz.

Pendant ce temps, madame de Villefort était montée chez Noirtier.

Noirtier la regarda de cet œil sombre et sévère avec lequel il avait coutume de la recevoir.

— Monsieur, dit-elle, je n'ai pas besoin de vous apprendre que le mariage de Valentine est rompu, puisque c'est ici que cette rupture a eu lieu.

Noirtier resta impassible.

— Mais, continua madame de Villefort, ce que vous ne savez pas, monsieur, c'est que j'ai toujours été opposée à ce mariage, qui se faisait malgré moi.

Noirtier regarda sa belle-fille en homme qui attend une explication.

— Or, maintenant que ce mariage, pour lequel je connaissais votre répugnance, est rompu, je viens faire près de vous une démarche que ni M. de Villefort ni Valentine ne peuvent faire.

Les yeux de Noirtier demandèrent quelle était cette démarche.

— Je viens vous prier, monsieur, continua madame de Villefort, comme la seule qui en ait le droit, car je suis la seule à qui il n'en reviendra rien ; je viens vous prier de rendre, je ne dirai pas vos bonnes grâces, elle les a toujours eues, mais votre fortune à votre petite-fille.

Les yeux de Noirtier demeurèrent un instant incertains; il cherchait évidemment les motifs de cette démarche, et ne les pouvait trouver.

— Puis-je espérer, monsieur, dit madame de Villefort, que vos intentions étaient en harmonie avec la prière que je venais vous faire?

— Oui, fit Noirtier.

— En ce cas, monsieur, dit madame de Villefort, je me retire à la fois reconnaissante et heureuse.

Et, saluant M. Noirtier, elle se retira.

En effet, dès le lendemain Noirtier fit venir le notaire.

Le premier testament fut déchiré, et un autre fut fait, dans lequel il laissa toute sa fortune à Valentine, à la condition qu'on ne la séparerait pas de lui.

Quelques personnes alors calculèrent de par le monde que mademoiselle de Villefort, héritière du marquis et de la marquise de Saint-Méran, et, rentrée en la grâce de son grand-père, aurait un jour bien près de trois cent mille livres de rente.

Tandis que ce mariage se rompait chez les Villefort, M. le comte de Morcerf avait reçu la visite de Monte-Christo, et, pour montrer son empressement à Danglars, il endossait son grand uniforme de lieutenant général, qu'il avait fait orner de toutes ses croix, et demandait ses meilleurs chevaux.

Ainsi paré, il se rendit rue de la Chaussée-d'Antin, et se fit annoncer à Danglars, qui faisait son relevé de fin de mois.

Ce n'était pas le moment où, depuis quelque temps, il fallait prendre le banquier pour le trouver de bonne humeur.

Aussi, à l'aspect de son ancien ami, Danglars prit son air majestueux et s'étendit carrément dans son fauteuil.

Morcerf, si empesé d'habitude, avait emprunté au contraire un air riant et affable.

En conséquence, à peu près sûr qu'il était que son ouverture allait recevoir un bon accueil, il ne fit point de diplomatie, et, arrivant au but d'un seul coup :

— Baron, dit-il, me voici. Depuis longtemps nous tournons autour de nos paroles d'autrefois...

Morcerf s'attendait à ces mots à voir s'épanouir la figure du banquier, dont il attribuait le rembrunissement à son silence; mais, au contraire, cette figure devint, ce qui était presque incroyable, plus impassible et plus froide encore.

Voilà pourquoi Morcerf s'était arrêté au milieu de sa phrase.

— Quelles paroles, monsieur le comte? demanda le banquier, comme s'il cherchait vainement dans son esprit l'explication de ce que le général voulait dire.

— Oh! dit le comte, vous êtes formaliste, mon cher monsieur, et vous me rappelez que le cérémonial doit se faire selon tous les rites. Très-bien! ma foi. Pardonnez-moi; comme je n'ai qu'un fils, et que c'est la première fois que je songe à le marier, j'en suis encore à mon apprentissage; allons, je m'exécute.

Et Morcerf, avec un sourire forcé, se leva, fit une profonde révérence à Danglars, et lui dit :

— Monsieur le baron, j'ai l'honneur de vous demander la main de mademoiselle Eugénie Danglars, votre fille, pour mon fils le vicomte Albert de Morcerf.

Mais Danglars, au lieu d'accueillir ces paroles avec une faveur que Morcerf pouvait espérer de lui, fronça le sourcil, et, sans inviter le comte, qui était resté debout, à s'asseoir :

— Monsieur le comte, dit-il, avant de vous répondre, j'aurais besoin de réfléchir.

— De réfléchir! reprit Morcerf de plus en plus étonné; n'avez-vous pas eu le temps de réfléchir depuis tantôt huit ans que nous causâmes de ce mariage pour la première fois?

— Monsieur le comte, dit Danglars, tous les jours il arrive des choses qui font que les réflexions que l'on croyait faites sont à refaire.

— Comment cela? demanda Morcerf: je ne vous comprends plus, baron!

— Je veux dire, monsieur, que depuis quinze jours, de nouvelles circonstances...

— Permettez, dit Morcerf; est-ce ou n'est-ce pas une comédie que nous jouons?

— Comment cela, une comédie?

— Oui, expliquons-nous catégoriquement.

— Je ne demande pas mieux.

— Vous avez vu M. de Monte-Christo?

— Je le vois très-souvent, dit Danglars en secouant son jabot, c'est un de mes amis.

— Eh bien! une des dernières fois que vous l'avez vu, vous lui avez dit que je semblais oublieux, irrésolu, à l'endroit de ce mariage.

— C'est vrai.

— Eh bien! me voici. Je ne suis ni oublieux ni irrésolu. Vous le voyez, puisque je viens vous sommer de tenir votre promesse.

Danglars ne répondit pas.

— Avez-vous sitôt changé d'avis, ajouta Morcerf, ou n'avez-vous provoqué ma demande que pour vous donner le plaisir de m'humilier?

Danglars comprit que, s'il continuait la conversation sur le ton qu'il l'avait entreprise, la chose pourrait mal tourner pour lui.

— Monsieur le comte, dit-il, vous devez être à bon droit surpris de ma réserve, je comprends cela; aussi, croyez bien que moi tout le premier je m'en afflige; croyez bien qu'elle m'est commandée par des circonstances impérieuses.

— Ce sont là des propos en l'air, mon cher monsieur, dit le comte, et dont pourrait peut-être se contenter le premier venu; mais le comte de Morcerf n'est pas le premier venu; et, quand un homme comme lui vient trouver un autre homme, lui rappelle la parole donnée, et que cet homme manque à sa parole, il a le droit d'exiger en place qu'on lui donne au moins une bonne raison.

Danglars était lâche, mais il ne le voulait point paraître.

Il fut piqué du ton que Morcerf venait de prendre.

— Aussi n'est-ce pas la bonne raison qui me manque, répliqua-t-il.

— Que prétendez-vous dire?

— Que la bonne raison, je l'ai, mais qu'elle est difficile à donner.

— Vous sentez, cependant, dit Morcerf, que je ne puis me payer de vos réticences; et une chose, en tous cas, me paraît claire, c'est que vous refusez mon alliance.

— Non, monsieur, dit Danglars, je suspends ma résolution, voilà tout.

— Mais vous n'avez pas cependant la prétention, je le suppose, de croire que je souscrive à vos caprices, au point d'attendre tranquillement et humblement le retour de vos bonnes grâces?

— Alors, monsieur le comte, si vous ne pouvez attendre, regardons nos projets comme non avenus

Le comte se mordit les lèvres jusqu'au sang pour ne pas faire l'éclat que son caractère superbe et irritable le portait à faire.

Cependant, comprenant qu'en pareille circonstance le ridicule serait de son côté, il avait déjà commencé à gagner la porte du salon lorsque, se ravisant, il revint sur ses pas.

Un nuage venait de passer sur son front, y laissant, au milieu de l'orgueil offensé, la trace d'une vague inquiétude.

— Voyons, dit-il, mon cher Danglars, nous nous connaissons depuis longues années, et, par conséquent, nous devons avoir quelques ménagements l'un pour l'autre. Vous me devez une explication, et c'est bien le moins que je sache à quel malheureux événement mon fils doit la perte de vos bonnes intentions à son égard.

— Ce n'est point personnel au vicomte, voilà tout

Un tremblement nerveux agitait Morcerf.

ce que je puis vous dire, monsieur, répondit Danglars, qui redevenait impertinent en voyant que Morcerf s'adoucissait.

— Et à qui donc est-ce personnel? demanda d'une voix altérée Morcerf, dont le front se couvrit de pâleur.

Danglars, à qui aucun de ces symptômes n'échappait, fixa sur lui un regard plus assuré qu'il n'avait coutume de le faire.

— Remerciez-moi de ne pas m'expliquer davantage, dit-il.

Un tremblement nerveux, qui venait sans doute d'une colère contenue, agitait Morcerf.

— J'ai le droit, répondit-il en faisant un violent effort sur lui-même, j'ai le droit d'exiger que vous vous expliquiez. Est-ce donc contre madame de Morcerf que vous avez quelque chose? Est-ce ma fortune qui n'est pas suffisante? Sont-ce mes opinions, qui, étant contraires aux vôtres...

— Rien de tout cela, monsieur, dit Danglars ; je serais impardonnable, car je me suis engagé connaissant tout cela. Non, ne cherchez plus, je suis vraiment honteux de vous faire faire cet examen de conscience ; restons-en là, croyez-moi. Prenons le terme moyen du délai, qui n'est ni une rupture ni un engagement. Rien ne presse, mon Dieu ! Ma fille a dix-sept ans et votre fils vingt et un. Pendant notre halte, le temps marchera, lui ; il mènera les événements ; les choses qui paraissent obscures la veille sont parfois trop claires le lendemain ; parfois ainsi, en un jour, tombent les plus cruelles calomnies.

— Des calomnies ! avez-vous dit, monsieur ? s'écria Morcerf en devenant livide. On me calomnie, moi !

— Monsieur le comte, ne nous expliquons pas, vous dis-je.

— Ainsi, monsieur, il me faudra subir tranquillement ce refus ?

— Pénible surtout pour moi, monsieur Oui, plus pénible pour moi que pour vous, car je comptais sur l'honneur de votre alliance, et un mariage manqué fait toujours plus tort à la fiancée qu'au fiancé.

— C'est bien, monsieur, n'en parlons plus, dit Morcerf.

Et, froissant ses gants avec rage, il sortit de l'appartement.

Danglars remarqua que pas une seule fois Morcerf n'avait osé demander si c'était à cause de lui, Morcerf, que Danglars retirait sa parole.

Le soir il eut une longue conférence avec plusieurs amis, et M. Cavalcanti, qui s'était constamment tenu dans le salon des dames, sortit le dernier de la maison du banquier.

Le lendemain, en se réveillant, Danglars demanda les journaux.

On les lui apporta aussitôt.

Il en écarta trois ou quatre et prit l'*Impartial*.

C'était celui dont Beauchamp était le rédacteur-gérant.

Il brisa rapidement l'enveloppe, l'ouvrit avec une précipitation nerveuse, passa dédaigneusement sur le *Premier-Paris*, et, arrivant aux faits divers, s'arrêta avec son méchant sourire sur un entre-filets commençant par ces mots :

« *On nous écrit de Janina.* »

— Bon, dit-il après avoir lu, voici un petit bout d'article sur le colonel Fernand, qui, selon toute probabilité, me dispensera de donner des explications à M. le comte de Morcerf.

Au même moment, c'est-à-dire comme neuf heures du matin sonnaient, Albert de Morcerf, vêtu de noir, boutonné méthodiquement, la démarche agitée et la parole brève, se présentait à la maison des Champs-Élysées.

— M. le comte vient de sortir il y a une demi-heure à peu près, dit le concierge.

— A-t-il emmené Baptistin ? demanda Morcerf.

— Non, monsieur le vicomte.

— Appelez Baptistin, je veux lui parler.

Le concierge alla chercher le valet de chambre lui-même, et, un instant après, revint avec lui.

— Mon ami, dit Albert, je vous demande pardon de mon indiscrétion ; mais j'ai voulu vous demander à vous-même si votre maître était bien réellement sorti.

— Oui, monsieur, répondit Baptistin.

— Même pour moi ?

— Je sais combien mon maître est heureux de recevoir monsieur, et je me garderais bien de confondre monsieur dans une mesure générale.

— Tu as raison, car j'ai à lui parler d'une affaire sérieuse. Crois-tu qu'il tarde à rentrer ?

— Non, car il a commandé son déjeuner pour dix heures.

— Bien, je vais faire un tour aux Champs-Élysées, à dix heures je serai ici ; si M. le comte rentre avant moi, dis-lui que je le prie d'attendre.

— Je n'y manquerai pas, monsieur peut en être sûr.

Albert laissa à la porte du comte le cabriolet de place qu'il avait pris et alla se promener à pied.

En passant devant l'allée des Veuves, il crut reconnaître les chevaux du comte qui stationnaient à la porte du tir de Gosset.

Il s'approcha, et, après avoir reconnu les chevaux, reconnut le cocher.

— Monsieur le comte est au tir ? demanda Morcerf à celui-ci.

— Oui, monsieur, répondit le cocher.

En effet, plusieurs coups réguliers s'étaient fait entendre depuis que Morcerf était aux environs du tir.

Il entra.

Dans le petit jardin se tenait le garçon.

— Pardon, dit-il, mais monsieur le vicomte voudrait-il attendre un instant ?

— Pourquoi cela, Philippe ? demanda Albert, qui, étant un habitué, s'étonnait de cet obstacle qu'il ne comprenait pas.

— Parce que la personne qui s'exerce en ce moment prend le tir à elle seule, et ne tire jamais devant quelqu'un.

— Pas même devant vous, Philippe ?

— Vous voyez, monsieur, je suis à la porte de ma loge.

— Et qui charge ses pistolets ?

— Son domestique.

— Un Nubien ?

— Un nègre.

— C'est cela.

— Vous connaissez donc ce seigneur ?

— Je le viens chercher ; c'est mon ami.

— Ah! alors, c'est autre chose. Je vais entrer pour le prévenir.

Et Philippe, poussé par sa propre curiosité, entra dans la cabane de planches.

Une seconde après, Monte-Christo parut sur le seuil.

— Pardon de vous poursuivre jusqu'ici, mon cher comte, dit Albert, mais je commence par vous dire que ce n'est point la faute de vos gens, et que moi seul suis indiscret. Je me suis présenté chez vous ; on m'a dit que vous étiez en promenade, mais que vous rentreriez à dix heures pour déjeuner. Je me suis promené à mon tour en attendant dix heures, et, en me promenant, j'ai aperçu vos chevaux et votre voiture.

— Ce que vous me dites là me donne l'espoir que vous venez me demander à déjeuner.

— Non pas, merci, il ne s'agit pas de déjeuner à cette heure ; peut-être déjeunerons-nous plus tard, mais en mauvaise compagnie, pardieu!

— Que diable me contez-vous là?

— Mon cher, je me bats aujourd'hui.

— Vous? et pourquoi faire?

— Pour me battre, pardieu!

— Oui, j'entends bien ; mais à cause de quoi? On se bat pour toute espèce de choses, vous comprenez bien.

— A cause de l'honneur.

— Ah! ceci, c'est sérieux.

— Si sérieux, que je viens vous prier de me rendre un service.

— Lequel?

— Celui d'être mon témoin.

— Alors cela devient grave; ne parlons de rien ici, et rentrons chez moi. Ali, donne-moi de l'eau.

Le comte retroussa ses manches et passa dans le petit vestibule qui précède les tirs et où les tireurs ont l'habitude de se laver les mains.

— Entrez donc, monsieur le vicomte, dit tout bas Philippe, vous verrez quelque chose de drôle.

Morcerf entra.

Au lieu de mouches, des cartes à jouer étaient collées sur la plaque.

De loin Morcerf crut que c'était un jeu complet; il y avait depuis l'as jusqu'au dix.

— Ah! ah! dit Albert, vous étiez en train de jouer au piquet?

— Non, dit le comte, j'étais en train de faire un jeu de cartes.

— Comment cela?

— Oui, ce sont des as et des deux que vous voyez; seulement mes balles en ont fait des trois, des cinq, des sept, des huit, des neuf et des dix.

Albert s'approcha.

En effet, les balles avaient, avec des lignes parfaitement exactes et des distances parfaitement égales, remplacé les signes absents et troué le carton aux endroits où il aurait dû être peint.

En allant à la plaque, Morcerf ramassa, en outre, deux ou trois hirondelles qui avaient eu l'imprudence de passer à portée de pistolet du comte, et que le comte avait abattues.

— Diable! fit Morcerf.

— Que voulez-vous, mon cher vicomte, dit Monte-Christo en s'essuyant les mains avec du linge apporté par Ali, il faut bien que j'occupe mes instants d'oisiveté ; mais venez, je vous attends.

Tous deux montèrent dans le coupé de Monte-Christo, qui, au bout de quelques instants, les eut déposés à la porte du n° 30.

Monte-Christo conduisit Morcerf dans son cabinet, et lui montra un siége.

Tous deux s'assirent.

— Maintenant, causons tranquillement, dit le comte.

— Vous voyez que je suis parfaitement tranquille.

— Avec qui voulez-vous vous battre?

— Avec Beauchamp.

— Un de vos amis?

— C'est toujours avec des amis qu'on se bat.

— Au moins, faut-il une raison.

— J'en ai une.

— Que vous a-t-il fait?

— Il y a dans son journal d'hier soir... Mais tenez, lisez.

Albert tendit à Monte-Christo un journal où il lut ces mots :

« On nous écrit de Janina :

« Un fait, jusqu'alors ignoré, ou tout au moins inédit, est parvenu à notre connaissance.

« Les châteaux qui défendaient la ville ont été livrés aux Turcs par un officier français dans lequel le vizir Ali-Tebelin avait mis toute sa confiance, et qui s'appelait Fernand. »

— Eh bien! demanda Monte-Christo, que voyez-vous là-dedans qui vous choque?

— Comment, ce que je vois!

— Oui, que vous importe à vous, que les châteaux de Janina aient été livrés par un officier nommé Fernand?

— Il m'importe que mon père, le comte de Morcerf, s'appelle Fernand de son nom de baptême.

— Et votre père servait Ali-Pacha?

— C'est-à-dire qu'il combattait pour l'indépendance des Grecs; voilà où est la calomnie.

— Ah çà! mon cher vicomte, parlons raison.

— Je ne demande pas mieux.

Le tir. — Page 151.

— Dites-moi un peu qui diable sait en France que l'officier Fernand est le même homme que le comte de Morcerf? et qui s'occupe à cette heure de Janina, qui a été pris en 1822 ou 1823, je crois?

— Voilà justement où est la perfidie, on a laissé le temps passer là-dessus, puis aujourd'hui on revient sur des événements oubliés pour en faire sortir un scandale qui peut ternir une haute position. Eh bien! moi, héritier du nom de mon père, je ne veux pas même que sur ce nom flotte l'ombre d'un doute. Je vais envoyer à Beauchamp, dont le journal a publié cette note, deux témoins, et il la rétractera.

— Beauchamp ne rétractera rien.

— Alors, nous nous battrons.

— Non, vous ne vous battrez pas, car il vous répondra qu'il y avait peut-être dans l'armée grecque cinquante officiers qui s'appellent Fernand.

— Nous nous battrons malgré cette réponse. Oh! je veux que cela disparaisse... Mon père, un si noble soldat! une si illustre carrière...

— Ou bien il mettra :

Albert se vengea sur une pile de journaux qu'il dispersa en les cinglant à grands coups de badine. — PAGE 156

« Nous sommes fondés à croire que ce Fernand n'a rien de commun avec M. le comte de Morcerf, dont le nom de baptême est aussi Fernand. »

— Il me faut une rétractation pleine et entière ; je ne me contenterai point de celle-là.

— Et vous allez lui envoyer vos témoins?

— Oui.

— Vous avez tort.

— Cela veut dire que vous me refusez le service que je venais vous demander.

— Ah! vous savez ma théorie à l'égard du duel, je vous ai fait ma profession de foi à Rome, vous vous le rappelez?

— Cependant, mon cher comte, je vous ai trouvé ce matin, tout à l'heure, exerçant une occupation peu en harmonie avec cette théorie.

— Parce que, mon cher ami, vous comprenez, il ne faut jamais être exclusif. Quand on vit avec des fous, il faut faire aussi son apprentissage d'insensé; d'un moment à l'autre quelque cerveau brûlé, qui n'aura pas plus de motif de me chercher querelle que vous n'en avez d'aller chercher querelle à Beauchamp, me viendra trouver pour la première niaiserie venue, ou m'enverra ses témoins, ou m'insultera dans un endroit public, eh bien! ce cerveau brûlé, il faudra bien que je le tue.

— Vous admettez donc que vous-même vous vous battriez?

— Pardieu!

— Eh bien! alors, pourquoi voulez-vous que moi je ne me batte pas?

— Je ne dis point que vous ne devez pas vous battre; je dis seulement qu'un duel est une chose grave et à laquelle il faut réfléchir.

— A-t-il réfléchi, lui, pour insulter mon père?

— S'il n'a pas réfléchi, et qu'il vous l'avoue, il ne faut pas lui en vouloir.

— Oh! mon cher comte, vous êtes beaucoup trop indulgent!

— Et vous, beaucoup trop rigoureux. Voyons, je suppose... Écoutez bien ceci : Je suppose... N'allez pas vous fâcher de ce que je vous dis!

— J'écoute.

— Je suppose que le fait rapporté soit vrai...

— Un fils ne doit pas admettre une pareille supposition sur l'honneur de son père.

— Eh! mon Dieu! nous sommes dans une époque où l'on admet tant de choses!

— C'est justement le vice de l'époque.

— Avez-vous la prétention de la réformer?

— Oui, à l'endroit de ce qui me regarde.

— Mon Dieu! quel rigoriste vous faites, mon cher ami!

— Je suis ainsi.

— Êtes-vous inaccessible aux bons conseils?

— Non, quand ils viennent d'un ami.

— Me croyez-vous le vôtre?

— Oui.

— Eh bien! avant d'envoyer vos témoins à Beauchamp, informez-vous.

— Auprès de qui?

— Eh! pardieu! auprès d'Haydée, par exemple.

— Mêler une femme dans tout cela; que peut-elle y faire?

— Vous déclarer que votre père n'est pour rien dans la défaite ou la mort du sien, par exemple, ou vous éclairer à ce sujet, si par hasard votre père avait eu le malheur...

— Je vous ai déjà dit, mon cher comte, que je ne pouvais admettre une pareille supposition.

— Vous refusez donc ce moyen?

— Je le refuse.

— Absolument?

— Absolument!

— Alors, un dernier conseil.

— Soit, mais le dernier.

— Ne le voulez-vous point?

— Au contraire, je vous le demande.

— N'envoyez point de témoins à Beauchamp.

— Comment?

— Allez le trouver vous-même.

— C'est contre les habitudes.

— Votre affaire est en dehors des affaires ordinaires.

— Et pourquoi dois-je y aller moi-même, voyons?

— Parce qu'ainsi l'affaire reste entre vous et Beauchamp.

— Expliquez-vous.

— Sans doute; si Beauchamp est disposé à se rétracter, il faut lui laisser le mérite de la bonne volonté, la rétractation n'en sera pas moins faite. S'il refuse, au contraire, il sera temps de mettre deux étrangers dans votre secret.

— Ce ne seront pas deux étrangers, ce seront deux amis.

— Les amis d'aujourd'hui sont les ennemis de demain.

— Oh! par exemple!

— Témoin Beauchamp.

— Ainsi...

— Ainsi je vous recommande la prudence.

— Ainsi vous croyez que je dois aller trouver Beauchamp moi-même?

— Oui.

— Seul?

— Seul. Quand on veut obtenir quelque chose de l'amour-propre d'un homme, il faut sauver à l'amour-propre de cet homme jusqu'à l'apparence de la souffrance.

— Je crois que vous avez raison.

— Ah! c'est bien heureux!

— J'irai seul.

— Allez; mais vous feriez encore mieux de n'y point aller du tout.

— C'est impossible.

— Faites donc ainsi; ce sera toujours mieux que ce que vous vouliez faire.

— Mais, en ce cas, voyons, si malgré toutes mes précautions, tous mes procédés, si j'ai un duel, me servirez-vous de témoin?

— Mon cher vicomte, dit Monte-Christo avec une gravité suprême, vous avez dû voir qu'en temps et lieux j'étais tout à votre dévotion; mais le service que vous me demandez là sort du cercle de ceux que je puis vous rendre.

— Pourquoi cela?

— Peut-être le saurez vous un jour.

— Mais en attendant?

— Je demande votre indulgence pour mon secret.

— C'est bien. Je prendrai Franz et Château-Renaud.

— Prenez Franz et Château-Renaud, ce sera à merveille.

— Mais enfin, si je me bats, vous me donnerez bien une petite leçon d'épée ou de pistolet?

— Non, c'est une chose impossible.

— Singulier homme que vous faites, allez! Alors vous ne voulez vous mêler de rien?

— De rien absolument.

— Alors, n'en parlons plus. Adieu, comte.

— Adieu, vicomte.

Morcerf prit son chapeau et sortit.

A la porte, il retrouva son cabriolet, et, contenant du mieux qu'il put sa colère, il se fit conduire chez Beauchamp.

Beauchamp était à son journal.

Albert se fit conduire au journal.

Beauchamp était dans un cabinet sombre et poudreux, comme sont de fondation les bureaux de journaux.

On lui annonça Albert de Morcerf.

Il fit répéter deux fois l'annonce.

Puis, mal convaincu encore, il cria :

« Entrez! »

Albert parut.

Beauchamp poussa une exclamation de surprise en voyant son ami franchir les liasses de papier et fouler d'un pied mal exercé les journaux de toutes grandeurs qui jonchaient non point le parquet, mais le carreau rougi de son bureau.

— Par ici, par ici, mon cher Albert, dit-il en tendant la main au jeune homme; qui diable vous amène? êtes-vous perdu comme le petit Poucet, ou venez vous tout bonnement me demander à déjeuner? Tâchez de trouver une chaise; tenez, là-bas, près de ce géranium, qui, seul ici, me rappelle qu'il y a au monde des feuilles qui ne sont pas des feuilles de papier.

— Beauchamp, dit Albert, c'est de votre journal que je viens vous parler.

— Vous, Morcerf? Que désirez-vous?

— Je désire une rectification.

— Vous, une rectification! A propos de quoi, Albert? mais, asseyez-vous donc!

— Merci, répondit Albert pour la seconde fois, et avec un léger signe de tête

— Expliquez-vous.

— Une rectification sur un fait qui porte atteinte à l'honneur d'un membre de ma famille.

— Allons donc! dit Beauchamp surpris. Quel fait? Cela ne se peut pas.

— Le fait qu'on vous a écrit de Janina.

— De Janina?

— Oui, de Janina. En vérité, vous avez l'air d'ignorer ce qui m'amène?

— Sur mon honneur... Baptiste! un journal d'hier! cria Beauchamp.

— C'est inutile, je vous apporte le mien

— Beauchamp lut en bredouillant :

« On nous écrit de Janina, etc., etc. »

— Vous comprenez que le fait est grave, dit Morcerf quand Beauchamp eut fini.

— Cet officier est donc votre parent? demanda le journaliste.

— Oui, dit Albert en rougissant.

— Eh bien! que voulez-vous que je fasse pour vous être agréable? dit Beauchamp avec douceur

— Je voudrais, mon cher Beauchamp, que vous rétractassiez ce fait.

Beauchamp regarda Albert avec une attention qui annonçait assurément beaucoup de bienveillance.

— Voyons, dit-il, cela va nous entraîner dans une longue causerie; car c'est toujours une chose grave qu'une rétractation. Asseyez-vous; je vais relire ces trois ou quatre lignes.

Albert s'assit, et Beauchamp relut les lignes incriminées par son ami avec plus d'attention que la première fois.

— Eh bien! vous le voyez, dit Albert avec fermeté, avec rudesse même, on a insulté dans votre journal quelqu'un de ma famille, et je veux une rétractation.

— Vous... voulez...

— Oui, je veux.

— Permettez-moi de vous dire que vous n'êtes point parlementaire, mon cher vicomte.

— Je ne veux point l'être, répliqua le jeune homme en se levant; je poursuis la rétractation d'un fait que vous avez énoncé hier, et je l'obtiendrai. Vous êtes assez mon ami, continua Albert les lèvres serrées, voyant que Beauchamp, de son côté, commençait à relever sa tête dédaigneuse; vous êtes assez mon ami, et, comme tel, vous me connaissez assez, je l'espère, pour comprendre ma ténacité en pareille circonstance.

— Si je suis votre ami, Morcerf, vous finirez par me le faire oublier avec des mots pareils à ceux de tout à l'heure... Mais, voyons, ne nous fâchons pas, ou du moins pas encore... Vous êtes inquiet, irrité, piqué... Voyons, quel est ce parent qu'on appelle Fernand?

— C'est mon père, tout simplement, dit Albert, M. Fernand Mondego, comte de Morcerf, un vieux militaire qui a vu vingt-cinq champs de bataille, et dont on voudrait couvrir les nobles cicatrices avec la fange impure ramassée dans le ruisseau.

— C'est votre père! dit Beauchamp; alors c'est autre chose; je conçois votre indignation, mon cher Albert... Relisons donc...

Et il relut la note en pesant cette fois sur chaque mot.

— Mais où voyez-vous, demanda Beauchamp, que le Fernand du journal soit votre père?

— Nulle part, je le sais bien; mais d'autres le

verront. C'est pour cela que je veux que le fait soit démenti.

Aux mots *je veux*, Beauchamp leva les yeux sur Morcerf, et, les baissant presque aussitôt, il demeura un instant pensif.

— Vous démentirez ce fait, n'est-ce pas, Beauchamp? répéta Morcerf avec une colère croissante, quoique toujours concentrée.

— Oui, dit Beauchamp.

— A la bonne heure! dit Albert.

— Mais quand je me serai assuré que le fait est faux.

— Comment!

— Oui, la chose vaut la peine d'être éclaircie, et je l'éclaircirai.

— Mais que voyez-vous donc à éclaircir dans tout cela, monsieur? dit Albert hors de toute mesure. Si vous ne croyez pas que ce soit mon père, dites-le tout de suite; si vous croyez que ce soit lui, rendez-moi raison de cette opinion.

Beauchamp regarda Albert avec ce sourire qui lui était particulier et qui savait prendre la nuance de toutes les passions.

— Monsieur, reprit-il, puisque monsieur il y a, si c'est pour me demander raison que vous êtes venu, il fallait le faire d'abord et ne point venir me parler d'amitié et d'autres choses oiseuses comme celles que j'ai la patience d'entendre depuis une demi-heure. Est-ce bien sur ce terrain que nous allons marcher désormais, voyons?

— Oui, si vous ne rétractez pas l'infâme calomnie!

— Un moment! pas de menaces, s'il vous plaît, monsieur Fernand de Mondego, vicomte de Morcerf; je n'en souffre pas de mes ennemis, à plus forte raison de mes amis. Donc, vous voulez que je démente le fait sur le colonel Fernand, fait auquel je n'ai, sur mon honneur, pris aucune part?

— Oui, je le veux! dit Albert, dont la tête commençait à s'égarer.

— Sans quoi nous nous battrons? continua Beauchamp avec le même calme.

— Oui, reprit Albert en haussant la voix.

— Eh bien! dit Beauchamp, voici ma réponse, mon cher monsieur : ce fait n'a pas été inséré par moi, je ne le connaissais pas; mais vous avez, par votre démarche, attiré mon attention sur ce fait, elle s'y cramponne; il subsistera donc jusqu'à ce qu'il soit démenti ou confirmé par qui de droit.

— Monsieur, dit Albert en se levant, je vais donc avoir l'honneur de vous envoyer mes témoins; vous discuterez avec eux le lieu et les armes.

— Parfaitement, mon cher monsieur.

— Et ce soir, s'il vous plaît, ou demain au plus tard, nous nous rencontrerons.

— Non pas! non pas! Je serai sur le terrain quand il le faudra, et, à mon avis (j'ai le droit de le donner, puisque c'est moi qui reçois la provocation), et, à mon avis, dis-je, l'heure n'est pas encore venue. Je sais que vous tirez très-bien l'épée, je la tire passablement; je sais que vous faites trois mouches sur six, c'est ma force à peu près; je sais qu'un duel entre nous sera un duel sérieux, parce que vous êtes brave et que... je le suis aussi. Je ne veux donc pas m'exposer à vous tuer ou à être tué moi-même par vous sans cause. C'est moi qui vais à mon tour poser la question, et ca-té-go-ri-que-ment. Tenez-vous à cette rétractation au point de me tuer si je ne la fais pas, bien que je vous aie dit, bien que je vous répète, bien que je vous affirme sur l'honneur que je ne connaissais pas le fait, bien que je vous déclare enfin qu'il est impossible à tout autre qu'à un don Japhet comme vous de deviner M. le comte de Morcerf sous ce nom de Fernand?

— J'y tiens absolument.

— Eh bien! mon cher monsieur, je consens à me couper la gorge avec vous, mais je veux trois semaines; dans trois semaines, vous me retrouverez pour vous dire : — Oui, le fait est faux, et je l'efface; ou bien : — Oui, le fait est vrai. Et je sors les épées du fourreau, ou les pistolets de la boîte, à votre choix.

— Trois semaines! s'écria Albert; mais trois semaines, c'est trois siècles, pendant lesquels je suis déshonoré!

— Si vous étiez resté mon ami, je vous eusse dit : — Patience, ami; vous vous êtes fait mon ennemi, et je vous dis : — Que m'importe à moi, monsieur!

— Eh bien! dans trois semaines, soit, dit Morcerf. Mais songez-y, dans trois semaines, il n'y aura plus ni délai ni subterfuge qui puisse vous dispenser...

— Monsieur Albert de Morcerf, dit Beauchamp en se levant à son tour, je ne puis vous jeter par les fenêtres que dans trois semaines, c'est-à-dire dans vingt-quatre jours, et vous, vous n'avez le droit de me pourfendre qu'à cette époque. Nous sommes le 29 du mois d'août, au 21 donc du mois de septembre. Jusque-là, croyez-moi, épargnons-nous les aboiements de deux dogues enchaînés à distance.

Et Beauchamp, saluant gravement le jeune homme, lui tourna le dos et passa dans son imprimerie.

Albert se vengea sur une pile de journaux qu'il dispersa en les cinglant à grands coups de badine, après quoi il partit, non sans s'être retourné deux ou trois fois vers la porte de l'imprimerie.

Tandis qu'Albert fouettait le devant de son cabriolet, après avoir fouetté les innocents papiers

Église de la Madeleine.

noircis, qui n'en pouvaient mais de sa déconvenue, il aperçut, en traversant le boulevard, Morrel, qui, le nez au vent, l'œil éveillé et les bras dégagés, passait devant les bains Chinois, venant du côté de la porte Saint-Martin et allant du côté de la Madeleine.

— Ah! dit-il en soupirant, voilà un homme heureux! Par hasard, Albert ne se trompait point.

FIN DE LA QUATRIÈME PARTIE.

TABLE DES MATIÈRES

DE LA QUATRIÈME PARTIE.

www.ingramcontent.com/pod-product-compliance
Lightning Source LLC
Chambersburg PA
CBHW050004100426
42739CB00011B/2506
* 9 7 8 2 0 1 2 1 6 7 9 4 0 *